中公文庫

真　　乗

心に仏を刻む

「真乗」刊行会 編

中央公論新社

目次

はじめに　11

真乗、その生涯と思想　城戸朱理　17

I　出家に至るまで

1　真乗の青年時代　19
2　エンジニアとして　23
3　家伝の易学に導かれて　26
4　不動尊像を求めて　32
5　不動尊像を迎える　36

Ⅱ　出家と修行

1　不動明王　45
2　道ひとすじに　50
3　成田山の不動尊信仰　56
4　なぜ真言密教か　61

Ⅲ　苦難を超えて

1　窮乏のなかで　73
2　突然の不幸　79
3　京都、醍醐寺　85
4　阿闍梨、伊藤真乗の誕生　93

Ⅳ　立教
1　真澄寺落慶　99
2　決意　111
3　密教的行者能力　118
4　霊験の意味　126
5　戦時下の宗教　136
Ⅴ　法燈
1　接心　147
2　真乗の少年時代　158
3　真澄寺開基十年祭　174
4　教団の危機　183

5 法嗣の死 188

VI 常楽我浄

1 涅槃経との出会い 197
2 釈尊に還る 205
3 大般涅槃経 212
4 涅槃像謹刻 220
5 新たなる法流 233

おわりに 249

参考文献 264

「三宝礼賛」　奈良康明　265
やさしい言葉で、やさしい心を伝える　仲田順和　283
涅槃の風光——仏へのみち——　下田正弘　303
遇い難き人　今　東光　317
真乗の涅槃経——真如の実践——　真如苑苑主　伊藤真聰　333
混迷の時代のひとつの燈火
——文庫版あとがきにかえて　城戸朱理　355
伊藤真乗　略年譜　374

本文ＤＴＰ　今井明子

真乗

心に仏を刻む

本書では、人名や仏教用語の表記は、『岩波仏教辞典』（岩波書店）に準拠した。また、引用はそのつど、書名を明記したが、真乗の文章や発言は、教団の定期刊行物とその著作によっている。さらに、真乗が公表することを意図せず、自分自身のために書きつけていた覚書《おぼえがき》の原本が、真如苑から刊行会に提供され、閲覧を許されたため、この一次資料も参考とした。この覚書を本文中に引用する場合は、いずれも『手記』という呼び名で統一したが、これは、あくまでも私的な記録であり、発表を目的として書かれたものではないことを、お断りしておく。

はじめに

伊藤真乗《いとうしんじょう》（一九〇六〜一九八九）は、山梨県北巨摩《こま》郡で生まれた。明治三十九年のことであった。

その生涯は波瀾《はらん》に満ちたものだったが、まるで運命の糸に導かれるように、真乗はひとりの仏教者として立つことになる。

真乗が真言宗醍醐《だいご》派総本山、京都の醍醐寺で得度したのは三十歳のとき。その後、厳しい修行を経て、三十七歳で法脈を相承し、阿闍梨《あじゃり》となる。阿闍梨とは、密教においては、奥義を修め、弟子を導く師のことを意味するので、分かりやすく言うならば、真乗は、真言密教の教師としての資格を得たのだと言ってもいいだろう。

しかし、真乗の宗教者としての卓越は、むしろ、それ以降にあった。

真言宗醍醐派に僧籍を置き、東京の立川に不動尊教会を設立して、仏道を歩んでいた真乗は、終戦後、宗教教団制度の変更の中、ある意味で真言宗から自然に離脱することになったが、立川不動尊教会を真澄寺《しんちょうじ》と改称し、昭和二十三（一九四八）年、まこと教団、後の真如苑《しんにょえん》を設立する。ここにおいて真乗は真言密教を修したのち、新たな法流を作り、一宗を興《おこ》したことになる。

その最大の思想的な特徴は、釈尊最後の教えとされる『涅槃経《ねはんぎょう》』を所依《しょえ》の経典としたことだろう。

釈尊は三十五歳で悟りを開いてブッダ（「目覚めた者」の意）となってから、八十歳で入滅するまで、さまざまに教えを説きつづけたが、それらは後代、多くの「経」として編纂されていった。そうした中で『涅槃経』は、入滅前に釈尊が説いた遺教《ゆいきょう》であると伝統的に理解されているが、それには、部派教団において伝持され、釈尊入滅前後の歴史的な事跡を語るとみなされている初期仏教の『大般《だいはつ》涅槃経』と、釈尊入滅の真意を思想的に深めた大乗『大般涅槃経』に大別される。前者は『ブッダ最後の旅』（中村元訳、岩波文庫）として、日本でも紹介されているが、真言密教を修した真乗が、大乗『大般涅槃経』にたどり着いた、その意義は、きわめて大きい。

密教とは秘密仏教の略称であり、教えの根本を限られた言葉では語りつくすことができない仏教の特質を強調して現れた教えであると言っていい。その成立は、歴史的には釈尊が亡くなってから千年以上がたった六世紀末から七世紀のこととされている。釈尊入滅後、仏の言葉は多様な展開を見せ、多くの教典として結実する。だがその一方で仏教徒の間では、仏の教えの根本はこうした言葉のいずれによっても尽くされてはいないという意識が存在した。この意識は、紀元前後に登場する大乗仏教において鮮明となり、深い教えの根本は言葉では覆いきれないから、つねに新たな言葉によって聞かれつづけなければならないと同時に、それは本質的に「秘密」の特質を持つものと理解された。「密教」という言葉は、宗教体験の深さとそれを表す言葉との関係の深い洞察によって生まれたものである。

日本では、密教の流れは、平安時代初期に空海《くうかい》が興した真言宗と最澄《さいちょう》による天台宗のふたつが大きな潮流となったが、前者を、空海の活動の拠点となった京都の東寺にちなんで東密、後者を台密と呼ぶ。伊藤真乗は、東密を修めたことになるわけだが、重要なのは、密教においては、中心となるのは『大日経』『金剛頂経』の本尊となる大日如来であり、それは宇宙の法そのものを人格化した、一種の抽象神であることだろう。仏教においては、「法」とは、サンスクリット語の「ダルマ」の訳で、本来は「保つもの、支持するもの」を意味している。つまり、簡単に語るならば、法とは、宇宙やこの世界を、宇宙や世界たらしめている真理であると言えるだろうか。

大日如来とは、その法自体を人格化した法身仏《ほっしんぶつ》であり、密教における本尊となるわけだが、当然、そのような認識のなかにおいては、仏教を開いた釈尊の地位は中心的なものではなく、むしろ、低いものとなっていく。こうした中、真言密教を修した真乗が、釈尊の遺教とされる『大般涅槃経』を根本の経典としたということは、法身仏にとどまらず歴史の中を生きて働く釈尊に再び注目をしたことを意味しているわけであり、そのことによって、真乗は、新たな密教の体系を作り上げることになる。これが真如三昧耶流《しんにょさんまやりゅう》と呼ばれる真如密であるが、それは、真乗が生きた二十世紀という、複雑化し、多様化する現代社会のなかで、これからの仏教は、どのようにあるべきかという問いに対する、真乗の仏教者としての答えだったのだと言えるだろう。

その業績に対して、昭和四十一（一九六六）年、真乗に、祖山である醍醐寺から大僧正位が贈られるとともに、真乗遷化《せんげ》後の八年目に当たる平成九（一九九七）年には、醍醐寺境内《けいだい》に、真乗が新たな法流、真如三昧耶流を興したことを顕彰《けんしょう》して、真如三昧耶堂が建立された。

一方、真乗は『大般涅槃経』との出会いをきっかけに、数多くの仏像を始めとする彫刻作品を制作した。その嚆矢《こうし》といえるのが、本尊として制作した、入滅を前にした釈尊が最後の教えを説く姿を象《かたど》った大涅槃像であったのだが、その後も真乗はたゆまず仏像の制作に打ち込み、「昭和の仏師」と呼ばれるようになる。これは、昭和という時代に新たな密教の体系を作り上げ、一宗を興した真乗のひとつの、そして重要な側面であり、その成果は、伊藤真乗生誕百年に当たる平成十八（二〇〇六）年八月、真乗の手になる仏像や彫刻などの作品を一堂に集めた東京美術倶楽部における「生誕百年記念　伊藤真乗の目と手」展となって公開された。

本書もまた、伊藤真乗という激動の時代、昭和を生き抜いた稀代の宗教家の生誕百年を記念して企画されたものであり、その生涯と、仏教者としての思想と実践の足跡を追うことを主眼としている。

編者は、奈良康明《ならやすあき》（インド仏教哲学、駒澤大学名誉教授）、仲田順和《なかだじゅんな》（総本山醍醐寺第百三世座主）、下田正弘《しもだまさひろ》（インド哲学・仏教学、東京大学大学院教授）、城戸朱理《きどしゅり》（詩人）、そして、長塚充男《ながつかみつお》（真如苑教務長）の五人からなる『真乗　心に仏を刻む』刊行会が担当した。長塚充男以外の四人は真如苑の信徒ではなく、教団部外者であり、これは本書が外側から見た伊藤真乗という仏教者の姿を浮かび上がらせようと意図するものだからである。内容的には、釈尊に回帰し、それを現代に生かそうとした真乗の思想的な背景を理解するために、奈良康明が釈尊と教団の関係とその意義を論じ、『涅槃経』の研究者である下田正弘が、『涅槃経』からとらえた仏教の生成を語る原稿を担当、さらに、刊行委員のうち、ただひとり生前の真乗を知る仲田順和が、真乗の素顔とその教義の意義を語り、三氏の監修のもと、真如苑から資料提供を受けて、城戸朱理が「真乗、その生涯と思想」を執筆した。長塚充男は、本書の全体にわたって教団の事実関係の確認を担当した。また、真乗と交流が深かった直木賞作家であり、天台宗東北大本山中尊寺《ちゅうそんじ》貫主でもあった今東光《こんとうこう》師の講演を再録し、より多面的に真乗と仏教というものを深く理解できるような構成を心がけた。

一般的には、仏教というと、二千五百年前のインドの釈尊から始まって、日本ならば、鎌倉時代までに今日まで続く宗門が生まれたように考えられている。つまり、仏教とは過去に生まれ、それ以降は、宗派ごとに法燈《ほうとう》が守られているという印象が強い。
しかし、本書によって、昭和という時代にも、自らの手で形としての仏を刻み、そして人々の心に仏を刻もうとした仏教の改革者が生きていたことを描き伝えることが出来たら、『真乗　心に仏を刻む』刊行会としては、これに勝る喜びはない。

『真乗　心に仏を刻む』刊行会

真乗、その生涯と思想

詩人　城戸　朱理

I　出家に至るまで

1　真乗《しんじょう》の青年時代

ひとりの人間が、どのようにして宗教家として立つことを決意するのか。これは、なかなか、むずかしい問題である。実家が寺であるため、家業を継ぐような感覚で、僧籍に入る人間も少なからずいるだろうし、さまざまな苦難に遭遇したあげくに、出家を決意する人もいることだろう。ひとりの人間が仏門に入るまでには、人によって千差万別と言っていいほど、さまざまな理由がある。伊藤真乗《いとうしんじょう》の場合は、これがいささか変わっていた。父、文二郎《ぶんじろう》は曹洞宗の熱心な信徒であり、檀家総代《だんかそうだい》をつとめたほどであったが、別に実家が寺だったわけではないし、仏門に入る前の真乗は、生きるうえで何らかの困難にぶつかっていたわけでもない。むしろ、順風満帆《じゅんぷうまんぱん》と言っていい社会生活をサラリーマンとして営んでいたことが、次のような本人の述懐《じゅっかい》からもうかがうことが出来る。

不動尊像を奉祀するまでの私たちは一介のサラリーマンにすぎず、一男一女（長女と長男・智文《ともふみ》）に恵まれ平穏無事な家庭を営んでいた。勤務先は石川島飛行機製作所で技術部門にたずさわって七年勤続、大過なくすごしていた。（『一如の道』）

ここで真乗は、かなりひかえ目に当時を回想しているように思われる。真乗は、出家前の名を文明《ふみあき》といった。大正十二（一九二三）年、英語を勉強したいという志を抱いて上京したが、東京在住の父の弟、母の弟、ふたりの叔父から反対され、中央電信局（現・NTT）で働いた。しかし、文明は勉学をあきらめたわけではなく、翌年には、勤めのかたわら、正則《せいそく》英語学校（現・正則学園）普通科に入学し、仕事のみならず、勉強にもいそしむ。十九歳で正則英語学校を卒業してからは、神田錦町の写真材料店、大盛堂に就職したのだが、この年は、七月に東京放送局がラジオの本放送を開始した年であり、日本中にラジオ・ブームが巻き起こった年でもあった。

文明は、アメリカのラジオの配線図を手に入れ、身につけた英語力でもって、配線図の通りにラジオを組み立てるのに成功し、このラジオが大盛堂から売り出された。これが、世のラジオ・ブームに乗って、大いに評判を呼び、大ヒット商品となる。

また、この年、文明は、ドイツで肖像写真を学んで帰国した有賀《ありが》乕五郎《とらごろう》から、写真の技術を学んでいる。当時は、写真は先端技術であって、いまだに一般的なものではなく、ドイツ製のカメラ、ライカの値段が家一軒分に相当する時代であったことを考えると、若き日の文明が、どれだけ好奇心旺盛な青年であったかが、理解できるだろう。翌年の十二月、大正天皇が崩御し、大正という時代は終わり、昭和が始まることになる。そのとき、文明は二十歳であった。

この時期の文明について、文明の兄、文重《ふみしげ》が後に興味深いエピソードを語っている。文重は長男で、伊藤家の跡を取った人物である。闊達《かったつ》な人柄で、町議会議長をつとめるなど、人々から信頼を寄せられる人であったという。

写真技術を習得した学生時代

　伊藤文明は私の弟で、早くから志を立てて東京に出て、苦学しておりました。ちょうど文明が十九歳のころだったと思います。私の家から他家に養子に出た人がいて、その時はもう七十に近かったでしょう、連れ合いには先立たれ、息子は外地に行ってしまって、一人淋しい暮らしをしておりました。その伯父が文明が東京から帰ってきたと聞いて「珍しい話を聞かしてもらおう」と大分体が弱っていましたが、本家である私の家へ出かけてきたわけです。そして話を聞いているうちに、崩れるように文明の膝《ひざ》に顔をうずめて倒れてしまったのです。

もし私なら、慌《あわ》てふためいて逃げだしていたでしょう。しかし、私がかけつけたとき文明は伯父を膝の上にのせたまま、泰然自若《たいぜんじじゃく》としていたのです。その時、私は文明が山の如く大きく見えたのを今でも覚えています。その時、文明は伯父に「おじい、本家に帰ってきて死んでよかったな」と、言葉をかけておりました。

文明は準備ができて伯父を自分の家に移すまで亡骸《なきがら》をそのまま、膝に抱いていました。

（『内外時報』一九九六年三月号）

十九歳といえば、青年とはいえ幼さの残る年齢である。人生経験も少なければ、人の生き死にを理解できないのがふつうだろう。もし、目の前の人間が自分の膝に倒れ込んで息絶えてしまったら、兄、文重が語るように、慌てふためいてしまっても当然ではないだろうか。それを受け止め、さらに言葉をかける文明の姿からは、何事にも動じず、さらに他者をいたわりをもって受け入れようとする精神といったものを感じることができる。この文明の精神的な骨格が、後の宗教家としての伊藤真乗を支えることになったのは、納得できることだと思う。

しかし、まだ、文明自身は自分が進むべき道を確信していたわけではなかった。英語、ラジオ、そして写真と、むしろ時代の先端を行くさまざまなものに関心を抱き、それぞれに多彩な才能を発揮していた文明は、むしろ、当然のように時代の先端を行く職業に就くことになる。現在であれば、さしずめ、IT関連ということになるかも知れないが、そのとき文明が選んだ職とは、航空機のエンジニアだった。

2　エンジニアとして

文明《ふみあき》は、昭和二（一九二七）年、徴兵されて、立川の飛行第五聯隊に入隊した。写真科に編入され、航空写真の撮影などに携《たずさ》わることになったのだが、飛行機は好きになったものの、自分は軍人には向かないと感じ、二年間の兵役の間に、写真をもっと学びたいと考えていたらしい。

この兵役中の経験がもとになって、除隊後、文明は、東京月島の石川島飛行機製作所（のちの立川飛行機株式会社）に入社し、技術部員として勤務することになる。昭和四（一九二九）年のことだったが、文明は入社してすぐに数十人の部下を持つ班長となり、航空写真の撮影装置や計器盤、装備部品など、飛行機の心臓とも脳とも呼ばれるパーツの

航空写真を撮影していた頃

設計と製作に従事した。会社でも重要なポジションにあった文明は、エンジニアとしての仕事ばかりではなく、他の部門との連絡や打ち合わせなどに忙しい日々を送っていたが、昭和七（一九三二）年には、同郷出身の内田《うちだ》友司《ともじ》と結婚、翌年には、長女・映子《てるこ》、翌々年には、長男・智文《ともふみ》が誕生している。昭和六（一九三一）年に、満州事変が勃発《ぼっぱつ》し、日本が「十五年戦争」と呼ばれる時期へ突入、軍事色を強めていった時代相を考えるならば、文明の航空機のエンジニアという職業は、時代の花形とも言うべきものであったわけで、文明は、収入的にも恵まれていた。伊藤家では、そのころ、二人のお手伝いさんを雇っていたほどで、二十代後半の文明は、若くして仕事にも家庭にも恵まれ、順調な人生を送っていたことになる。

また、文明は、仕事のかたわら趣味の写真にも才能を発揮し、昭和九（一九三四）年には、読売新聞立川専売局・同通信部が主催する写真コンクールで、一等を受賞、翌年には、多摩雅光会主催による「第一回写真展覧会」に作品を出品し、二等一席を獲得するなど、

写真展覧会で入選した写真作品「朝の光」

アマチュア写真家としても頭角を現しつつあった。同年には、月刊誌『現代』（講談社）四月号の巻頭に、文明の写真作品が、室生《むろう》犀《さい》星《せい》の詩「光」とともに掲載されているほどで、犀星が大正七（一九一八）年に『愛の詩集』『抒情小曲集』を出版して新進詩人として認められ、翌年、『幼年時代』『性に眼覚める頃』といった小説で、作家としての地位を確立したことを思えば、文明の写真とともに詩が掲載されたとき、犀星は四十六歳、当時であれば、すでに大家であったわけで、その犀星とともに一般誌の巻頭を飾った文明の写真の技量や芸術的なセンスは、なまなかのものではない。

　残された作品は、決して多くはないが、光と影の織り成す、鮮やかなコントラストと深い陰影に富んだ文明の写真は、今見ても見事

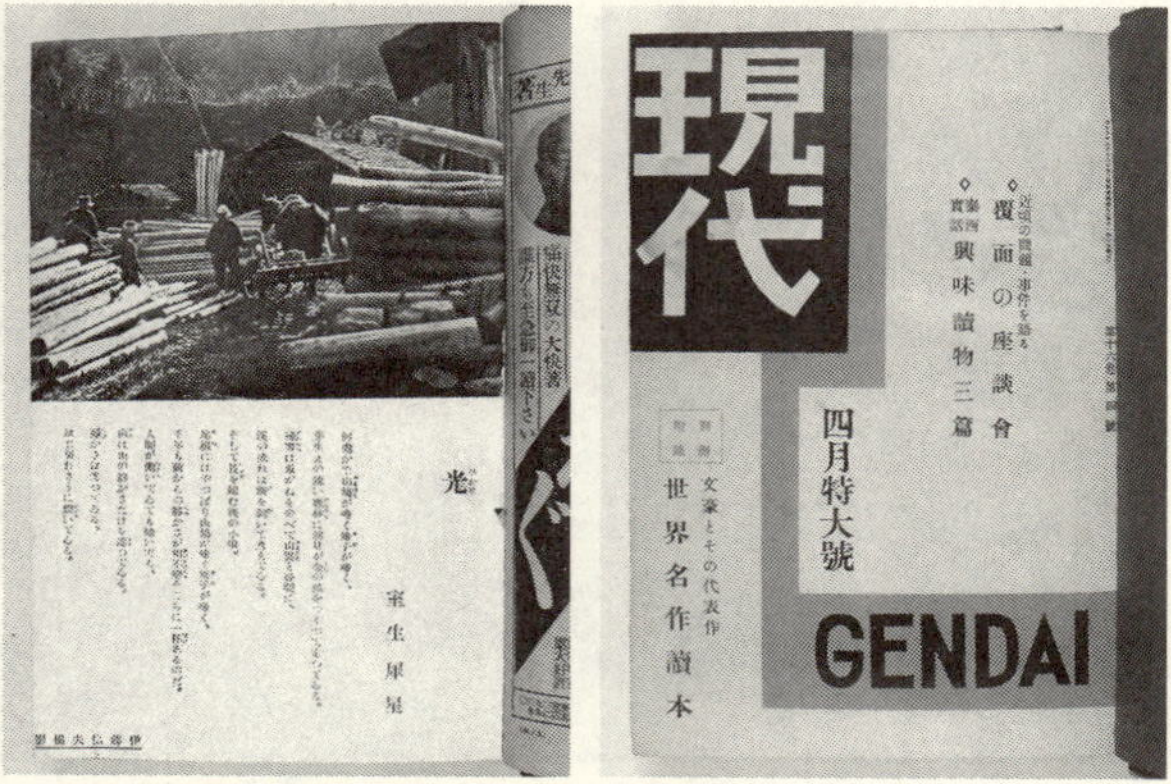

月刊『現代』（昭和10年4月号）に室生犀星の詩「光」とともに写真作品が掲載される

なものであり、もし、文明が航空機のエンジニアという職業を選んでいなければ、写真家という道もあったのではないかと思わせるほどである。

しかし、文明が最終的に選んだ道は、そのどれでもなかった。公私ともに充実した生活を送っていた文明が、恵まれた職を捨ててまで求めることになったのは、ひとりの仏教者としての道だったのである。

3　家伝の易学《えきがく》に導かれて

向学心に燃え、旺盛な好奇心を持ったひとりの青年が、苦学しつつひとり立ちして、公私にわたって充実した生活を手に入れながら、なぜ、職を捨ててまで出家を決意することになったのか。

口伝の易学を後に易学書としてまとめた『甲陽流病筮鈔』

実は、そのきっかけとなったのは、伊藤家に伝わる易学だった。文明が生まれた伊藤家や、その少年時代のことは後の章で述べることにするが、伊藤家に代々、伝えられた易占《えきせん》があった。『病筮鈔《びょうぜいしょう》』、正しくは『甲陽流病筮鈔』というもので、その伝承は口伝を尊び、文明も少年時代に父親から数年にわたって、教えを受けたのだという。

もともと古代の中国で成立した占術である易学は日本に渡ってから独自に発達した。戦国時代の甲斐の国の武将、武田信玄《たけだしんげん》は同時代の武将の中でも一、二を争うほど、易《えき》筮《ぜい》によって軍事行動を決めていた武将であったという（小和田哲男『甲陽軍鑑入門』）。その易の流れのひとつが伊藤家に代々伝承されていたのである。もともと口伝のため書物としては残っていなかったので、後年真乗自身が『病筮鈔』という漢字をあてたと述懐《じゅっかい》している。

この家伝の易学は、決して営利のために用いてはならないと厳《きび》しく戒《いまし》められており、文明もそれを守って、営利のために用いることはなかったが、友人や同僚のために『病筮鈔』によって、易占を立てることがあった。

文明は、石川島飛行機製作所に入社した二十三歳のときに、忙しい勤めのかたわらで、東京小石川の大日本易占同志会に入会して、易学の大家、六世石龍子《せきりゅうし》から易学と観相学《かんそうがく》の夜間講義を受け、のちに教師免状まで取得している。おそらく、文明は易学・観相学を体系的に学ぶことによって、父から伝えられた『病筮鈔』を、その体系のなかに位置づけ、自分なりに理解を深めようとしたのではないだろうか。

易といえば、「当たるも八卦《はっけ》当たらぬも八卦」という言葉があるように、一般には当たりもすれば、外れることもあるように思われている。ところが、文明の易占は、当たるというので評判を呼び、文明が帰宅すると、いつも、五人ほどの人が相談事を抱えて待っているようになった。相談の内容は、仕事のこと、生活のことから、子供の命名まで多岐《たき》にわたったが、当時の陸軍の監督官までもが相談に訪れるほど、文明の易占は、人々の信頼を得るようになる。いわば、文明の周囲には『病筮鈔』の信者が集い始めたと言ってもいいだろう。後に、法名、真乗《しんじょう》を名乗るようになってから、文明は次のように述懐している。

ある日、病筮鈔を立てましたところ、その日から一週間の間に、会社の庶務課より丑寅《うしとら》の方角に当たる所を厳重に警戒しないと、火が出て大変なことになる――ということが示されました。それで、さっそくその課の関係者に注意をうながして、消火設備万全を期すように命じたのです。

そうしましたら案の定、一週間のうちに予知していた場所から火が出たのです。でも、あらかじめ、充分な消火設備がしてありましたので、大事に至らずに済んだということもあって、上司から、

「今後は、会社で専門に病筮原理による諸問題の解決、予知、予防の仕事をお願いしたい……」と、言われたこともありました。

けれども、この前にもお話ししましたように、それは父から固く戒められていましたので、断りました。

（『苑史回想』）

会社から『病筮鈔』による易占を依頼されたり、陸軍の監督官からも相談を受けたりしているのだから、文明の『病筮鈔』による易占は、よほど信頼を寄せられていたのだろう。しかし、文明は父の戒めを守って、それを仕事とすることはなく、あくまでも余技《よぎ》として、人々の相談に応じた。

しかし、こうしたことは、読者に疑問を抱かせるものであるかも知れない。本当に易な

どが、そんなに当たるものなのだろうか。合理的な精神の持ち主であるなら、占いなどというものは、当てにしないのが当然の態度というものではないのか。

おそらく、そうしたことを誰よりも考えていたのは、文明自身ではなかっただろうか。文明が、英語を学んでラジオを組み立て、航空機のエンジニアを職業としたことを考えても、合理的な精神の持ち主であることは充分に理解できると思う。また、彼の会社の同僚たちも精密機械工業に従事する技術者なわけだから、常識的に考えても、非合理的なものをやみくもに信じるような人々ではないことは明らかである。それなのに、文明の易占が信頼を寄せられたわけだから、これは、パラドックスと言うしかない。

しかし、二十一世紀を迎えて、パソコンと携帯電話が当たり前のものになり、私たちの頭上を無数の人工衛星が周回している現在においてさえ、起こっていることは、さして変わっていないのではないだろうか。雑誌には占星術を始めとする占いのページがいまだに掲載されているし、夏になると、テレビでは心霊をテーマとするオカルティックな番組を、定番のように放送し始める。では、視聴者が霊魂や死後の世界を本当に信じているのかと言うと、必ずしもそうではないかも知れない。しかし、人間は、生きていると、合理的な考えや行動だけでは、決して解決も解消も出来ない問題にぶつかることがあるということは否定しきれない。世間には、常識や近代合理主義では語りえないこともあるということなのだろうか。

そして、『病笠鈔』とともに、文明が宗教家として立つうえで大きな役割をはたすことになったのが、妻、友司《ともじ》の存在だった。

文明は昭和七（一九三二）年、二十六歳のときに六歳年下の内田友司と結婚し、家庭を持った。友司は文明と同じ山梨県北巨摩《こま》郡の生まれで、文明の祖母と友司の祖母は姉妹、したがって、文明の母と友司の父は「いとこ」の関係となり、文明と友司は「またいとこ」に当たるが、二人は結婚するまで一度も会ったことがなかったという。

友司は三歳で父と死別、のちに六歳のときに母が他家に嫁いだため、祖母、内田きんに育てられた。この祖母は、『法華経』に帰依《きえ》し、明治元（一八六八）年から、横浜で布教につとめるとともに、求めに応じて除霊などを行うシャーマン的な女性であったという。その感化によって、友司は、薬師如来と観音への信仰を持ち、さらに、その影響を受けて、文明も観音信仰に関心を抱くようになっていく。そして、文明も熱心に教義を勉強したり、朝夕に『観音経』を読誦するようになった。

結婚した当時の妻、友司

また、そのかたわらで、文明の姉、与志子《よしこ》の勧めで、プロテスタントの新宿、ホーリネス

飛行機製作所勤務の頃

教会にも通うなど、『病筮鈔』を発端として、文明の宗教家としての遍歴が、友司との結婚以来、気づかぬうちに始まっていたのである。

そして、昭和九（一九三四）年、長男・智《とも》文《ふみ》が生まれ、職場に近い東京の立川に引っ越した文明に、ある出会いが訪れる。『病筮鈔』の噂を聞きつけたひとりの真言宗の僧侶から、易学を教えてくれと、文明は請われた。そして、その代わりに、その僧侶は、自分が知っている真言密教のすべてを教えようと申し出たのだった。この行者が、大堀修弘《おおぼりしゅうこう》であった。

4　不動尊像を求めて

大堀修弘の申し出を受けた文明《ふみあき》は、ふたりで易学と真言密教の研鑽《けんさん》を重ねた。大堀修弘は、文明とともに大日本易占同志会で易学を学んでいたが、『病筮鈔《びょうぜいしょう》』の噂を聞いて、文明から『病筮鈔』を学びたいと思ったのだろう。そして、この出会いが、文明を出家の道へと誘《いざな》うことになる。

『病笠鈔』によって、文明が人々の相談に乗っていたことは先に語ったが、最初は友人や知人だけであったのが、次第に誘い合い、呼び合って増え、文明が勤めから帰るのを待って、少なくても三人、通常は五人ていどの人が、相談に来るようになっていた。そのころ、文明は、妻、友司《ともじ》の影響で観音信仰を研究し、仏教へ、いよいよ深入りし始めていただけに、大堀修弘の導きで、真言密教の修法《しゅほう》を学ぶうちに、本尊として仏像を迎えたいと考えるようになる。おそらく、文明は、無意識のうちに、『病笠鈔』による易占は、人々に進むべき道を示すことが出来るが、道を示すだけでは、解決できない悩みや苦しみというものがあることに気づき、人々の悩みを解消するために仏道を求めようとしたのではないだろうか。多忙な勤めのかたわらで、あくまでも余技として、しかも無償で人々の相談に乗っていた文明のことを考えると、その精神的な骨格は、自分のためではなく、他者のためにという姿勢によって出来上がっていたことが分かる。こうした姿勢を仏教では「大乗利他」と言うが、文明が仏教と出会ったのは、むしろ、当然のことであったかも知れない。

最初、文明は、観音菩薩を迎えたいと考えたが、大堀修弘に強く勧められ、次第に不動明王に惹《ひ》かれるようになっていく。それでは、大堀は、なぜ、不動明王を文明に勧めたのだろうか。

不動明王は、平安時代の初めに空海によって経典や図像が日本にもたらされた。原語は

「動かざる尊者」を意味し、密教に特有の尊格であるが、度しがたい衆生を救うために、大日如来が恐ろしい姿を取って現れる教令輪身《きょうりょうりんじん》とされている。つまり、密教においては、不動明王とは、大日如来のひとつの姿として考えられているわけであり、修験道《しゅげんどう》においても中心仏の地位を占める。大堀修弘自身が、立派なお不動さまの掛け軸を厨子《ずし》のなかに祀《まつ》っていたことを、後に文明が述懐《じゅっかい》しているが、真言密教の行者である大堀が、文明にお不動さまを勧めたのは、むしろ、当然のことだったと言えるだろう。

それから、文明は不動尊像をあちこち探し求めるが、なかなか得心できる尊像と出会うことはできなかった。そんなときに伝え聞いたのが、東京神楽坂に素晴らしいお不動さまを刻む仏師がいるという噂で、さっそく、文明は、その仏師、仲丸奥堂《なかまるおうどう》師を訪ねることにした。そして、そこで文明が眼にしたのは、運慶《うんけい》作と伝えられる不動明王坐像だったのである。

運慶は鎌倉時代の初めに生きた名仏師であり、貴族から武士に政権が移った鎌倉という新時代にふさわしい力強い様式を確立した人物である。運慶は、鎌倉幕府の初代執権、北《ほう》条時政《じょうときまさ》の依頼を受けて、静岡県の韮山《にらやま》町にある願成就院《がんじょうじゅいん》の諸仏を刻んだが、仲丸家に伝わる不動尊像も、そのとき、北条時政の持仏《じぶつ》として別に刻まれたもので、寿永三（一一八四）年の作と伝えられてきたものであったという。

願成就院は、壇ノ浦で平氏を滅ぼして、源頼朝《みなもとのよりとも》が政権の基礎を固めたころ、義父の北条時政が頼朝の奥州征伐の成功を祈って建立した寺院であり、運慶が作った阿弥陀如来像と、不動三尊像、毘沙門天像が伝えられている。仲丸家伝来の不動尊像は、口伝の通り、この願成就院の不動明王像とたしかに似ているが、両者に共通している最大の特徴は、どちらもあまり例がない平常眼の不動明王であるということだろう。

不動明王像は、右目は天を仰ぎ、左目は地を睨《にら》む忿《ふん》怒《ぬ》の形に刻まれるのが普通なのだが、願成就院の不動尊像も、仲丸家の不動尊像も両目を見開き、正面を見据えた平常眼の不動明王なのである。違いは、前者が像高百三十七センチの立像《りゅうぞう》であるのに対して、後者が像高三十四センチの坐像であることだが、この違いも誰かの持仏として刻まれたものという伝承を裏づけるものであるかも知れない。

仲丸奥堂師は、この不動明王像を手本として、「怒りもの」と呼ばれる忿怒の相をしたさまざまな明王像を刻んできたのだった。また、不動明王に従う、矜羯羅《こんがら》と制吒迦《せいたか》二童子像は、仲丸師自身が刻んだもので、仲丸師は二童子像を刻むに当たって、やはり不動明王が祀《まつ》られた関東三大不動のひとつ、神奈川県の大山《おおやま》で滝行をしてから臨んだのだが、そのときに不思議なことが起こった。滝に打たれている間、仲丸師の姿が見えなくなってしまったのだという。同行した人たちがいぶかしがっていると、行を終えた仲丸師が行衣から水をたらしながら突然、現れ、同行者たちは驚いたというが、文明は、その話を聞いて、それは仲丸師が滝と一体となったということであり、それだけ精魂を傾けて刻んだものなので、二童子像は、力強い不動尊像と調和しているのだと思ったことを、後に回想している（『苑史回想』）。

この素晴らしい不動明王像に文明はすっかり魅せられ、仲丸師に「ぜひとも私に、これと同じものを一軀《いっく》刻んでいただきたい」と頼んだ。仲丸師は、快諾し、三か月後にと約束したが、このとき、再び不思議なことが起こった。長年、仏像を刻み、わけても明王像を得意とした仲丸師が、なぜか同じものを刻むことが出来なかったのである。約束の三か月後に訪れた文明に、仲丸師が語ったのは、思いがけない申し出であった。

5　不動尊像を迎える

「申し訳ありません。ご依頼のお不動さまはどうしても刻めないのです。こんなことは初めてなのですが、どうしてもこの仏さまが先生（文明《ふみあき》）のところへ行きたいと、刻ませてくれないのです。そういうわけですから、このお不動さまをお持ち下さい」

この仲丸奥堂《なかまるおうどう》師の申し出に、誰よりも驚いたのは文明であったろう。運慶一刀三礼《うんけいいっとうさんらい》の作と伝えられ、さらには北条時政《ほうじょうときまさ》の持仏であると伝えられる不動明王像である。口伝が事実であるかはともかく、古仏であることは間違いない。その家伝の宝物を、仲丸師は自分から手放そうとしているのだから。

また、仲丸奥堂師の仏師としての悟達《ごたつ》もすごいものがある。素晴らしいお不動さまを刻む仏師がいると評判になっていたほどだから、それまで、仲丸師は、当然、少なからぬ不動尊像を刻んできたことになる。その練達の仏師が、なぜか、今回ばかりは、まるで仏像を刻むことが出来ない。そのとき、仲丸師は、その理由を、不動明王が文明のところに行きたがっているという仏意の現われだと考えたわけであり、仏師というものは、形としての仏を刻むだけではなく、このように仏と語り合うようにして仏の形を作っていくものなのだろう。

当時、文明は石川島飛行機製作所から、二百円を超える月給をもらっていた。これは、そのころの東京府の課長の月給の倍額に当たり、かなりの高給であったことになるが、仲丸奥堂師は、文明の月給の一・五倍に当たる三百円という包み金で、不動尊像を文明に渡している。これは、鎌倉時代の美術品の値段ではないのは言うまでもないだろう。

こうして、文明は不動尊像を立川の自宅に迎えることになったのだった。それは、昭和十（一九三五）年、十二月二十八日、年の瀬も押し迫った雪の日であったという。

四十年後、文明はこの日のことを「四十年前といえども、昨日のことのように想い出されますよ」と感慨深げに語っている（『苑史回想』）。また、今になると、運慶作と伝えられる不動尊を迎えることによって、文明が出家への道を歩むことになったことは明らかであり、文明自身も、この日は「感激に湧きたって朝四時半に起床した」ことを書き残しているほどだが、この記念すべき日に関しては、文明による詳細な手記が残されているので、その手記に添って、昭和十年十二月二十八日の様子を追ってみよう。

起床は四時半、文明はまず注連縄《しめなわ》をめぐらした風呂場で水垢離《みずごり》を取り、身と心を浄めている。その次第は本人によると次のようになる。

　年の瀬の二十八日ですから、風呂場には〆縄《しめなわ》がしてありました。そして、そこで、

　当願衆生《とうがんしゅじょう》　沐浴身体《もくよくしんたい》
　内外清浄《ないがいしょうじょう》　受持仏法《じゅじぶっぽう》

　と、少年の頃、祖母から教えられた清めの偈《げ》を唱え、四斗樽の中に汲んだ浄水を浴びて身と心を浄め、さらに護身法を結誦《けつじゅ》し、観音経、般若心経、慈救咒《じくのじゅ》などをお唱えして水垢離を終わり、それから妻が準備しておいてくれた浄衣を着て床の間に安置されていた霊神に、三礼と朝のおつとめをしました。

　この霊神というのは、小さな祠《ほこら》を祀っておいた『病筮鈔《びょうぜいしょう》』の霊神（伏羲《ふっき》・文王《ぶんのう》・周公・孔子）のことです。　（『苑史回想』）

『病筮鈔』は、易学であり、易は古代中国において成立したものである。伝説の帝王、伏羲が八卦を作ったのが、その始まりとされ、周を建国して、後世からも聖王として尊敬さ

れる文王が、八卦を六十四卦に発展させ、文王の子であり周の建国と安定に功績があった周公が、さらに三百八十四の爻辞《こうじ》を作り、さらに後代になって孔子が解説をつけたと伝えられているため、この四人を易における四大聖人として尊崇《そんすう》する。『病筮鈔』による易占で人々の相談に応じていた伊藤文明宅には、この四人が霊神として祀られていたことになる。

この日は、前日から降り続いていた雪が勢いを増して、強く降っていたという。家族とともに朝食を終えた文明は、八時にタクシーに乗って、仲丸奥堂師宅に向かった。雪はさらに強くなり、国立は谷保の天満宮にさしかかるころには牡丹雪に変わり、先の見通しがきかないほどになった。ようやく、雪が小降りになってきたのは、新宿を過ぎたころ。文明は三時間近くもかかって、当時は牛込区肴町という住所だった神楽坂の仲丸師宅に到着した（『苑史回想』）。

仲丸奥堂師とその夫人に関して、文明の抱いた印象が書き残されているので、紹介しておこう。

御主人の仲丸師は――露伴《ろはん》の――五重塔に出て来る――のっそり十兵衛を偲《しの》ばせる様な人柄で、どちらかと云《い》ふと小肥りで背は低く、ものの言い方も、ボツリ、ボツリ語る方で、名人肌と云ふか、そうかと云ってあまり職人的でもないようだ。三日に一

仲丸家にて（右端：仲丸奥堂師、左から二人目が仲丸夫人）

度ずつ頭を剃ると云っていたが、これはどういう意味か解《わか》らないが僧形《そうぎょう》をしていた。

仕事場に於《お》いては、腰衣を付けて、仏像を刻んでいるのであった。

仲丸夫人は、私の妻友司《ともじ》に五ツ六ツ歳を加えたような容貌で、ものをはきはき云ふのが性質のようである。

年輩は私と同じくらいか――ひのえ午――かな……とも感じた多少陽気の方で、おかみさん――と云ふより奥さん風で好感の持てる人だった。（『手記』）

無口で僧形の名人肌の仏師と、陽気で、はきはきしたその妻の姿が浮かび上がってくるが、とりわけ、仲丸師を明治時代の文豪、幸《こう》

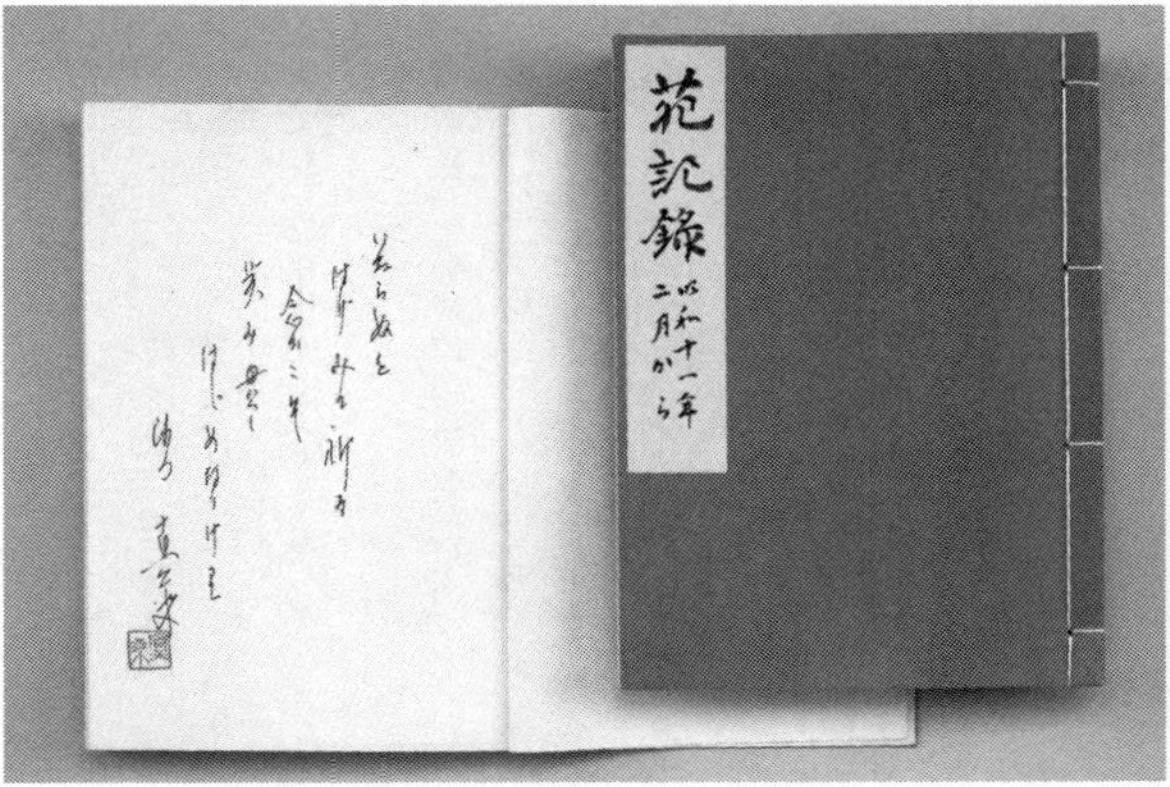

後年、和綴じ本にまとめられた立教当時の記録

田《だ》露伴《ろはん》の中編小説『五重塔』の登場人物である「のっそり十兵衛」になぞらえているあたりが興味深い。『五重塔』は露伴初期の代表作で、江戸は谷中《やなか》、感応寺の五重塔建立をめぐる源太と十兵衛の対立を通し、義理や人情を超えた激しい芸術意欲を描いた作品として知られ、とりわけ、落成式の前夜に嵐が塔を襲うくだりは名文として名高い。こうしたことから分かるのは、航空機のエンジニアであり、アマチュア写真家でもあり、理系の人間といった印象の強い文明が、多忙な仕事や『病笈鈔』による人助け、さらには経典の研究といった時間の合い間を縫って、読書の時間も取っていたということであり、このことは文明の知られざる顔のひとつであるかも知れない。

仲丸家に招じ入れられた文明は、夫人から

精進《しょうじん》料理をすすめられるが、まず不動尊像に挨拶するために、仏前に座った。そのとき、文明の脳裡によみがえったのは、以前に仲丸夫人が語った次のような言葉であったという。
「主人は、このお不動さまを手本にして不動明王とか愛染明王、あるいは仁王さまと言った怒りものに熱中し、一通り勉強もしてきました。このお不動さまは運慶の作と伝えられている由緒あるものですが、ご縁のある方にお祀りしていただければ幸いです」（『苑史回想』）

この不動尊像は仲丸師にとっては、家宝のようなものである。それを人手に渡すとは、にわかには納得できない。あるいは仲丸師は特定の信仰に入ったために、この仏像に対して手放し難《がた》き執念を失ったのだろうか。さまざまな想いが交錯する。これは雑念だろうか。文明は至心に祈り、「臨《りん》、兵《ぴょう》、闘《とう》、者《しゃ》、皆《かい》、陣《ちん》、列《れつ》、在《ざい》、前《ぜん》」と九字を切った。一呼吸して不動尊像を伏し仰ぐと、尊像は天井に届かんばかりに高く祀《まつ》られている。

こうした祀り方から、文明は、仲丸師が法華系の宗派の帰依者ではないかと思ったという。だとすれば、密教においては中心的な存在である不動明王像に執着がないことも理解できるし、剃髪《ていはつ》して僧形となっていることも納得できる。だから、仲丸師は、この仏像を私に手渡そうとしているのではないのか。もし、そうだとしたら、これは、このお不動さまを私をして護《まも》らしめようという仏意であるに違いない、文明は、そのように得心したことを後に回想している。

不動尊像の右には、誰が書いたものかは分からぬが「万代も絶えず尽せず諸人《もろびと》の仰ぐ高野の峰の月かげ」という掛け軸が、左には、釈尊誕生時の姿を写す誕生仏が安置されていたことなども、後に文明は語っているが、この日のことは、どんな些細なことでも文明の脳裡に深く刻み込まれたことが分かる。この不動尊像との出会いが、文明を仏道へと導いたことを思えば、それも当然のことだろう。

不動尊像への焼香のあとで、仲丸師は文明に、尊像とともに伝わった古い経典も手渡した。『普通真言蔵《ふつうしんごんぞう》』三巻で、元禄六（一六九三）年に筆写されたものだったが、裏表紙には年号とともに、天台宗の権大僧都《ごんだいそうず》の署名があり、江戸時代もなかばの元禄のころには、天台宗の僧侶が、この不動尊を守っていたのではないかと文明は思ったという。それから、仲丸師は、文明に不動尊像の由来などを語ったのだが、文明は、仲丸師が自分の信仰を持っているとしても排他的なところがないことに好感を持ったらしい。この排他的なところがないという、逆に言うならば広く何事も受け止めていくという姿勢は、文明を特徴づけるメンタリティでもあり、そのことによって、のちに文明は独自の教学を作り上げていくことになるのだが、おそらく、文明は仲丸師に自分と共通するものを感じていたのではないだろうか。

仲丸師の家を辞したのは、午後一時半。外に出てみると、朝の降雪はどこに行ったのやら、空は晴れ渡り、一点の雲さえない。待っていてもらったタクシーの運転手も、来るときが大変だっただけに嬉しそうにしている。仲丸師の見送りのもと、文明が不動尊像を捧げ持ち、小学校一年生と三年生の仲丸師のお嬢さんが、夫人のつきそいで、それぞれ仲丸師謹刻の矜羯羅《こんがら》、制吒迦《せいたか》の二童子像を膝の上に乗せて奉持し、タクシーは帰途に着いた。

車中、一行は不思議な現象を目にする。車のエンジンのあたりに、五色の虹のような、あるいは雲のようなものがたなびき、それが車とともに走っていく。瑞雲《ずいうん》だろうか？　仲丸師のお嬢さんに「先生、あれ何です。五色の雲って言うの」と聞かれた文明は、「雲か虹か分からないけど、不思議なことですね」と答えたという。

タクシーが立川、南幸町の文明宅に到着したのは、午後三時すぎのことで、文明は、自宅の座敷の床の間に不動尊像を仮安置した。それは、家庭における祭祀《さいし》の形式によるものだったが、文明は「どの様に為すべきかは、今後の問題で、それには専門的指導者に付かなければならない」と考えたという（『手記』）。

運慶、一刀三礼の作と伝えられる不動尊像を迎えたことで、文明は、ひとりの宗教者として、仏の道ひとすじに歩み出すことになる。それは、さまざまな困難をともなう険《けわ》しいものであったが、このときの文明は、まだ、それを予測だにしなかったのではないだろうか。文明、二十九歳の冬のことである。

Ⅱ　出家と修行

1　不動明王

真乗が、最初に迎えた不動明王の面相を、模して制作した不動明王坐像

仏教における尊格《そんかく》は、如来・菩薩・明王・天部に分類される。このうち天部の諸尊は、バラモン教の古い神々やインドの民間信仰の神々が仏教に取り入れられたもので、仏法の守護神としての性格を持つ。明王も、インドの民間信仰に由来する尊格だが、仏教においては、密教経典だけに登場し、柔和な菩薩形の孔雀《くじゃく》明王をのぞけば、いずれも火炎を背負い、

忿怒の形相をした諸尊で、真言密教では不動・降三世・軍荼利・大威徳・金剛夜叉を五大明王と呼ぶ。

明王の諸尊のうち、なぜ、日本では不動明王が独立して信仰されるようになったのか。そのひとつの理由は、密教経典で、不動尊は度しがたい衆生を救うために、大日如来が恐ろしい姿を取って現れた尊格として説かれているからだろう。つまり、不動尊とは、密教における宇宙神、大日如来と同一視される存在であり、仏教における火の儀礼として知られる「護摩《ごま》」の修法《しゅほう》も、不動明王を本尊として修されるのがもっぱらである。しかし、それ以外にも、不動明王信仰が日本において盛んになった背景には、修験道《しゅげんどう》があったことを忘れてはならない。

日本の国土は、その七六パーセントが山岳地帯である。仏教が伝えられる以前から、わが国には山岳に霊性を見い出す山岳信仰があったと考えられている。この日本固有の原始宗教を母胎にして生まれたのが修験道であり、その開祖として崇《あが》められているのが、役《えんの》行者《ぎょうじゃ》として知られる役小角《えんのおづぬ》であった。

役小角は、大和国葛城山《やまとのくにかつらぎ》で修行し、呪術をよくし、鬼神を使役したことが、『日本書紀』に続く勅撰《ちょくせん》の歴史書である『続日本紀《しょくにほんぎ》』（七九七年）に見えるので、七世紀に実在した人物であるらしい。それが、次第に神格化されて、さまざまな伝説が生まれ、鎌倉時代には修験道の開祖として仮託されるようになる。京都の醍醐寺《だいごじ》を開いた聖宝《しょうぼう》、理源大師《りげんだいし》は、東大寺で空海の実弟、真雅《しんが》を師として修行した真言密教の大家であるが、役行者から霊異《れいい》相承を受け、修験道を真言密教の体系のなかに位置づけた。七世紀に生きた役行者と九世紀に生きた聖宝が出会うはずはないが、この場合の「霊異相承」とは、役行者が修行の結果として得た境涯や霊性に、聖宝が感応し、それを受け継いだのだと考えることが出来るだろうか。

こうしたことがあって、修験道は密教と関係を持つとともに、次第に理論的な意味づけを整えていく。そのなかで、不動明王は修験道においても重要な存在になっていったわけである。

江戸時代になると、徳川幕府は諸国の修験者を天台宗寺門派の聖護院《しょうごいん》を本山とする本山派か、真言宗醍醐派の醍醐寺三宝院《さんぼういん》を本山とする当山派のどちらかに所属させて定住させ、加持祈禱《かじきとう》に当たらせるようになる。ここに至って、修験道は仏教のなかに位置づけられることになり、役行者一千百年御遠忌に当たる寛政十一（一七九九）年、光格天皇から聖護院に対して、役行者に「神変大菩薩《じんべんだいぼさつ》」という諡号《しごう》が贈られ、役小角は仏教における尊格としても菩薩として位置づけられることになったのだった。

このようにして、密教と修験道によって不動尊信仰は日本に広がっていったわけであり、江戸時代の初めには、三代将軍家光の命によって、五街道を守護するために五眼不動が置かれた。これは密教でいう地・水・火・風・空に色を配したもので、後に江戸五色不動尊

エンジニアとして活躍していた頃

と呼ばれるようになる。目黒・目青・目赤・目黄・目白が、その五色不動尊なのだが、このうち、目白と目黒は地名となってそのまま残っている。不動尊信仰がどれだけ身近なものであったのかが、こうしたことからも分かるだろう。

ともあれ、密教と修験道の関わりを知ってもらったうえで、話を伊藤文明《いとうふみあき》に戻したい。文明は、不動尊像を迎えてから、「天《てん》晴《せい》」という法名を名乗るようになる。したがって、ここからは、文明のことを天晴と呼ぶことにしよう。

しかし、法名を名乗ったからといって、天晴は、まだ僧籍に入ったわけではなく、石川島飛行機製作所に勤めるエンジニアであり、妻と、幼い子供二人を抱える身であった。しかも、本尊として不動明王像を迎えても、開眼《かいげん》の儀式を執り行わなければ、それは仏の姿をした木像にすぎない。天晴が尊像を自宅に迎えたときに「専門的指導者に付かなければならない」と考えたことは、先に語ったが、天晴は、自分自身の修行が完成するまでは、祈るたびに不動明王の御《み》魂《たま》が尊像に降臨していただくように祈ろうと決意したことを書き残している（『手記』）。

不動尊像を迎えたのが、昭和十（一九三五）年の十二月二十八日、翌、昭和十一年の一月六日は、寒入りに当たるため、天晴は自宅に仮壇を築き、護摩を修してもらった。導師は天台宗寺門派の修験道行者であったが、この天晴より十歳ほど年上の行者は、天晴を自分の傘下に置こうとする態度が露骨で、権力欲が鼻につき、天晴は感銘を受けるところがなかったようだ。むしろ、天晴は彼をしのぐ宗教人になろうと決意する（『手記』）。

しかし、実際に宗教人になるということは、簡単なことではない。僧侶というものは、寺院に所属し、その宗派ごとの決まりにしたがって修行を積まなければならない。一方、かつては山伏《やまぶし》とも呼ばれた修験道の行者は、出家ではなく、在家の修行者で、本来は寺院仏教のように寺を持たず、山中での荒行や修行によって、自分自身に秘められた可能性を開発することを旨《むね》とした。その意味では、修験道とは、不動明王への強い信仰のもと、家にありながら、誰でも修行に参加できるものであり、天晴もまた、エンジニアとして会社に勤めながら、どこかの寺に僧籍を置き、修験道の行者になるという道を選ぶことも出来たわけである。しかし、彼の心は、すでに仏教者として立つことに傾いていた。昭和十一年一月二十八日の手記に、天晴は次のように書き残している。

然《しか》し若《も》し会社をやめて、貧しき人々（心も意味する）の相談相手、またその人達の依《よ》るべと——、成って行ったなら、此《こ》れ亦《また》、今迄《いままで》以上の有難《ありがた》さであり嬉《よろこ》びではないか……。

毎月二百円からの収入が途絶《とだえ》たなら一体どうなるだろう——妻の身になって考えて見ることも大切だ——。

大衆の為《ため》に会社を捨てるか……そして大衆の為に立ち上がるか……直面的に自《みず》からに課せられた問題だ——。

果たして、妻友司《ともじ》は何《な》んと云《い》ふか……

明治生まれの天晴だけに、今日から見るといささか大上段に構えたところがあるように思われるかも知れないが、『病筮鈔《びょうぜいしょう》』によって人々の相談に応じていくうちに、人の役に立ちたいという想いが強くなっていたことが、よく理解できる手記である。

そして、昭和十一（一九三六）年は、天晴にとって、激動の年となった。

2　道ひとすじに

天晴《てんせい》は不動尊を迎えて、一月四日から妻、友司《ともじ》とともに三十日の寒修行に入った。寒修行は寒行《かんぎょう》とも言うが、小寒から立春までの約三十日間、行う修行のことで、一年のうちもっとも寒い時期であるために、修行や祈りに効果がある時期と、古来から考えられてきた。天晴は、出社前の朝五時から、そして、会社から帰ってきて夜の八時から、友司とともに勤行《ごんぎょう》に専念したのだが、すでに天晴のもとには『病筮鈔《びょうぜいしょう》』の信奉者が集まっていたため、三十人ほどの信者が、この寒修行に参加したらしい。

当時はまだ、修行の方法が確立していなかったため、「何事にもすぐ千巻経だった」と天晴は回想している（『苑史回想』）。千巻経とは、集まる人数を頭割りして、千回、『般若《はんにゃ》心経《しんぎょう》』を唱えるというもので、五十人の信者が集まるとすると、二十回、『般若心経』を唱えていたことになる。

一月二十八日は、護摩《ごま》の法要日に当たるため、天晴は会社を休み、朝五時からの寒修行だけではなく、午前八時から勤行に入った。すると、思いがけないほど大勢の人が集まってきたため、天晴は、人々に奉仕する宗教者としての道を自分は歩むべきではないかと考えたのだという（『苑史回想』）。

しかし、昭和十一（一九三六）年は、日本がロンドン海軍軍縮会議から脱退し、翌年には日本と中国は戦争状態に突入するわけで、日本は軍事色が高まりつつある時期だった。航空機は、言うまでもなく軍需産業の花形であり、そのエンジニアとして会社から高く評価され、高給を貰っているだけに、天晴もずいぶんと悩んだことを述懐《じゅっかい》している。先に紹介した手記は、まさにこの一月二十八日に書かれたものなのだが、その二日後の一月三十日に、天晴は友司に、会社を辞めて信仰の道に立ちたいと告げることになる。

このとき、天晴は、信仰に熱心な妻が反対するとはまったく思っていなかったが、意外なことに友司は、家族の今後の生活のことを考えて反対した。それも無理からぬこと、「妻や子供に心配をかけて、何が他の救いになろう」と納得した天晴は、翌日、当分の間、会社は絶対、辞めないことにしようと決意して出勤した。ところが、帰宅するやいなや、今度は、友司が、会社を辞めて、仏道ひとすじに立って下さいと言い出したのである（『苑史回想』）。

幼くして父と死別し、少女のころに母と生別した友司が祖母に育てられたことは、先に語ったが、祖母、内田《うちだ》きんは『法華経』に帰依し、除霊などを行うシャーマン的な女性で、その能力は、友司にとって伯母に当たるきんの長女、油井玉恵《ゆいたまえ》に受け継がれた。この宗教的な能力を友司も継いでいたのだろうか、天晴が出社したあと、友司は、天晴が黒い法衣を着て経机を前に、人の相談相手となっている姿を透視したのだという。友司は次のように天晴を説得した。

私と子供のことは心配いりません。もし食べられないとおっしゃるのなら、私は子供を連れて実家にかえります。貴方は本尊さまを背負って托鉢《たくはつ》しても、宗教家としてやり抜いて下さい。

それだけの覚悟があれば、本尊さまは、必ず救《たす》けてくださるはずです。

（『苑史回想』）

だが、天晴としてもいったん心に決めたことを、わずか一日で覆《くつがえ》すわけにはいかない。その日は結論が出たわけではなく、天晴は、いよいよ悩むことになる。一方、会社の上司は、天晴が辞意を抱いていることを知ると、「彼は会社でも必要な人間だ……僕が不動様になって――絶対に辞めさせせん」と言い出す始末である。しかし、一度は決意したことであり、妻の同意も得ることが出来たのである。天晴は二日後の二月一日に、ついに会社に辞表を提出する。しかし、上司の説得で、結局、とりあえず一週間の欠勤届けを、提出することになった。

翌々日、二月三日は、天晴、友司夫妻にとって初めての宗教的な行であった三十日の寒修行明けの日であり、修行を成し遂げた満願に、護摩を修することになっていた。天晴に真言密教を伝えた大堀修弘《おおぼりしゅうこう》の紹介で、この日、大堀の師である浦野法海《うらののほうかい》師が初めて立川を訪れた。天晴にとっても初対面となる浦野法海師はこのとき六十歳、堂々たる体軀《たいく》でありながら誰に対しても丁重《ていちょう》で、親しみの持てる人物だったという。彼は、真言宗醍醐《だいご》派の修験道行者であり、京都の醍醐寺に僧籍を置いていた（『手記』）。

浦野師は、まず本尊の不動尊を拝してから、その立派さに感嘆し、昼食のあと、午後一時から護摩を修した。浦野師の護摩は修法にかなった実に見事なもので、天晴には、それが「密印を結び不動三昧《ざんまい》に住する」もののように見えたという(『手記』)。「三昧」とは、心を静めてひとつのことに集中することを意味しているので、このときの浦野師は、本尊である不動尊に深く感応した状態にあったということだろう。

護摩とは、仏教における火を用いた修法《しゅほう》であることは先に語ったが、もともとはサンスクリットの「ホーマ」の音写で、インドではバラモン教の重要な祭祀儀礼《さいしぎれい》として、釈尊誕生以前から行われていた。本来は、供物を焼く炎と煙を天上にささげることで、神々が祭祀者の願いをかなえてくれるという祭祀であったが、密教に取り入れられてからは、仏の智慧を象徴する火が、煩悩《ぼんのう》を焼き尽くす修法となった。空海によって伝えられた密教の護摩は、修する目的に応じて、次の四つに分類されるという(分類によっては諸尊・諸神等を召し集める鉤召法《こうしょうほう》を含んで五種とすることもある)。

一、息災法《そくさいほう》　個人の病難から天災地変にいたるまで、あらゆる災厄《さいやく》の根源を断ち切る修法。円形の炉を用いる。
二、増益法《ぞうやくほう》　国家の繁栄や一家の繁栄を祈念する。方形の炉を用いる。
三、調伏法《ちょうぶくほう》(降伏法《ごうぶくほう》)　悪鬼をはらい、怨敵《おんてき》をしずめ、悪事を退ける修法で、炉は三角の形を用いる。

不動明王を迎えて護摩奉修（中央は浦野法海師、右隣に天晴）

四、敬愛法《けいあいほう》　人から尊敬され愛されることを願う法で、炉は蓮華形を用いる。

このように目的によって炉の形を変えるわけだが、天晴の場合は、まだ自宅に不動尊を仮安置しているだけなので、浅草の仏具店から求めてきた炉を、上部にトタン板を張った仮の護摩壇に合わせたものだったという。

しかし、浦野法海師による護摩は、そうした間に合わせの仏具であっても、天晴を始め、参座した人々を感激させるものだった。天晴は、「愈々《いよいよ》聖火は一切の迷ひを焼きつくすが如くに燃え上った」と、この日の護摩の印象を書き残し、この浦野法海師による修法を、本尊、不動明王を迎えてからの「初の護摩修行」と位置づけている（『手記』）。

そして、その火は、天晴の迷いをも焼き尽

くしたのだろうか。結局、天晴は欠勤届の一週間が切れる二月八日に、七年間にわたって勤務した石川島飛行機製作所を退職し、妻、友司とともに宗教家として立つ決意を固めたのだった。

3　成田山の不動尊信仰

宗教家として立つ決意を固めた天晴《てんせい》にとって、ふたつの大きな問題があった。まず、そのひとつは、誰を師として修行するかということである。

浦野法海《うらのほうかい》師に敬意を抱いた天晴は、浦野師の弟子になることも考えたが、浦野師は、自分にはその資格がないと断ったという。しかし、浦野師は、その後も天晴の良き相談相手となり、天晴を進むべき道へと導いていくことになる。

もうひとつには、『病笠鈔《びょうぜいしょう》』の信奉者を母胎《ぼたい》として集まってきた信者の問題があった。運慶《うんけい》作と伝えられる不動明王像を迎えるに当たって、天晴は仲丸奥堂《なかまるおうどう》師に三百円を謝金として渡したが、これは鎌倉時代の仏像に対する代価としては破格であるとはいえ、決して少ない額ではない。当時は、若い勤め人の月給が五十円ていどだった時代であり、三百円といえば、半年分の収入に相応する。天晴は、技術者として高給を貰っていたが、当時はきわめて高価だったカメラを売り払ったものの三百円には足りず、『病笠鈔』の信奉者に、

成田山新勝寺に団参する立照講（前列、右から二人目が天晴。昭和12年頃）

不動尊を迎えたいという意を洩《も》らしたところ、全員が賛意を示し、それぞれが多少なりとも賛助金を出していたのである。つまり、天晴と不動尊を中心に、宗教的な集まりを意味する「講《こう》」が自然発生的に組織されていたことになる。

講とは、もともとは仏典を講義する僧侶の集会を意味したが、転じて、信仰上の目的をもって組織された集団を指すようになったもので、特定の宗派に属するものから、超宗派的なものまで、さまざまな形態の講がある。ちなみに、浦野法海師は、京都の醍醐寺《だいごじ》に籍を置いていたが、名高い成田山新勝寺《しんしょうじ》のお不動さまを信仰する信者の講である天明講の講元でもあった。こうした特定の社寺への参拝を目的とする講を参拝講と呼ぶが、こうした形態の集まりは社寺の側から組織したものが多く、浦野師も新勝寺から先達《せんだつ》の辞令を受けていた。先達とは、もともとは修験道《しゅげんどう》などの山岳宗教で入峰《にゅうぶ》者を導く者を意味したが、近世以降は庶民の山岳信仰の登拝講や参拝講の指導者も、先達と呼ぶようになったものである。

　当時は日本が軍事色を強めていった時代であり、共産主義者の取り締まりが強化されるとともに、普通の家庭に大勢の人が集まって集会を持つことにも当局が目を光らせるようになりつつあった。きちんと講を組織しなければ、自宅に信徒を集めることもむずかしくなる。ここにおいて天晴は、宗教者としての自分自身の内実を充実させるために、誰に就いて修行するのかという問題と、集まり始めた信者をどのようにして、社会が納得してくれるように組織化するのかという問題を抱えていたことになる。

　しかも、天晴は時代の花形ともいうべき航空機のエンジニアを辞めて、会社という後《うしろ》盾《だて》を失っていた。そうなると、世間の見方も一変する。そもそも、高給の技術職を捨ててまで、宗教専従で立とうということ自体が、世間では理解できないことは、今も昔も変わらない。「歌聖」と呼ばれる鎌倉時代の西行《さいぎょう》は、出家前の名前を佐藤義清《さとうのりきよ》といい、上皇を警護する北面の武士であった。平将門《たいらのまさかど》の乱を平定した功績によって鎮守府《ちんじゅふ》将軍に任じられ、関東・東北に勢威《せいい》を誇った藤原秀郷《ふじわらのひでさと》の流れを汲む武門の名家に生まれ、家も富み、何も愁《うれ》うことなどないはずの彼が、二十三歳で突然、出家したとき、人々はその理由はわからぬものの、彼の行動を賛美したという。

天晴の場合もそれと似た行動であったが、違いと言えば、賛美する者ばかりではなかったということで、立川の他宗の修行者のなかには、天晴の不動尊に信者が盛んに集まるのを見て、妬《ねた》みから「若い会社員の素人《しろうと》に何が出来る」とか、「先達でもない無資格の者が不動尊を祀った」といった具合に、天晴を批判し、あれこれと画策する輩も少なくなかったのである（『手記』）。

こうした天晴の悩みを聞いて、進むべき道を示したのが、浦野法海師であった。

後に、醍醐寺第百一世座主《ざす》、岡田宥秀《おかだゆうしゅう》大僧正は、浦野法海師のことを「道念堅固で当時有数な醍醐派の教師」と語っているが、天晴が会社を辞めて宗教家として立ったときから、一か月ほどが経った三月八日のこと、高尾山の帰りに天晴宅に立ち寄った浦野師に、天晴は、僧籍を始めとするさまざまな問題を相談した。浦野師は、自分自身は京都の醍醐寺に僧籍を置いているが、成田山新勝寺の講元先達の辞令を新勝寺の荒木照定《あらきしょうじょう》貫主から受けていることを説明し、天晴にも成田山の講を作るように勧《すす》めた。

この場合は新勝寺が組織する参拝講となるわけであるから、講は新勝寺の教会分社ということになる。浦野師は「僧籍と不動尊護持《ごじ》問題は別です。特に関東は成田山の護持が強いと云《い》ふか、不動信仰と言えば先《ま》ず成田と言ふことで、講中を設定しなければ普通の家庭に人を集めることは段々出来なくなって来ます」と語り、天晴が組織だけ作ってくれたら、自分が書類を作って許可申請をしようと申し出たのだった（『手記』）。

成田山といえばお不動さま、お不動さまといえば成田山と言うほど、成田不動尊は広く親しまれてきたが、成田山新勝寺は天慶《てんぎょう》三（九四〇）年、関東で蜂起《ほうき》した平将門の乱の調伏《ちょうぶく》を祈願すべく、朱雀《すざく》天皇の命によって京都、広沢遍照寺《へんしょうじ》の僧、寛朝《かんちょう》僧正が、京都高雄山神護寺《たかおさんじんごじ》に安置されていた弘法大師作の不動明王を奉じて関東に下り、賊徒鎮定《ぞくとちんじょう》の護摩《ごま》を修したところ、乱が鎮《しず》まったため、この不動尊像を安置して、東国鎮護《ちんご》の道場としたのが、その始まりである。

江戸時代になると、歌舞伎役者、市川団十郎《いちかわだんじゅうろう》のおかげで庶民の成田詣《もう》でが盛んになる。初代の市川団十郎は、現代の成田市幡屋《はたや》の出身で、団十郎の屋号を成田屋と呼ぶのは、それに由来しているのだが、初代は長いこと子供に恵まれず、成田不動尊にひたすら念じて長男、九蔵（のちの二代団十郎）を授《さず》かってから、不動尊を取り入れた荒事《あらごと》と呼ばれる芝居を演じて、大いに客席を湧《わ》かせ、九蔵も二代を襲名《しゅうめい》するときに、成田山に二十一日間、名優になれるように祈願したという。それから代々の団十郎も成田不動尊の信仰を受け継いでいくのだが、このことが庶民に成田詣での流行を呼び起こすことになった。江戸時代の成田詣では、信仰であるとともに庶民にとっては、遊興《ゆうきょう》の小旅行でもあったという。

また、成田不動尊信仰では、勤勉と倹約の人の代名詞ともなった江戸時代末期の二宮尊徳《にのみやそんとく》も名高い。彼は新勝寺で二十一日間の断食行を行ったことで知られている。

こうしたことから、成田山新勝寺は不動尊信仰のメッカとなっていったわけだが、たしかに関東では、不動尊といえば成田山が思い浮かぶほどなので、浦野師が天晴に、成田山の教会分社として講を作るように勧めたのは、時局を考えても適切な判断だったと言えるだろう。

結局、この勧めにしたがって、三月二十八日、天晴は成田山立照講を結成し、不動尊像の仮安置所であった自宅を立照閣《りっしょうかく》と称することにする。

講元となった天晴は、立照講の四十三人を率《ひき》いて、五月十六日に浦野法海師の天明講と合同で、成田山新勝寺に参詣し、立照講結成の手続きを終えている。新勝寺貫主、荒木照定僧正から「教会分社成田講」の講元辞令を受けたのは、六月二十九日。ここに至って、天晴の私的な信奉者は、立照閣の信徒であるとともに、立照講の講員となり、天晴も誰にはばかることなく宗教活動に専念できるようになったわけである。しかし、僧籍をどこに置くかという問題が、まだ残っていた。しかも、それはたんに籍の問題ではなく、どこで、誰を師として修行するのかという問題であるだけに、熟考する必要があった。

4　なぜ真言密教か

成田山新勝寺《しんしょうじ》の教会分社として立照講《りっしょうこう》を作るのであるから、天晴《てんせい》の僧籍も新勝寺に置くことはできないだろうかという声もあったのだが、それに対して、浦野法海《うらのほうかい》師は賛意を示さなかったという。浦野師は、真言宗といっても、古義真言宗と新義真言宗があること、成田山新勝寺は新義真言宗なので、修行は古義真言宗の寺院で修し、成田山からは、客分として扱われたほうがいいのではないかと提案した。真言宗は、言うまでもなく、弘法大師、空海を祖師と仰《あお》ぐ宗門なわけだが、その法流はひとつではなく、空海に直接、連なる教派を古義真言宗と呼び、平安時代の終わりに近い十二世紀に、興教《こうぎょう》大師、覚鑁《かくばん》から始まる新しい法流を新義真言宗と呼ぶ。

覚鑁は、真言密教に念仏信仰を取り入れた新たな教学を作り上げ、高野山金剛峯寺《こんごうぶじ》の座《ざ》主《す》にまで登りつめたが、反対勢力の圧力で座主を辞め、さらに追われて、紀州の根来寺《ねごろ》を本拠とした。ここから始まったのが新義真言宗であり、江戸時代の初めに京都の智積院《ちしゃくいん》を本山とする智山《ちざん》派と、奈良の長谷《はせ》寺を本山とする豊山《ぶざん》派の二派に分かれ、今日に至っている。

それに対して古義真言宗とは、空海が入定《にゅうじょう》した高野山を総本山とする高野山真言宗を中心として、空海の都における活動の拠点であった東寺（教王護国寺《きょうおうごこくじ》）を本山とする真言宗東寺派、京都の仁和寺《にんなじ》を本山とする真言宗御室《おむろ》派、醍醐寺《だいごじ》を本山とする真言宗醍醐派などの諸流がある。

成田山新勝寺は、天晴の時代には、智積院を総本山とする新義真言宗、智山派の寺院となっていたのだった。

寺院というものは、その性格から回向寺《えこうでら》と祈禱寺《きとうでら》のふたつに分類することが出来る。回向寺は地域社会に根差した菩提寺《ぼだいじ》で、葬儀を始めとする死者の供養をもっぱらにし、それに対して、祈禱寺は、いわゆる信徒寺《しんとでら》であり、加持祈禱《かじきとう》を修して信徒に現世的な利益を与えることを目的としている。このふたつの要素が複合している場合もあるが、今日、寺という言葉からイメージするのは、前者の回向寺がほとんどだろう。

ところが、密教は加持祈禱宗といわれるほど、護摩《ごま》を始めとする修法《しゅほう》を重要視する。加持祈禱というとシャーマン的な祭祀《さいし》を連想してしまうが、仏教では「加持」とは、加被《かび》（神仏がその威神力で人々を助け守ること）や仏の加護を意味しており、空海は『即身成仏義《そくしんじょうぶつぎ》』において、仏から衆生《しゅじょう》に対する働きかけが「加」であり、行者が仏からの働きかけを受け止めることが「持」であるとしている。「祈禱」とは、宗教的儀礼において言語の形を取るものによって神仏に祈ることが、その意味するところであるから、加持祈禱とは、真言密教においては、行者が秘儀にのっとって修法を行じることで本尊と感応して仏からの働きかけを受け止め、それを信徒に及ぼすことを意味していることになる。

加持祈禱には護摩を焚《た》くことが多いが、それが目的に応じて、息災法・増益法《ぞうやくほう》・調伏法《ちょうぶくほう》・敬愛法の四つに分類されることは、すでに述べた通りである。これらは病気の治癒《ちゆ》や一家の繁栄など、さまざまな願いに応じるものであるから、現世利益的な側面を持っている。しかし、だからといって、それを民間信仰などの現世利益を目的とした加持祈禱と混同してはならないだろう。民間信仰における現世利益と、密教における現世利益の間には、大きな違いがある。たとえば病気の治癒を祈るとき、民間信仰ならば、病気が治ること自体が目的であるわけだが、密教においては、加持祈禱の修法のあとで病気が平癒することがあったとしても、それ自体は目的なのではなく、護摩の浄火によって煩悩《ぼんのう》を焼き尽くし、信徒が仏道を歩むうえで邪魔になる病気といった障害が取り除かれるからなのだと考えられている。つまり、そこでは、密教という思想的体系に裏づけられた修法によって、衆生の救済という仏意が実現することが本当の目的となっているわけで、密教における加持祈禱をたんなる現世利益のためのものと考えるのは、本当の意味で密教思想を理解していないということになる。中世から近世にかけて、密教と深い関係にある修験道《しゅげんどう》が発展し、密教寺院が修験道の行者を総括するようになったため、密教というと現世利益の加持祈禱というイメージが強くなったが、密教における現世利益とは、目的ではなく、ひとつの側面でしかないことは、注意しておく必要があるだろう。

自らが真言宗醍醐派の修験道行者である浦野師は、加持祈禱の修法を修行するのであれば、当山派修験道を統《す》べる醍醐寺がいいのではないかと思い、それを念頭に置いていたから、天晴に古義真言を勧めたのだろう。

おそらく、それは天晴にとっても意にかなう進言であったに違いない。

天晴は、その少年時代、天保十二（一八四一）年生まれの祖母に大きな影響を受けたこことを語っている（『苑史回想』）。この人は、仁孝天皇の第八皇女、和宮《かずのみや》が十四代将軍、徳川家茂《とくがわいえもち》に嫁いだ文久二（一八六二）年ごろまで和宮のもとに仕えていたといわれていたため、教養もあり、人間的にもよくできた人だったという。彼女は天晴をたいへんに可愛がり、たとえば托鉢僧《たくはつそう》がいたときに本当に修行している人をどうやって見分けるかといったことを、天晴に教えた。祖母から教えられた宗教的な知識のうち、天晴にもっとも深く影響を与えたのは、「我流の信仰では救いはなく、行きづまる」ということだったという。

その言葉の通り、真言宗であれ、天台宗であれ、そこに伝わる法流をきちんと継ぐことが、正しい信仰であると天晴は考えていたわけだが、そのうえで、彼が修行の場として選んだのが真言密教であったということには、大きな意味があるのではないだろうか。天晴は、結局、古義真言の真言宗醍醐派総本山、醍醐寺で得度し、修行をすることになるのだが、それは浦野法海師が天晴に古義真言を勧めてから思い立ったことではない。浦野師が来宅して天晴と話したのは三月八日のことだが、そのひと月前の二月八日に、天晴は次のようなことをすでに手記に書きつけている。

　私は宗教に対する乏しい経験をもってゐるが、真言密教は明師《めいし》（良き師匠）に付かなければならないと云ふことは一般には知られてゐない。
　何故ならば密教は仏教中の仏教であり、教学的にも全く密教は最高峰であるからだ。

又此の密教の結縁《けちえん》は明師に依るのだが、結縁灌頂《かんじょう》と言って本尊によって決められると弘法大師関係の書物にも観えている。即ち曼荼羅《まんだら》に投華《とうげ》して本尊を決める。

（『手記』）

この手記は、二月八日に石川島飛行機製作所を辞職し、天晴が仏道ひとすじに立つことを決意したその日に書かれたものであるが、すでに天晴は本格的に真言密教を修行しようと決意していたことが分かる。そして、明師（良き師匠）のもとで、その修行をしなければならないとも強く思っていたようだ。とりわけ興味深いのは「何故ならば密教は仏教中の仏教であり、教学的にも全く密教は最高峰であるからだ」という記述だろう。なぜ、密教が「仏教中の仏教」であり「教学的にも」「最高峰」であるのかは、天晴の手記には書かれていないので推測してみるしかないが、そのためには、密教がどのように生成し、どんな教義を持つかを考えてみる必要があるだろう。

仏教は言うまでもなく、釈尊から始まるわけだが、仏という言葉のもとになったサンスクリットの「ブッダ（仏陀）」とは「目覚めた者」を意味する普通名詞であって、本来は、釈尊ひとりを指すものではなかった。誰であれ、宇宙の真理である「ダルマ（法）」に目覚めた人はブッダたりえたことになる。釈尊には「十大弟子」と言われる十人の高弟がいたが、そのうちのひとりで智恵第一と言われた舎利弗《しゃりほつ》（シャーリプトラ）は、釈尊と同時代に生きたマハーヴィーラが開いたジャイナ教の文献では、釈尊と同じく「ブッダ」と呼ばれた形跡がある。

しかし、仏教の伝承体制が確立すれば、仏教教団の中においては、当然のこととして、釈尊は傑出して高められるようになり、ブッダとはなによりも釈尊と釈尊が出会った過去の仏たちを指す言葉になっていく。釈尊入滅から紀元前一世紀までのこの時期は、釈尊の教えの解釈をめぐって、より保守的な上座部《じょうざぶ》と自由な解釈を試みる大衆部《だいしゅぶ》に教団は分裂し、両者からさらに分裂を重ねて多くの分派が生まれたため、こうした諸派をまとめて「部派仏教」と呼ぶ。また諸派に分かれたといっても、その目指すところは、原始教典に説かれた真理である「ダルマ（法）」の探求であり、「真実に対する」仏教という意味で、アビダルマ仏教とも呼ばれた。

こうした部派仏教が伝持した原始教典とは異なった教典、すなわち大乗教典を伝持する仏教運動が紀元前後に起こってきた。大乗仏教の発生に関しては、いまだに不明な点が多いが、部派仏教があくまでも出家によるものだったのに対して、大乗運動は、出家者だけではなく在家の教徒までをも巻き込んだ新しい潮流だったらしい。旧来の部派仏教が、自身の修行と悟りを目指すのに対して、大乗仏教とは、釈尊の精神に回帰し、自分のみならず、自他の悟達を目指すもので、大乗とは「大きな乗り物」を意味している。また、彼らは、そうした立場から従来の部派仏教を、小乗（「小さな乗り物」）と呼んで貶《おとし》めた。したがって、部派仏教のうち上座部仏教は、今日でもタイやスリランカ、そしてミャンマーなどに息づいているが、彼らが自らを小乗と呼ぶことはないのは、注意すべきだろう。

大乗仏教においては、ブッダは釈尊ひとりだけではなく、過去・現在・未来の「三世《さんぜ》」、そして、あらゆる方角、すなわち「十方《じっぽう》」に仏がいると考えられるようになった。この「三世十方」の諸仏のうち、西方極楽浄土の教主、阿弥陀如来、東方浄瑠璃《じょうるり》世界の教主、薬師如来、天上の兜率天《とそつてん》に住《じゅう》する弥勒《みろく》菩薩、そして、補陀落《ふだらく》山の観音菩薩などは、とりわけ信仰を寄せられるようになったが、いずれもが、日本においても親しまれている諸尊であることからも、そのことは分かると思う。

こうした多仏の世界の誕生と、多数の大乗経典の編纂には、「空」の思想を大成した紀元二〜三世紀のナーガールジュナ（龍樹《りゅうじゅ》）の存在が大きい。龍樹は、中国・日本のほとんどの宗派が開祖として仰ぐところから「八宗の祖師」と呼ばれ、また、龍樹菩薩として諸仏と並ぶほどの尊格が与えられている。

龍樹は、あらゆる存在や事象は、それ自体で成立するのではなく、必ず他のものとの関係性において生起していることを説き、それゆえに、あらゆるものは実体があるのではなく無自性であり、空であると考えた。もちろん、その深遠な思想は、このていどに要約して簡単に語ることが出来るようなものではないのだが、この龍樹の思想の流れを汲む人々が中観派《ちゅうがんは》と呼ばれる一派を形成することになる。それに対して、四〜五世紀のアサンガ

（無著《むじゃく》）とヴァスバンドゥ（世親《せしん》）から始まる唯識《ゆいしき》派は、世界の諸存在は実体ではなく、あらゆる存在は自己の心（識）の現れにすぎないとし、中観派と対立、両者は思想的な論戦を繰り広げた。

こうした動きは、理論と実践、抽象性と具体性、宇宙と自己といった解消しがたい対立から起こるものであり、そのどちらを中心に考えるかによって、互いに相容《あいい》れない派閥《はばつ》が生まれてしまうことになる。密教はこうした仏教思想運動を受けて形成されたものであり、その意味で思想的な矛盾対立を解消する運動でもあった。

その成立は七世紀ごろのこととされているが、『大日経』と『金剛頂経』という二大経典の成立によって最盛期を迎える。密教における主尊の大日如来は、真理である「ダルマ（法）」そのものの神格化であるため、永久不変の実在であるとともに、宇宙の森羅万象《しんらばんしょう》に、それぞれに応じて顕現していることになる。つまり、大日如来とは抽象性であるとともに具体性であり、宇宙のあらゆる存在にも立ち現れるものであるわけだから、自己でもあることになる。

そのために、密教寺院では、本堂の中央に安置される本尊が一定していないことが特色として挙げられる。主尊が大日如来なのだから、本尊も大日如来になるのではないかと思うだろうが、諸仏のうち、どの尊格を本尊としても、それは大日如来の別の姿でしかないわけだから、どの如来・菩薩・明王を本尊としても構わないわけである。

さらに、密教は、釈尊が斥けたバラモン教や民間信仰の護摩を始めとする呪術的な祭祀《さいし》を実践的な修法《しゅほう》として積極的に取り入れ、教相（理論）と事相（実践）というふたつのものが、不二であること、すなわち一体であることを大悟することを真髄としている。つまり、理論は実践のなかにしかなく、実践は理論とともにしかないということになるわけで、ここにおいて、仏教は初めてあらゆる根本的な対立を解消し、その一体化に成功することになる。密教の膨大《ぼうだい》な思想と体系は、とてもここで、簡略化して語ることが出来るようなものではないが、インドにおける仏教の生成のなかでは、密教は最終的に現れたものであり、小乗、大乗に対して、第三の最高の教えと見る立場から、金剛乗と呼ばれた。

もちろん、ここまできわめて簡単に図式化して語ってきたような仏教の生成と変化は、時代ごとの社会や人間の変化に応じて起こったものであり、それぞれが切実なものであって、優劣を論じるようなことではないのだが、天晴が「教学的にも」「密教は最高峰」と手記に書いたことは、密教が成立した経緯を考えると、うなずけるものだと思う。しかも、もっとも重要なのは、その「教学」というものが、宇宙から目の前の事象まで、すべてをとらえる膨大な体系であることばかりではなく、密教においては教学という理論も、護摩《ごま》を始めとするさまざまな修法の実践と一体のものであることではないだろうか。天晴は、恵まれた生活を捨て、何の保証もないままに、他の人々に奉仕し、他の人々の役に立ちたいという内なる声にうながされて、宗教人として立ったわけだが、学問として仏教を学びたいと思ったわけではない。あくまでも宗教を実践として生きていく仏教者になろうと心に決めたわけであり、彼にとっては、それは理念と実践が一体となったものでなければならなかった。悩みを抱えた人に対して、『病笊鈔《びょうぜいしょう》』で相談に乗ることは出来る。しかし、宗教人として立つ以上、相談に乗るだけではなく、人々の悩み自体を解消していきたいと、天晴は考えたのかも知れない。そして、そのためには精神的な慰めを与えるだけではなく、それこそ現世利益的と考えられがちではあるが、体系化された護摩を始めとして加持祈禱の修法がある真言密教のような宗派である必要がある。天晴が密教を「仏教中の仏教」と呼んだ理由は、推測でしかないが、そのあたりにあるようにも思われる。

五月十六日に、立照講の先達として成田不動尊に参詣した天晴は、何かに急《せ》かされるように、その二日後の十八日に浦野法海師に付き添われて夜行列車で京都に向かい、翌十九日に醍醐寺に上山、醍醐寺第九十六世座主《ざす》、佐伯恵眼《さえきえげん》大僧正に従って、得度受戒《とくどじゅかい》する。僧名、天晴。

真言密教の僧、天晴の誕生であった。

Ⅲ　苦難を超えて

1　窮乏のなかで

天晴《てんせい》が、本尊として不動明王像を迎えてから、半年に満たないうちに宗教に専従する仏教者としての体裁《ていさい》を整えたことは、これまで語った通りだが、それを整理すると次のようになる。

昭和十（一九三五）年
12・28　文明、立川市南幸町の自宅に本尊、不動明王像を勧請《かんじょう》。これを機に、法名・天晴を名のる。

昭和十一（一九三六）年
正　月　早々、三十日の寒修行に入る。天晴と友司《ともじ》にとって、これは初めての宗教的な行であった。

2・3　寒修行満願に、真言宗醍醐《だいご》派《は》の僧、浦野法海《うらのほうかい》により護摩《ごま》を修する。

2・8　天晴、石川島飛行機製作所を退社、友司とともに宗教専従の道に入る。

3・28　成田山新勝寺《しんしょうじ》の不動尊信者の講である立照講《りっしょうこう》を結成。本尊仮安置所であった自宅を立照閣と称する。

5・16　浦野法海の天明講と合同して、成田山新勝寺に参詣。立照講結成の手続きを終える。

5・19　京都、醍醐寺にて得度受戒。僧名、天晴。醍醐寺により先達《せんだつ》に補任《ぶにん》される。

天晴が七年間にわたって勤めた航空機のエンジニアという職を辞してから数えると、百日ほどで、天晴は伝統ある古刹《こさつ》に僧籍を持ち、講を組織するとともに先達に補任され、宗教者としての公《おおやけ》の立場を得たことになる。それまでの技術者としての生活を考えるならば、劇的な変化と言えるだろう。それは天晴自身の意志によるものであったわけだが、あたかも仏意に動かされたかのような人生の変化であった。

しかし、こうした目に見えるような事柄《ことがら》は、公的なものではあるが、天晴の内面を語るものではないし、厳しい修行を伝えるものでもない。天晴は当時のことを次のように回想している。

それは正に未知、未見の世界であった。昨日までは間違いなく一定の収入があって安定した暮らしをしていたのが、家賃がどこから入ってくるのか、日々の生活費がどこからどのように入ってくるのか、一切が不明になったのである。私たちは、まだ一度も、そういう経験をしていない。み仏とともに……とはいいながら、現実は一切が不明であり、未知であった。

み仏と共に歩むのである。やってみればわかる。――このような信念に立っての毎日、毎日が、未知の世界のベールを一枚、一枚剝いでいくような思いであった。しかもその毎日は、早朝から深更《しんこう》まで、修行から修行への連続であって、生活問題に思案をめぐらす余裕がなかった。といって、米が天から降ってきたわけではない。忽《たちま》ち、一粒の米もない日がやってきた。

（『一如の道』）

この時期の窮乏《きゅうぼう》ぶりに関しては、天晴自身はあまり多くを語っていないし、書き残してもいない。仏道を邁進《まいしん》するあまり、生活に思いをめぐらすことがなかったのだろう。それを支えたのは妻、友司なわけだが、友司のことは別に語ることにしたい。

当時をよく知る古くからの信徒は、そのころの天晴には、顔に表情がなく、痩《や》せて、目は落ちくぼみ、身体《からだ》も骨と皮ばかりになっていたことを回想している。あるとき、彼が天晴と銭湯に一緒に入った。「背中を流しましょう」と言ったが、天晴は「いいよ、いいよ」と遠慮したらしい。こうしたことからも、天晴の人柄の一端をうかがうことが出来るが、そのときの天晴は、痩せこけて肋骨《ろっこつ》が編んだ縄のように浮き上がり、あたかも釈尊が出家して、六年間の苦行に臨んでいたときの姿を思わせるものだったという（『苑史回想』）。

そのころの天晴は、苦行、苦行の連続で、そのうえ、食べるものすら、ろくにないような状態だった。魚が食卓に乗ることは、めったになく、友司の回想によると、二年間というもの、伊藤家では魚は、イワシ一匹さえ、食卓に上がったことがなかったという。天晴は身近な人に「僕はね、イワシが一番すきだよ」と語ったというが、現実には、その二年を過ぎてもイワシしか食べられなかったし、そのイワシにしても、メザシ一匹が、ごく稀《まれ》に食卓に上がるだけだった。その生活は、端で見ていても、よく身体が保《も》つなと思われるほどのものだったという（『一如の道』）。

しかし、それほどの貧窮のなかでも、天晴の気持ちは揺らぐことなく、友司は家庭を支え、集まってくる信者に心を配った。当時、書生として、天晴一家と日中の生活をともにしていた青年があった。彼は弟の家に居候《いそうろう》しながら、朝になると立照閣となった天晴の自宅に通ったのだが、食事中だったりすると、友司は「あなたもお腹がすいているんだろうからサァお上がりなさいよ」と食事を勧められたという。もし、自分が食べたら、友司が一食抜くことになることを知っている青年は辞退をするのだが、友司は「そんなこといったってね、あなただってね、お腹すいてるんでしょ、私わかりますよ」と言って、青年に食べさせるのが常だったらしい（『一如の道』）。彼が、もうひとつ、忘れがたい思い出を回想している。昭和十一年というから、天晴がまさに宗教家として立った年のことになるが、田舎に帰ることになった青年を、天晴が、あるところからお金が入ったと言って、多摩川園（東京都大田区）に誘った。天晴がアマチュア写真家として活躍したことは、すでに語ったが、写真展で作品が入賞し、賞金として五円が入ったのだという。青年は天晴一家と多摩川園に出かけ、花人形を見たりして行楽《こうらく》のひとときを過ごし、ライスカレーを御馳走になったのだが、この二十五銭のライスカレーは、青年にとって、一生、忘れられない記憶となった。当時は山手線の初乗り運賃が五銭、現在は百三十円であるから、二十五銭は今日のおよそ六百五十円という見当になるが、当時は、今と違って洋食じたいが珍しかった時代である。ふだん、ろくなものを食べていなかった天晴たちにとって、それはたいへんな御馳走だったに違いない。そして、天晴は、賞金が入ったと青年に語ったが、実は、そのお金は賞金ではなかった。天晴が、青年を見送るために自分のカメラを売って、得たお金だったのである。

こうした状態であるから、法衣ひとつ買うにも苦労があった。五月十六日に、天晴は立照講を先導する先達として、初めて成田山新勝寺への団参に臨んだが、在家の修験道行者の法衣である「篠懸《すずかけ》」を買うお金がない。浦野法海師が天晴の法衣を持ってきてくれたものの、宿となった駿河屋は、帰る講の人々と入宿する講の人々でごった返し、あたかも満員電車のような有様である。人手を借りて、なんとか篠懸を着用したものの、法衣を着ても、左手は、まるで腕まくりしたような状態になってしまった。そのまま、新勝寺の境内《けいだい》に入ったが、まるで格好がつかない。天晴の姿を見て、他の講の酒に酔った先達が、「小《こ》僧《ぞう》先達のざまを見ろ」とあざけった。それが、天晴が生まれて初めて法衣を着用した晴れ姿であった。

その二日後、天晴は浦野法海師とともに夜行列車で京都に向かい、翌日、醍醐寺で得度式に臨《のぞ》んだが、やはり、法衣がない。仏教では、仏前に仏具や法具を整えることを荘厳《しょうごん》と言うが、天晴は前年末に不動尊像を本尊として迎えてから、御本尊の荘厳を始めとして予想外の出費が重なり、一着三十円の篠懸や、六円の磨紫金袈裟《ましこんけさ》を作るお金さえなかったのである。浦野師から借りると、得度式に付き添いとして臨む浦野師の法衣がなくなってしまう。結局、天晴は、醍醐寺の宗務所に事情を話し、修験の護摩の法衣である「掛け衣」と「結袈裟《ゆいげさ》」を借用して、かろうじて得度式に臨んだのだった。

こうした困窮のなかで、天晴は自分の修行を貫いたのだが、天晴は、この時期の苦労をあまり自分からは語ろうとはしなかった。

ただ、幼い子供たちに与えることが出来るおやつが、仏前に供えた御供物の落雁《らくがん》、しかも壊《こわ》れた落雁しかなかったことは語っており、修行者として道を貫く決意は変わることがなかったものの、ひとりの親としては、心を痛めたであろうことを、わずかにうかがい知ることができるばかりである。

2　突然の不幸

「信仰専従の生活に入った私共一家は、日夜分かたぬ修行の明け暮れに肉体的にも極限に至り、物質的にもたちまち窮乏《きゅうぼう》し、まさに冬野のように荒涼《こうりょう》とした様になりました。そうした中に、当時数えで三歳だった智文《ともふみ》の無邪気な動作が、わが家の唯一の〝いこい〟でした」。天晴《てんせい》は、そのように回想している（『苑史回想』）。

天晴と友司《ともじ》にとっての長男、智文は、昭和九（一九三四）年に生まれた。それは、天晴が、本尊、不動尊を勧請《かんじょう》する前年のことだから、天晴はまだエンジニアとして飛行機製作会社に勤務し、一家は何ひとつ不自由のない恵まれた生活を送っていたときのことである。戦前は、カメラはたいへんな高級品であったが、天晴はアマチュア写真家として何台かのカメラを持っていたし、しかも、今日でも高級品として知られるドイツのライカまで手元に置いていたことからも、天晴の経済状態が分かると思う。当時、ライカと言えば「ライカ買おうか、家買おか」と囃《はや》されたほどで、家一軒と等しいほど高価なものだったのである。

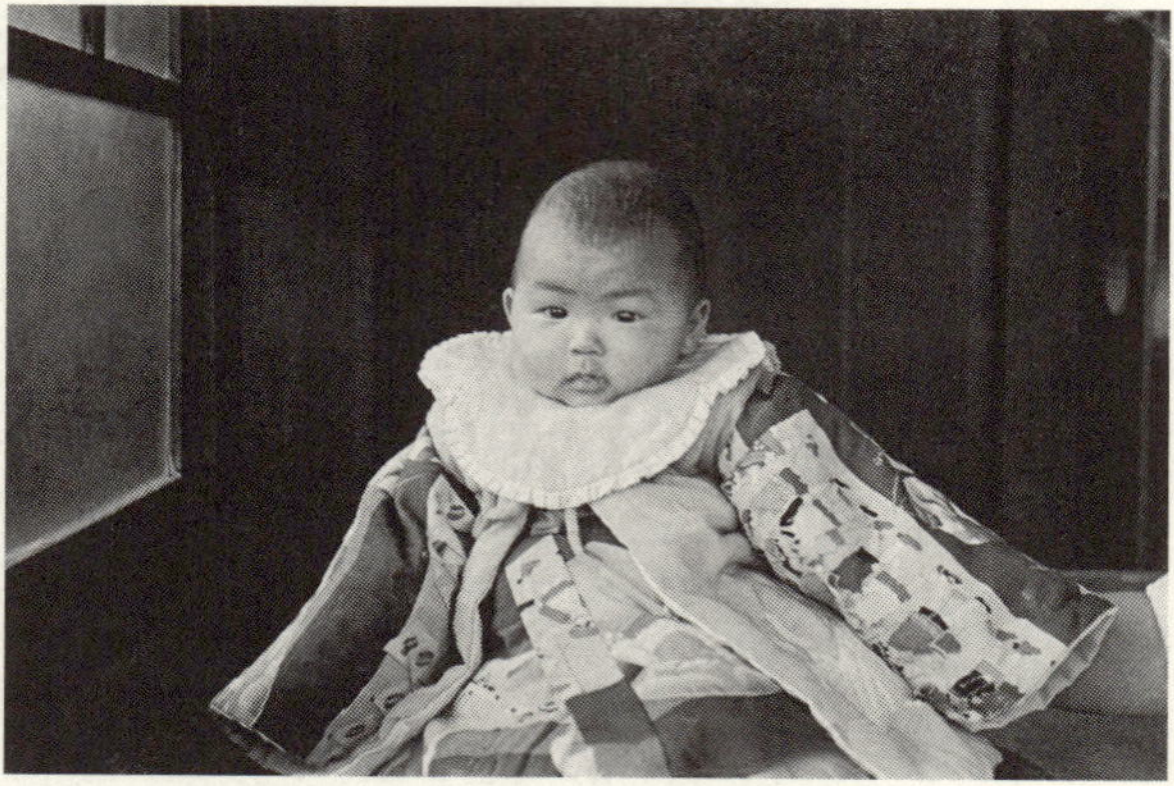

困窮の生活を笑顔で支えた長男、智文（天晴撮影）

しかし、信仰ひとすじの道に立って、生活は激変した。そうしたなかで満二歳に満たない長男の無邪気な様子が、まだ若かった天晴夫妻の大いなる慰めであったことは想像に難《かた》くない。

天晴と友司は、自分たちの修行だけに専念していたわけではなかった。天晴は次第に、「若いのに、行《ぎょう》が達者《たっしゃ》だ」と噂されるようになり、「立川の天晴《あっぱれ》さん」という異名《いみょう》を被《こうむ》ることになるのだが、自宅でもある立照閣《りっしょうかく》には、次々と相談事を抱えた人がやってくるようになっていたのである。天晴は、『病筮《びょうぜい》鈔《しょう》』による易占で相談に応じるとともに、求める人には、真言密教の加持祈禱《かじきとう》の修法《しゅほう》を修した。そうしたとき、五月の後半から智文は体調を崩すようになる。最初は、風邪の症状のように思えたのだが、一向によくなる気配がない。天晴は、昭和十一年六月五日の手記に次のように書いている。

私達は昼間は信者さんに、夜は眠らずに智文のお加持と看病に当たった。そして寸時を惜しんで般若心経と御真言を誦《ず》し続けた。それにしても此《こ》の所あまりにも病人が多すぎる。求めて来る者は皆《みな》病人だけだった。結核、肺炎、全身リュウマチ、小児《しように》疫痢《えきり》……。

天晴は、病気治癒《ちゆ》を求める人たちのためにも加持《かじ》に当たらねばならなかった。病気になったのであれば、僧侶のところではなく、まず病院に行って医師に看《み》てもらうべきではないかと、今ならば誰でも思うだろうが、戦前は、都市部ならともかく、病院自体が少ないうえ、江戸時代から、庶民にとっては、病気になったら行者に加持祈禱を頼むということは当たり前のことだったので、こうしたことを現代人の常識で判断してはならないのだろう。

智文の一見、風邪のような症状は、一進一退で治り切らないままである。一方、加持を頼みに来た人たちは目に見えて回復していくので、信徒の間からは「智文さんは信者の病気災難を全部受けて下さっているのですね」という声が挙がるようになった（『手記』）。

天晴は浦野法海《うらのほうかい》師から五大尊護摩《ごま》法を受法していたので、友司は私事や家庭事で夫に心配をかけては済まないと思いながらも、智文のために五大尊護摩の秘法を修してくれるように頼んだのだが、それは、母としては当然のことであったろう。天晴もそれに応《こた》え、五大尊護摩法を修した（『一如の道』）。

その満願の日となる六月八日、智文は脈も平常と変わりなく、回復しつつあるように見えた。信徒が夜の行《ぎょう》を終えて帰ってから、十二時を待って、天晴は護摩を修した。しかし、この修法を終えて間もなく、智文は幼い命を閉じたのである。

天晴と友司の悲嘆は、どれだけ深いものだったことだろう。このとき、友司は二十四歳、まだうら若い母親にとって、わが子を突然失うことは、身を引き裂かれるような経験であったに違いない。天晴は、このときの友司の様子を次のように回想している。

すべてをなげうって、道ひとすじの歩みを始めて四カ月、そして先《ま》ず与えられた事象が愛児の死という悲嘆であった。

——み仏とは、このように無慈悲なものか。

——み仏の道は、このように苛酷なものか。

——み仏の慈悲とは一体何か。

と妻はもだえ、且《か》つ悲愁《ひしゅう》に沈んでいた。

（『一如の道』）

しかし、悲嘆に暮れたのは、友司ばかりではない。天晴も同じであったことだろう。護摩を修し終えた天晴は、わが子の最後を予知したのか、涙にむせびながら、抱いていた智文を友司の手に戻した。天晴は護摩壇から降りて友司の前に座り、苦しみにあえぐ智文を見つめながら、友司の肩に手を置いて妻の名を呼び、次のように語ったという。

お前と共に悲しみ、お前と共に泣いてくださるのがお前の信ずるみ仏ですよ。静かにみ仏のお顔を拝してごらん。

切ない心から、そのただれるような心から、救わせ給《たま》えと叫びましょう。訴えましょう。祈りましょう。真言とは〝まこと〟の心の叫びです。さあ、気を静めて〝まこと〟の心からほとばしる真言で切ない心の一切《いっさい》が、おまかせのできるまでおすがりしましょう……

友司はこの言葉に、不動尊の尊容《そんよう》を仰ぎ、言葉に出来ない想いに打たれ、ただ涙を流し、真言を唱えて祈りつづけるばかりであった。このときのことを友司の回想から引用しておこう。

ふと、智文を抱いている手に軽いショックを覚えたとき、最後の時が近づいたのでありました。これは……と感じ、思わず〝真言〟を止めて、坊や、坊や……と連呼いたしますと、ほほ寄せる私の声に気がついたのか、ウウウム……と苦しい声を残したきりで母なる私のひざに抱かれたまま深い深い眠りに——死出の旅路に旅立ったのであります。

あの時、智文は決して満足して死んで行ったのではありません。いかにみほとけのみことばとはいえ、可愛い子供に重い荷物を負わせていく若い母の心境は、ややもすると乱れ勝ちでありました。母のふところに長く長く留まりたかったでしょう。

（『一如の道』）

これは智文が亡くなってから、十三年後に書かれた文章なのだが、友司も、そして天晴も、この日のことを、そして智文のことを忘れたことは終生《しゅうせい》なかったろうし、その面影を抱きながら、生きていったに違いない。

「み仏の慈悲とは一体何か」。そう思わざるをえないような、愛児の死。天晴はそれを、仏に対するより深い帰依《きえ》をうながすものとして受け止め、友司は、自分が若い母として吾が子可愛さの情にかられ、その病気を治して下さいと祈ったのでは、それは自己本位の信仰でしかないことに気づいたという。若いふたりにとって、智文の死は、大きな心の痛手《いたで》であった。しかし、それは、天晴にとっても、友司にとっても、魂に仏道の不滅の灯明《とうみょう》

愛児の他界を機に滝行を続けた天晴（高尾山蛇滝）

を点《とも》すものでもあったのである。

3　京都、醍醐寺《だいごじ》

智文《ともふみ》が他界した翌六月十日、智文の葬儀が執《と》り行われた。そして天晴《てんせい》は、葬儀のために閉めた本尊、不動明王の厨子《ずし》を再び開扉する前のお浄めのために、十四日の夜から翌朝にかけて友司《ともじ》とともに高尾山の蛇滝《じゃたき》に、初めての滝行に出かけている。梅雨どきのことで、前日まで降りつづいた雨のため、滝は水勢を増していたが、ふたりは無事に行《ぎょう》を終えた。愛児を失った悲しみを、天晴と友司は、さらなる行によって乗り越え、それを智文への回向としようと思っていたのかも知れない。

翌、昭和十二（一九三七）年、年が明けてすぐに、天晴は不動明王半跏趺坐《はんかふざ》のレリーフ

天晴が初めて刻んだ不動明王半跏像

を、寒修行に入るとともに刻み始める。これは、後に「昭和の仏師」とも呼ばれることになる天晴、のちの真乗《しんじょう》が初めて刻んだ尊像であったが、そのとき、天晴は、智文の死を乗り越えて、信仰への「不動心」を刻もうとしたのだろうか。あるいは、智文への回向として尊像を刻むことによって、おのれの仏への「不動心」を形にしようとしたのだろうか。今となっては知るすべがないが、このレリーフは、天晴にとって最初の彫刻作品となるとともに、あたかも天晴というひとりの仏教者の「不動心」を証明するかのような尊像となったのだった。

実際、それから、天晴の行《ぎょう》は、さらにすさまじいものとなる。京都と東京を往復しながら、醍醐寺に真言密教の奥義を修行し、立川では、信徒の相談や加持祈禱《かじきとう》に打ち込みながら、自らの祈りをさらに深めていく修行が続いたという。

そして、この年、天晴・友司夫妻には嬉しい出来事が起こった。前年に喪《うしな》った長男、智文の生まれ変わりであるかのように、次男、友一《ゆういち》が誕生したのである。哀しみと喜びが交錯するなか、しかし、天晴と友司の連日の行は、いささかの懈怠《けたい》もなく続けられた。友一

妻、友司と次男、友一

の出産をわずか十日後にひかえた三月二十八日のこと。この日は、不動尊に護摩《ごま》を修する日であり、天晴は身を浄《きよ》める水垢離《みずごり》を取ろうと、風呂場に入ると、すでに友司は水垢離を終え、天晴のために準備を整えているところだった。お産をひかえた身だけに、天晴は一月の寒修行のときから、友司に水行はひかえるようにと言っておいたのだが、友司は、いまだ寒さの厳しい朝夕に、水垢離の行を欠かすことはなかったらしい。天晴は友司を叱《しか》ったが、前年に長男を失うという哀しみに遭遇しているだけに、天晴も新たに生まれてくる子供に大きな期待を寄せていたのは、当然のことのように思われる。そして、四月八日に次男、友一は無事、誕生した。奇しくも、それは降誕会《ごうたんえ》の日、つまり、釈尊誕生の日にほかならなかった（『苑史回想』）。

この年、昭和十二年は、日本が中国と全面的な戦争状態に突入した年であり、「非常時」「戦時下」といった名目で、言論や思想が統制されるようになりつつあった。十人以上の人間が集まるときには、警察に届けを出さなければならなかったし、天晴の立照閣《りっしょうかく》は成田不動尊の講元とはいえ、寺院でも教会でもない。信者はともかく、縁のない人たちのなかには、会社を辞めた素人《しろうと》がいきなり祈禱師になったように噂する人もあった。当初は三十人ほどだった信者も、この年の暮れには二百人ほどに増え、居宅であった立照閣では信者が集まると立錐《りっすい》の余地もないほどで、あまりにも手狭《てぜま》になっていたのである。天晴は手記に「当閣も全《まった》く狭くてどうにも仕方がない。不動明王もいつ迄《まで》も仮安置のままで置く訳《わけ》にも行かない」（『手記』）と当時の心境を書きつけている。信者や世話人の間からも声が挙がり、新たなお堂建立《こんりゅう》の話が持ち上がった。

こうしたなかで、天晴は、さらに真言密教の修行に取り組んでいく。この年、六月に天晴は浦野《うらの》法海《ほうかい》師とともに醍醐寺三宝院《さんぼういん》に上山、権律師《ごんりっし》に補任《ぶにん》されるとともに、行法加持《ぎょうほうかじ》許可、そして分教会の設立を許される。これによって、天晴は、加持祈禱を修することを正式に認められるとともに、醍醐寺の末寺として分教会の設立も許されることになったのだった。これから、醍醐寺における天晴に話を絞り、その修行の様子を追ってみよう。

京都の醍醐寺は、笠取山《かさとりやま》の山上に位置する上醍醐と、山麓に広がる下醍醐に伽藍《がらん》が分かれている。寺域は二百万坪。ほぼ山ひとつが、その境内《けいだい》になっていると思えばいいだろうか。位置的には京都の東南、山科《やましな》盆地の南に当たり、千年を超える歴史を持つ、真言宗の古刹《こさつ》である。桃山時代には、豊臣秀吉《とよとみひでよし》の絢爛《けんらん》たる「醍醐の花見」の舞台になったことでも知られているが、京都でもっとも古い木造建築物である天暦五（九五一）年落成の国宝、五重塔を始めとして、建築物・仏像・絵画・古文書など十五万点もの寺宝を有し、さながら、密教文化の博物館の様相を呈していることでも名高い。国宝と重要文化財の指定を受けているものだけでも二百点を超え、平成六（一九九四）年には、ユネスコの世界文化遺産に指定されている。

天晴が伝統の法脈を受け継いだ総本山醍醐寺

醍醐寺は貞観十八（八七六）年、聖宝《しょうぼう》、理源《りげん》大師によって創建された。聖宝は、真言宗の開祖、空海の実弟である真雅《しんが》を師として十六歳で得度し、さらに空海の甥で、空海の入定後、高野山金剛峯寺《こんごうぶじ》の二世となった真然《しんぜん》から真言密教の奥義を受法した。つまり、空海の孫弟子ということになる。

密教においては、その奥義は師から弟子に、一対一で伝えられていく。これを師資《しし》相承と呼ぶが、その奥義にはふたつの流れがある。七世紀にインドで成立した密教の二大経典、『大日経』と『金剛頂経』は、宇宙の真理である「ダルマ（法）」そのものである法身仏《ほっしんぶつ》、大日如来が説いたものとされ、前者は、大乗仏教における、もっとも重要な思想「空」を密教において認識しなおし、宇宙の真理を究めようとするものであるのに対して、後者は、それを実践においてとらえようとするもので、『大日経』で説かれた宇宙観を図像化したものが、大日如来の「理」の世界を表す「胎蔵界曼荼羅《たいぞうかいまんだら》」、『金剛頂経』で説かれた大日如来の「智」の世界を図像化したものが「金剛界曼荼羅」となる。空海の師、恵果《けいか》以来の真言密教ではこの両部の曼荼羅によって、密教教主、大日如来の世界の一切《いっさい》が表現されているとされるが、大日如来は、「ダルマ（法）」そのものであるとともに、宇宙の森羅万象《しんらばんしょう》でもあるわけだから、曼荼羅とは、宇宙のすべてを図像化したものと言えるだろう。

このように、密教には、大日経系と金剛頂経系というふたつの大法があり、それが師から弟子へと伝えられてきたのだが、空海が入唐《にっとう》したとき、中国でただひとり金胎両部《こんたいりょうぶ》の大法をともに相承していたのが、青龍寺《せいりゅうじ》の恵果だった。恵果阿闍梨《あじゃり》は、三代にわたる皇帝の帰依を受け、「三朝の国師」と仰《あお》がれるとともに、千人を超える弟子を持っていたが、空海と義明《ぎみょう》のただふたりだけに、金胎両部の大法を授《さず》けた。この受法の儀式を密教では「灌頂《かんじょう》」と呼ぶが、それは阿闍梨（師匠）が弟子の頭頂部に水を灌《そそ》ぎかけ、阿闍梨位を弟子が相承したことを証するというもので、密教では、秘儀とされている。空海は、青龍寺に至るや、わずか三か月のうちに恵果から金胎両部の灌頂を受け、自らも大阿闍梨となったのだった。そして、法燈《ほうとう》を託した安心からか、この年の十二月に、恵果は六十歳で入《にゅう》寂《じゃく》する。八〇五年のことである。

恵果としては、義明は中国で、そして空海は海外で、真言密教の法を広めることを期待したのだろうが、義明が夭折《ようせつ》してしまったため、正系の密教を相承したのは空海ひとりとなり、インドから中国へ、そして日本へと伝わってきた密教は、結局、日本だけに残ることになったのだった。

空海は入定《にゅうじょう》の二年前に、実弟の真雅に金胎両部の灌頂を授けて、正系の密教を相承させ、真雅は、空海の甥の真然に灌頂を授けた。醍醐寺の開山、聖宝は、その真雅と真然に師事し、真然から灌頂を受けたわけである。

したがって、醍醐寺には空海から相承された金胎両部の灌頂が、聖宝以来、脈々と伝えられたわけだが、この真言密教の奥義ともいうべき金剛界と胎蔵界の両部の灌頂は、「伝《でん》法灌頂《ぼうかんじょう》」とも呼ばれている。

しかし、醍醐寺に伝えられたのは、伝法灌頂だけではなかった。

聖宝は、修験道《しゅげんどう》の開祖、役行者から霊異《れいい》相承し、真言密教のなかに修験道を位置づけ、自ら入峰《にゅうぶ》修行を重ねて、「修験道中興の祖」とも呼ばれた行者でもあった。この法流が恵《え》印灌頂《いんかんじょう》であり、醍醐寺には、密教の伝法灌頂と修験道の恵印灌頂、ふたつの法流が伝えられていたのである。このふたつの灌頂は秘儀であって、その内容は、今日に至るまで明かされていないが、醍醐寺執行長《しぎょうちょう》、仲田順和《なかだじゅんな》大僧正は、そのことを次のように語っている。

> 灌頂の中身は一切他言してはいけないという厳しい掟がございますが、伝法灌頂のほうは、非常に難しい言葉でそれが書かれています。ところが恵印法流は、もっとかみくだいた表現がされています。例えば、「このことはたとえ親子兄弟といっても話してはいけない。もし話すならば、汝の頭をして爆発せしめる」と書いてございます。
>
> （『見えない心を観る』二二〜二三頁）

まさに秘儀なわけで、秘密仏教である密教の真髄とも言うべきものが、そこにあることは分かるものの、秘儀であるだけに説明は出来ない。ともあれ、天晴は、昭和十二（一九三七）年から恵印三昧の修行に入った。天晴は後に仲田順和大僧正に「行《ぎょう》は学問を考えたらできない。行はこれをしたら幾《いく》らになるかと考えたらできない。行は命を考えたらできない」と語ったというが、それほど厳しいもので、天晴が修した恵印七壇法《えいんしちだんほう》のことを、醍醐寺第百一世座主《ざす》、岡田宥秀《おかだゆうしゅう》大僧正も「よほど堅固な意志と、健全な身体を具備した者でなければ、満願成就することは至難の大法」と語っている。まさに天晴が語ったように命がけの行であったわけだが、当時は修した行者がわずかしかいないという「至難の大法」を、天晴は見事に成就する。食べるものもろくになく、骨と皮ばかりになっていた天晴が、恵印七壇法を修し終えることが出来たのは、長男、智文を喪《なく》したことで、さらに強いものとなった不動心の賜物《たまもの》であったに違いない。

時期を同じくして、醍醐寺の末寺としての立川不動尊教会、のちの真澄寺《しんちょうじ》が完成し、天晴と友司は、仮安置所であった自宅から、本尊、不動明王を遷座《せんざ》しているが、このことは、別に語ろう。

この年の十二月八日、天晴は、醍醐寺九十六世座主、佐伯恵眼《さえきえげん》大僧正から、房号「真乗《しんじょう》」と院号「金剛院《こんごういん》」を賜り、以後、真乗と号するようになる。

4　阿闍梨《あじゃり》、伊藤真乗の誕生

醍醐寺《だいごじ》の佐伯恵眼大僧正は、天晴《てんせい》が師と仰いだ人物であり、東京帝国大学で印度哲学を修めた、学識と徳をあわせ持った高僧であった。佐伯師から、房号「真乗」と院号「金剛院」を賜《たまわ》ってから、天晴は真乗と号するようになり、さらに昭和十七（一九四二）年には、戸籍上の名前も本名の文明から真乗に改めているので、これからは、天晴のことを真乗と呼ぶことにしよう。

醍醐寺にて恵印灌頂を相承（最後列中央。昭和14年10月27日）

修するのが命がけと言われる至難の大法、恵印七壇法を満願成就した真乗は、昭和十四（一九三九）年十月、醍醐寺に上山、佐伯恵眼師のもとで恵印灌頂《えいんかんじょう》を畢《お》える。

真乗の修行はすさまじいもので、恵印七壇法の行に入った昭和十二（一九三七）年には、九月十四日に浦野法海《うらのほうかい》師の師伝によって、火《か》生三昧《しょうざんまい》を修している。三昧とは、サンスクリットの「サマーディ」の音写で、心を静め集中する状態のことを意味しているわけだが、火生三昧と言うと、不動明王の三昧ということになり、全身火焔《かえん》となって衆生《しゅじょう》の一切《いっさい》の煩悩《ぼんのう》を焼き尽くす不動明王の三昧境に住するための行法を意味している。具体的には、どういうものかというと、幅一・五メートル、長さ五メートルの方形に十四俵もの炭を敷いて火を起こし、真乗が修法によって火を伏せ、盛んに燃え盛る火床を渡っていくというもので、真乗に続いて当時の信徒が次々と火床を渡っていったが、燃え盛る火のなかを裸足《はだし》で歩いていっても誰ひとり火傷《やけど》するものはなかったという。見物していたあたりの人たちは驚きに目を見張ったというが、真乗の火生三昧の修行は、火渡りにとどまるものではなかった。

当時の真乗を知る人は、真乗が火を点《つ》けたロウソクを腕に立てて祈念する姿を見ているが、これは「手蠟《てろう》」という行で、ロウソクが燃えつきるときには、腕が焼け焦げる音がする。その焼けただれたところに、真乗は絶え間なくロウソクを立て続け祈り続け、深い三昧に入っていったという。また、掌《てのひら》の小指のつけ根に油を注ぎ、灯芯を立てて両手に灯明をともして祈る「手灯《しゅとう》」という行《ぎょう》も修したが、この火生三昧の行の名残りで、真乗の両肘《ひじ》の内側と両掌の小指のつけ根には、火傷の痕が残っていたことを仲田順和《なかだじゅんな》師は語っている（『見えない心を観る』四一頁）。

これは真乗の修行の一例にしか過ぎないが、その真摯《しんし》な姿勢は、佐伯恵眼師をして「修行者の態度は、常にかくあるべきもの、とってもってよく範《はん》とせよ」と衆僧に語らせたほどのものだったという。

三十代の真乗は、修行中の釈尊がそうであったように進んで苦行を求める一面がある。それは後に『涅槃経《ねはんぎょう》』と出会って仏像の制作に熱中する真乗に比べると別人の観があるが、厳しい修行の時期があったからこそ、後の真乗があると考えるべきなのだろう。

醍醐寺にて伝法灌頂を相承し、阿闍梨となる（後列、右から四人目。昭和18年3月5日）

醍醐寺に伝わる役行者、そして、聖宝《しょうぼう》から今日まで伝えられる修験道《しゅげんどう》の奥義を究め、真乗が恵印灌頂を相承した翌々年、昭和十六（一九四一）年には、真乗は醍醐寺から常宝院《じょうほういん》の特命住職に任じられた。現在の武蔵村山市にあった福聚山一住坊《ふくじゅさんいちじゅうぼう》常宝院は、古くは上院坊と称し、醍醐寺の当山派修験道に属する古刹《こさつ》であったが、前住職が病を得て、運営が行き詰まり、当時は荒れはてて、廃寺寸前となっていた。真乗はこのとき、常宝院特命住職を拝命するとともに、前年の律師補任からさらに僧位を上げ、権少僧都《ごんしょうそうず》、つづいて少僧都に補任されているが、真乗は、祖山、醍醐寺への報恩のため、常宝院の再建に力を尽くし、復興なった常宝院を後に醍醐寺に献納し、特命住職を辞している。

真言密教における金胎両部《こんたいりょうぶ》の伝法灌頂《でんぽうかんじょう》については、先に説明したが、この秘儀を仲田順和大僧正は、次のように語っている。

三宝院《さんぼういん》には弘法大師からの非常に厳しい伝統的な修行がございます。最初に如意輪観世音菩薩をお参りし、そして十八道、金剛界、胎蔵界、そして護摩《ごま》と、全部で百八日間修行いたします。その行が終わった時に伝法灌頂という灌頂に入って、大日如来からずっと現在まで伝わる血脈《けちみゃく》をいただけるのです。(『見えない心を観る』二二頁)

この伝法灌頂は、真言密教教主、大日如来から、師資《しし》相承によって受け継がれてきたとされるものであり、空海以前の七人の師祖《しそ》と空海で「真言八祖」と言う。大日如来から、真言七祖の恵果《けいか》へ、恵果から真言八祖の空海へと相承されてきた金胎両部の大法を真乗が受法し、佐伯恵眼門跡《もんぜき》によって伝法灌頂を受けたのは、昭和十八(一九四三)年、三月五日のこと。

真言宗の阿闍梨、伊藤真乗の誕生であった。

Ⅳ　立教

1　真澄寺《しんちょうじ》落慶

真乗《しんじょう》が醍醐寺《だいごじ》の佐伯恵眼《さえきえげん》大僧正のもとで、恵印灌頂《えいんかんじょう》、さらには金胎両部《こんたいりょうぶ》の伝法灌頂《でんぽうかんじょう》を相承し、真言宗醍醐派の阿闍梨《あじゃり》となったことは前章で語ったが、話を少し前に戻したい。信者が二百人ほどになって、不動尊を仮安置していた自宅、立照閣《りっしょうかく》があまりに手狭《てぜま》になり、寺院建立《こんりゅう》の話が持ち上がったのは、前年に長男、智文《ともふみ》を亡くし、次男、友一《ゆういち》が誕生した昭和十二（一九三七）年の暮れのことだった。

この年の秋に、真乗は「火生三昧《かしょうざんまい》」の火渡りを挙行したことになる。それは火によって煩悩《ぼんのう》を焼き尽くす不動明王の三昧行《ぎょう》であるわけだが、おそらく、見物していた人たちにとっては、真乗の法力に驚くか、奇術のように見えたかのどちらかだったのではないだろうか。現代人ならば、何らかのトリックだと思うところだろうが、なにせ戦前の話であ

真乗が撮影した次男、友一（東京都立川市）

る。立照閣の伊藤真乗が大いに噂になったであろうことは想像に難《かた》くない。おそらくは、そんなこともあって、立照閣の不動尊信仰は、ごく限られた地域のこととはいえ、その名を高め、新たな信者を増やしていったのだろう。

しかし、それにともなって、さまざまな問題が持ち上がった。この年の二月、信徒から仏師が作ったものではない不動明王の石像が立照閣に寄進されたのだが、この石像のように、仏師が寺院のために刻んだ仏像ではなく、民間で信仰に厚い庶民が、自分の持仏として刻んだ仏像を、仏教美術の世界では、民間仏と呼んでいる。真乗は、妻、友司《ともじ》の意見を容《い》れて、この石像を自宅の玄関に安置した。本尊の不動尊を拝するために奥まで上がるほどの信仰心は持たないが、信仰心がまったくないわけではない人々が、通りすがりに拝することができるようにという意図からで、これを「前不動」と呼ぶが、翌月には警察官が訪れ、撤去するように命じられることになった。

寺院でも教会でもないところに、仏像を置いてはならないというのだ。真乗は、自分が醍醐寺に僧籍を置き、成田山の不動尊の信者の講である立照講の講元先達であることを説明したところ、関東では知らぬ人のない成田山新勝寺《しんしょうじ》である。巡査は納得し、代わりに府中警察署に宗教結社届けを出すようにと言われて事なきを得たのだが、当時は、戦時色がいよいよ色濃くなり始めていた時期だけに、宗教的な活動に専念するためには、寺院を建立する必要があったのである。

しかし、そんなことはお構いなしに信者は、病気だ何だと言っては、加持祈禱《かじきとう》を頼みに来る。もし、加持のときに信者の身体《からだ》に触れ、そのことが表沙汰になると、医者からは医師法違反で、按摩《あんま》からは按摩法違反だと警察に密告されかねない。そんな時代であったのだ。寺院というものは、その性格から、葬儀と法要をもっぱらとする菩提寺《ぼだいじ》である「回向寺《えこうでら》」と、熱心な信者が集まっては神仏に救いを求める信徒寺としての「加持祈禱寺《かじきとうでら》」に大別されることは、前に語ったが、真乗が僧侶となった当初は、加持祈禱寺としての性格がきわめて強く、信者といっても、「苦しいときの神頼み」といった類《たぐい》の御利益《ごりやく》信仰の人があらかたであったことが、残された記録からもうかがい知ることができる。

真乗は後に、当時のことを振り返って「みんな御利益信心で、欲しいほしいのお詣《まい》りでした」と語り、日照りが続いたある初夏のこと、午前中に農家の人が来て、「先生、このお天気じゃ植付けができないから、雨乞いのお護摩をたいて御祈禱して下さい」と言って帰ったかと思うと、午後には氷屋さんが来て、「先生、このお天気を、何とかもう少し続かして貰うように是非《ぜひ》お不動さまにお願いして下さい」と頼みに来るといった、まるで落語のような状況であったことを回想している（『内外時報』昭和三十八年十二月号）。

真乗と友司はこの時期、あらゆる障害と困難を「修行」として受け止め、不動の信仰心を培《つちか》っていった様子が、残された記録からうかがうことが出来る。不動明王の石像をめぐる警察とのいざこざも、真乗はその石像が砥石《といし》をつくる石で出来ていることに気づくに及んで、信仰とは自分自身を磨く砥石なのだと、信仰への決意を新たにしたことを、後に語っている。そして、この不動尊の石像は、後々まで真乗のそばに安置されることになった。おそらく、長男、智文の死を礎《いしずえ》にして、真乗と友司の信心は何事にも揺らぐことのないものとなっていたのだろう。

生活は貧窮《ひんきゅう》を極《きわ》めていた。しかし、増え続ける信者のために、そして「戦時下」という時局柄、真乗は、立照閣の世話人たちと相談した結果、新たな会堂の設立に取りかかることにしたのだった。

昭和十三（一九三八）年三月七日、真乗は立川の諏訪神社の西隣に当たる百四十四坪の土地を寺院建立用地として、借地契約を結んだ。立川の諏訪神社は、弘仁二（八一一）年、

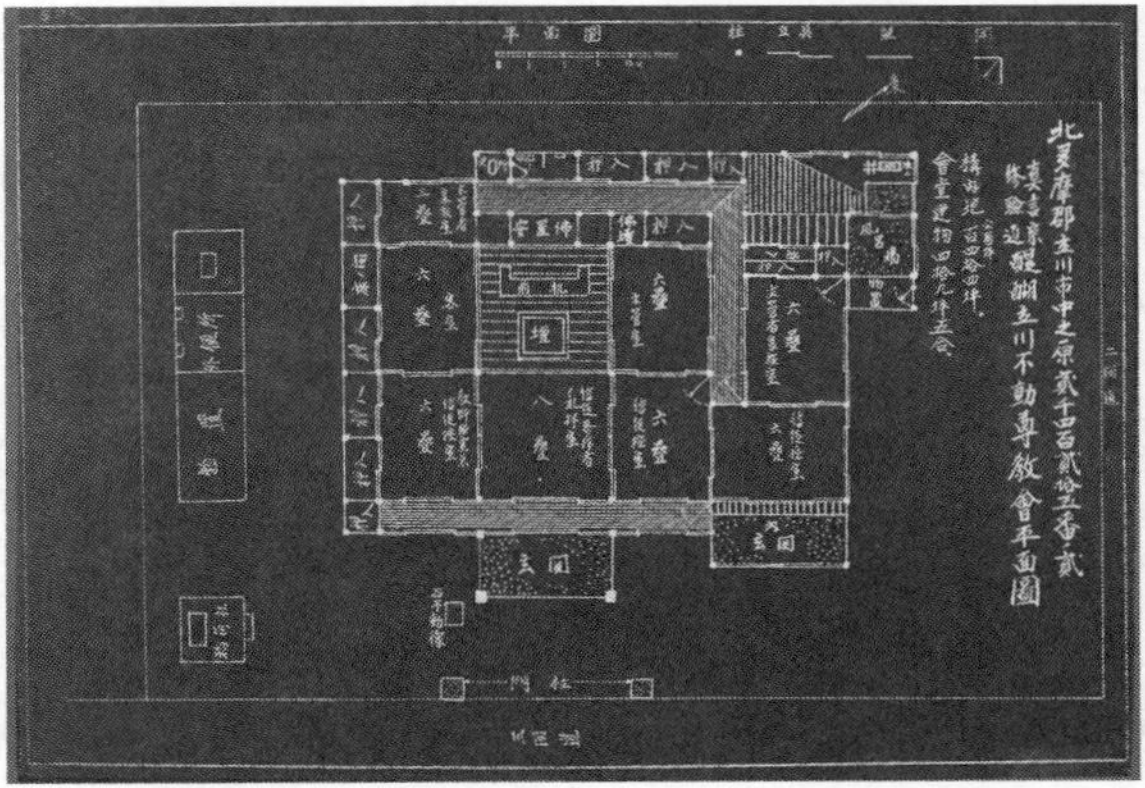

立川不動尊教会の図面

信州の諏訪大社から分霊して鎮座された歴史のある神社だが、当時、そのあたりは見渡すかぎり桑畑で、友司も「こんな所にお堂を建ててもお詣《まい》りする人があるだろうかと、一応は思案せずにはおれないような閑寂《かんじゃく》なところでした」と当時の想いを後に語っている（『一如の道』）。この土地は、現在の立川駅の南口から徒歩で十分ほどのところで、当時の立川は、北口の方が賑やかだったため、世話人の間からは反対の声も挙《あ》がったが、数年もすると戦争が激しくなったため、北口は強制疎開させられ、建物もほとんど壊されることになった。真乗は何度も南口のその土地に足を運んで「ここそ、みほとけの望まれる土地」と確信したというが、その確信は当たっていたことになる（『一如の道』）。

六月八日には浦野法海師を導師として地鎮

浦野法海師の導師により立川不動尊教会地鎮祭が執行された（昭和13年6月8日）

祭が執行され、建築に着手、八月三日には上棟式《じょうとうしき》が行われ、九月いっぱいで工事は完了した。このとき、真乗は、醍醐寺から千年伝持の秘法、地鎮鎮壇《じちんちんだん》の修法儀軌《しゅほうぎき》を受領し、十月三日に、その修法《しゅほう》を執り行っている。儀軌とは修法の順序を記したものであると思えばいいだろう。

すでに、前年の六月に真乗は醍醐寺から分教会を許されていたが、この年の七月には「立川不動尊教会設立認可証」を醍醐寺から受け取っており、十月六日には、自宅の仮安置所から本尊の不動明王を遷座、二日後の八日に立川不動尊教会発足の護摩《ごま》が修せられた。こうして、醍醐寺の末寺として、真言宗醍醐派、立川不動尊教会が設立され、それまでの立照閣は解消されることになったのだった。

建立当時の立川不動尊教会（のちの真澄寺）

この立川不動尊教会が、後の真澄寺《しんちょうじ》である。

こうして事実関係だけを列記していくと、すべてが順調に進んでいったかのように思われるが、実際はそうではなかった。工事費の工面が難航し、建築費を出すといっていた世話人が逃げ出したり、空手形が出て補修工事がストップしたり、困難が相次いだ。真乗は、借金をし、手元に一台だけ残しておいたライカのカメラも売り払って、支払いに当てた。真乗と友司は、仏道ひとすじに立って以来、ただでさえ困窮《こんきゅう》していた生活を、さらに切りつめねばならなかったという。

この年は、すでに恵印七壇法《えいんしちだんほう》の修行に真乗が入っており、会堂建立にまつわる俗事に悩まされながらも、真乗は、その「至難の大法」を満願成就したことになる。

また、ここで立照閣は解消されたといっても、成田山のお不動さまの講である立照講が、すぐに解散したわけではなかったようだ。立照講の結成は、真乗が宗教者として立った昭和十一（一九三六）年のこと、同年の五月に立照講としては第一回目となる成田山への参詣が、そして、翌年の五月、さらに不動尊教会建立の翌々年の四月に、第三回目となる団参が行われている。この年は、成田山新勝寺《しんしょうじ》開基一千年祭に当たり、立照講からは五百五十名が団参に参加しているので、このころ、真乗のもとには、五百人を超える信者が集まっていたことが分かる。

この年の暮れには真言宗醍醐派の末寺として、立川不動尊教会が設立されているわけだが、翌年の昭和十四（一九三九）年にも、第四回となる成田山への団参が行われており、不動尊教会発足後も、すぐに成田山との縁がなくなったわけではなかった。浦野法海師の勧めで真乗は立照講を結成したわけだが、今にして思うと、真乗と成田山新勝寺との関わりは、感慨深いものがある。

成田山新勝寺の本尊である不動明王は、もともとは京都の高雄山神護寺《たかおさんじんごじ》に祀《まつ》られていたものであり、弘法大師、空海が自ら刻んだと伝えられるものである。そして、真乗は空海以来、伝えられてきた金胎両部の伝法灌頂を昭和十八（一九四三）年に相承することになるわけだから、そこには、目に見えないつながりがあったのだと言うことが出来る。

真乗は、古義真言の真言宗醍醐派で真言密教の修行をし、その奥義を修することになったわけだが、成田山新勝寺は、真言密教の中興の祖、興教大師《こうぎょうだいし》、覚鑁《かくばん》から始まった新義真言の流れを汲む寺院であることは、先に述べた通りである。この覚鑁も不動明王と深い関わりを持つ仏教者であった。彼は高野山《こうやさん》で修行したのち、鳥羽上皇の帰依を受け、四十歳のときに高野山金剛峯寺《こんごうぶじ》の座主《ざす》となる。覚鑁は、平安末期に流行した浄土思想による念仏信仰を密教思想のなかに位置づけるなど、真言密教の改革を計った人物だったが、伝統派の反発に遭い、四十六歳のとき高野山を去って、紀州の根来寺《ねごろじ》に移り、四十九歳で世を去った。彼もまた不動尊を厚く信仰したことで知られている。覚鑁にまつわる逸話で、もっとも有名なのは「錐鑽不動《きりもみふどう》の伝説」だろうが、この伝説は次のようなものである。

高野山座主に就任した覚鑁は、教理の革新のみならず、大伝法院を建立するなど、高野山の刷新に取り組んだが、それに対して反旗をひるがえしたのが、伝統派の衆徒だった。彼らは大挙して押し寄せ、大伝法院を焼き払い、覚鑁を高野山から追放しようと、彼がこもっている密厳院《みつごんいん》の不動堂に押し入った。ところが、そこに覚鑁の姿はなかった。暴徒が目にしたのは、火炎に包まれた二体の不動尊だったのである。

一体が本尊の不動尊であるわけだから、もう一体は、深い瞑想状態にある覚鑁が、不動明王と深く感応して化現《けげん》していることは間違いない。衆徒は二体の不動尊を両方とも叩き壊そうとしたが、不動尊はもの凄い火炎に包まれているので近寄ることが出来ない。そこで、石礫《つぶて》を次々と投げつけたのだが、不思議なことにひとつも当たらなかった。

そこで彼らは錐《きり》を取り出し、不動尊の膝を刺してみることにした。そうすれば、覚鑁が化現している不動尊は血を流すはずだから、どちらの不動尊が覚鑁であることが分かるはずではないか。

ところが、いざ錐を刺してみると、不動尊は二体とも血を流し出した。

それを見た暴徒は恐れおののき逃げ出したというのが「錐鑽不動の伝説」のあらましである。

この伝説は、覚鑁の不動明王への帰依が深かったところから、生まれたものだろうが、彼は根来寺に移るとき、高野山から本尊の不動尊を持っていったと伝えられている。不動明王像は忿怒《ふんぬ》の形相で、右目で天を左目で地を睨《にら》む姿に刻まれるが、この覚鑁の本尊、不動明王像は、珍しいことに両目を見開き、正面を見据えた平常眼の不動明王だった。そして、彼が新義真言宗という新たな法流を開いたため、平常眼の不動明王を迎えた者は、一宗を興《おこ》すと言われるようになったのである。

そして、真乗の本尊、不動明王像もまた、平常眼のお不動さまだったのである。

このようにして考えてみると、覚鑁の流れを汲む成田山新勝寺と真乗が、浅からぬ関わりを持ったことも、やはり意味のあることだったのではないだろうか。

真乗が醍醐寺で修験道《しゅげんどう》の奥義である恵印灌頂を受けるために修行していた昭和十三（一

九三八）年のこと、真乗の本尊の不動尊像のことが話題になった。真乗が自分の念持仏は平常眼であることを話していたところ、大野《おおの》照仁《しょうじん》僧正がその話を聞きつけた。大野師は、真乗に護摩を始めとする修法を伝えた人であり、当時は上醍醐の山上主任という要職にあった。真乗は、仏師、仲丸奥堂《なかまるおうどう》氏から尊像を譲られたいきさつなどを語ったのだが、大野師は「そんなお不動さまが民間にあろうはずはない」と言う。

そこで、真乗はその不動尊が運慶《うんけい》作と伝えられるものであること、眼は水晶をはめこんだ玉眼になっていること、喉のあたりが空洞になっていて、何かがなかに入っていることなどを語ったところ、大野師は興奮し、尊像の様子をさらに尋ねた。そこで、真乗は、自分の尊像は、お不動さまだから恐ろしい顔をしているが、泣きそうな顔にも見えることを語ると、大野師は得心し、それは運慶の作に違いないと言い出した。

大野師は「父親が泣くときは、目の玉に力を入れて、涙を出すまいと眼の底で泣くだろう。眼の底で泣くのが、男なんだ。運慶が刻んだお不動さまは、そんな具合いに刻まれているんだ」と言う。それは忿怒の形相のなかに秘められた不動明王の大慈大悲を表すものなのだろう。大野師は、その尊像が運慶が刻んだものならば、喉の空洞に入っているのは仏舎利《ぶっしゃり》（釈尊の遺骨）だろうと説明し、真乗が仰天するようなことを言い出した。

「両眼を見開いた、平常眼のお不動さまは、運慶は何体も刻んでいないはずだ。平常眼のお不動さまなんてものは、滅多にない。あるもんじゃない。興教大師、覚鑁上人の御本尊が、すなわち、平常眼のお不動さまだった。平常眼のお不動さまを念持仏とする者は、一宗一派を開くと言われているんだ」

これには、真乗が驚いた。

「まさか、一宗一派を開くなんて、そんな大それたことを私は考えていません。けれども、私が見るところ素晴らしいお不動さまだと思います」

そのとき、真乗はそう語ったというが、たしかに平常眼の不動尊像は決して数が多いものではない。広く知られたものとしては、空海自刻の作と伝えられる高野山金剛峯寺南院の波切《なみきり》不動、覚鑁上人の本尊であった根来寺の不動尊、そして、願成就院《がんじょうじゅいん》の運慶作不動明王像などがあるが、いずれも名高い伝承とともに伝えられている尊像である。

波切不動は、弘法大師、空海が長安で、師の恵果阿闍梨《けいかあじゃり》から頂戴《ちょうだい》した霊木を自らが刻み、それを恵果に開眼してもらって、日本に持ち帰ったものと寺伝に伝えられている。大同元（八〇六）年、空海が帰国するとき、海上で嵐に遭遇して難破しかけたが、空海の祈念に応じて不動明王が現れ、宝剣を振って波を切り、嵐を鎮めたという伝承から、波切不動と呼ばれるようになった。

真言宗を開いた空海、そして新義真言宗を興した覚鑁、ふたりがともに平常眼の不動明王を念持仏としていたために、平常眼の不動尊像を手に入れた者は一宗一派を開くという伝承が生まれたのだろうが、奇《く》しき縁で、真乗が本尊として迎えた不動明王もまた、平常眼の不動尊像だった。

実際は、不動明王が左目を閉じ、右目を開ける天地眼《てんちがん》という姿で作られるようになったのは、学僧として知られる九世紀比叡山五大院の安然《あんねん》、阿覚《あかく》大師が『不動明王立印儀軌《りゅういんぎき》修行次第胎蔵行法《たいぞうぎょうほう》』を著し、「不動十九観」と呼ばれる不動明王の姿の十九の特徴を明らかにしてからのことで、それ以前、平安初期の不動明王像は平常眼で刻まれているのだが、平安中期以降、平常眼の不動明王は珍しいものになっていったというのが歴史的な事実のようだ。

そして、苛烈な修行に臨み、自分が一宗を興すなどとは考えてみることもなかった真乗は、言い伝えの通りに、新たな法流を創り、一宗を興すことになる。それは、平常眼の不動尊の仏意というものだったのだろうか。不思議な話ではあるが、伝承というものは、何がしかの真実を孕《はら》むものなのかも知れない。

2　決意

昭和十三（一九三八）年、十月。のちに真澄寺《しんちょうじ》となる立川不動尊教会は建立《こんりゅう》された。教会というと、キリスト教のイメージが強いが、このころは、墓地を持つ寺を「寺院」と呼び、墓地がなく教えを説く寺を「教会」と称したのだという。信徒はたんに「お堂」と

真言密教を修めた真乗

呼んでいたらしいが、正しくは「真言宗醍醐《だいご》派《は》立川不動尊分教会」ということになる。寺格は低いが、真乗《しんじょう》は醍醐寺第九十六世座主《ざす》、佐伯恵眼《さえきえげん》大僧正の直弟子であったため、昭和十三年には、佐伯恵眼師の意向で、この教会は、醍醐派の関東の寺院を総括する東京第一号宗務支庁の管轄下から抜け、総本山醍醐寺の直轄となった。その三年後に、真乗が古刹《こさつ》、常宝院《じょうほういん》の特命住職に任じられていることから考えても、まだ若く、真摯に修行に打ち込んでいた真乗が、総本山からも大きな期待を寄せられる人材であったことが分かる。

落慶なった不動尊教会に、本尊、不動明王像を自宅の仮安置所から遷座し、真乗が護摩《ごま》を修したのが、十月六日のこと。これは、「宇宙の大曼荼羅《まんだら》からお不動さまの〈御性根〉の御降臨を賜《たまわ》る」ためのものであることを、真乗は手記に書き残している（『手記』）。

長らく自宅に仮安置されていた不動明王は、このとき、ついに自らのお堂に奉安《ほうあん》されるとともに、新たに「開眼《かいげん》」したのだと言うことが出来るだろうか。

翌、昭和十四（一九三九）年の二月五日には、立川不動尊教会落慶法要が執《と》り行われているが、この法要の導師は、総本山醍醐寺の吉田真峰《よしだしんぽう》師がつとめた。

こうして、真乗は、本尊と信者のための会堂を整えることが出来たわけだが、百四十四坪の借地に建てられたお堂なわけだから、決して大きなものではない。とはいえ五十人ほどの人が参座して修行が出来るようになったものの、建立当時は資金不足のため、十分な屋根普請《やねふしん》も出来ず、雨漏《あまも》りがしたため、雨が降るたびに真乗と友司《ともじ》は三十畳近い畳を干さねばならなかったという。このお堂は、本尊を安置する内陣と、それ以外の外陣《げじん》が段差によって仕切られ、祈りの場であり、説法の場であり、そこがそのまま生活の場にもなるという当時の修験寺《しゅげんでら》の典型的な様式を持つもので、在家修行者による修験道の恵印灌頂《えいんかんじょう》に臨むべく、修験の修行にいそしんでいた当時の真乗の意向を反映したものとなっている。

真乗は醍醐寺において、在家修行者の法流である恵印灌頂と、真言密教の出家修行者の法流である金胎両部《こんたいりょうぶ》の伝法灌頂《でんぽうかんじょう》を受け、在家と出家の法流の奥義をともに究めたわけだが、恵印を受法しても、伝法を継ぐと恵印を顧みない人があるなかで、真乗は在家の法流である恵印を重んじた。それは出家でありつつも、在家として人々と触れ、社会との関わりを持ち続けようとした真乗の仏教者としての姿勢を物語るものであり、それが形となったのが、不動尊教会、のちの真澄寺であったと言うことが出来るだろう。

そして、不動尊教会落慶とともに、次のような看板を表に掲げている。

人生の風波愈々《いよいよ》高く険しき旅路に
不安と焦燥《しょうそう》に喘《あえ》ぐ人々よ来れ

当道場は秘密真言の奥旨を伝え
加持祈禱《かじきとう》の実修に依《よ》り安心立命《あんじんりゅうめい》を
体得するを以《も》って主旨と致《いた》します。

鑑定《おしらべ》
○至誠感応霊的筮法《ぜいほう》
宿曜経《しゅくようきょう》所説。人相。家相。手相。
○祟災。病患。人生諸事万般。
○一切安心立命活断
○毎日、午前九時より
○休日　毎月十日、二十六日
甲陽流伝統　伊藤真乗

今日、道を歩いていて偶然、この看板を目にしたら、誰もが仰天するだろうし、いぶかしく思うかも知れないが、それは当時であっても、さして違わなかったろう。この看板で謳《うた》われているのは、易占によって相談に応じるということと、真言密教の加持祈禱によって、さまざまな悩みを解決しますといったことなのだから。しかし、真乗自身は、そうしたことを一切、承知したうえで、この看板を掲げたようだ。手記には、この看板の文案に、次のような興味深いメモが残されている。

伝統ある宗教は此《こ》の様《よう》な看板は掲げない。例《たと》へば、此の近方《きんぽう》では高幡《たかはた》、高尾山等である。遊山《ゆさん》やピクニック気分で確かに人は集《あつま》る。けれ共《ども》、法要や儀式丈《だ》けで人の魂を救ふことは出来ない。おそらく文化人と称する人々は、此の掲示を見て笑ふだろう。そして私が盛《さか》んになれば、私に対する圧迫の道具としかねない。私はそれを見透《みとお》して此の看板を出す。然《しか》し文化人と自負する人達は、表面で冷笑し、心は密《ひそ》かに求める――。そこに本当の宗教があると私は思ふのだ。又《また》自己が此の看板から求めて救われた暁《あかつき》、必ず此の看板は取り除いて下さい――とも言ふだろう。

昭和十六年三月

沙門《しゃもん》　真乗

（『手記』）

このメモが書かれた昭和十六（一九四一）年三月とは、不動尊教会の落慶法要から約二年がたったころ、真乗が醍醐寺から常宝院の特命住職を任じられた月であるが、他者に見せるわけではない手記に、あえて「沙門（出家修行者のこと）真乗」と署名までしていることからも、このメモに真乗の宗教者としての決意や考えが籠《こ》められていることが分かるように思う。教養があり、合理的に物事を考えようとする「文化人」と称する人々は、このような看板に書かれたことは、非合理的な迷信に類する俗信として斥《しりぞ》け、冷笑すらするだろう。しかし、教養や合理主義的な考えだけで、人間を救うことが出来るだろうか。事実は逆ではないのか。いかに合理的に考えたとしても、人間の悩みや苦しみがなくなるわけではない。それを、釈尊は「生・老・病・死」という「四苦」としてとらえたわけだが、どんな合理主義者の文化人であっても、この「四苦」から逃れることは出来ないし、心の奥底では、本人さえ気づいていないかも知れないが、合理主義では決して解消できない問題について、非合理的なものであるとしても、救済を求める気持ちがあるに違いない。真乗は、そこに宗教というものの本質を見ていたことになる。文化人であろうとなかろうと、人間であるかぎり、自力では決して解決できない悩みがある。それに応えていくのが、宗教というものなのではないかと、真乗は考えていたわけであり、その決意の表明として、あえて看板を掲げたわけだから、そこに籠《こ》められた決意はなまなかなものではない。

真乗が成田山新勝寺《しんしょうじ》の不動尊の講である立照講《りっしょうこう》から宗教者としての一歩を歩み始めたことは、すでに語ったが、醍醐寺の末寺として立川不動尊教会を設立してからも、不動尊教会内に立照講の本部が置かれ、成田山への団参が行われている。そして、その参加者は、第一回（昭和十一年五月）が四十三名、第二回（昭和十二年五月）が百四十二名、成田山開基一千年祭に当たる第三回（昭和十三年四月）には五百五十名と急増しており、講員はそのほとんどが不動尊教会の信者と考えられるので、真乗の不動尊の信者は、数年のうちに五百人を超えていたことになる。立照講も成田山の講のなかでは大講となり、新勝寺も年に何度と決まっている奥の院開扉を、立照講に限っては、団参のおりに特別に開扉するなど、特別な扱いを受けるようになっていた。

この信徒急増の理由は、それこそ、真乗が看板に掲げた「加持祈禱」が効くと評判になり、不動尊教会の本尊である不動尊が、霊験《れいげん》あらたかなお不動さまとして噂になっていたからだった。これは、常識で考えるならば、もちろん、非合理的な話である。霊験とは何なのか。次に、それを考えてみたい。

3　密教的行者能力

密教においては『大日経』と『金剛頂経』がもっとも重要な経典であることは先に述べたが、『大日経』の思想を集約するものとして知られているのが、「三句の法門」と呼ばれる教えである。『大日経』は、宇宙の真理である「ダルマ（法）」そのものである大日如来が教えを説くという「法身説法《ほっしんせっぽう》」の形式を特徴としているが、修行者に「一切智《いっさいち》」（仏の最高の悟り）の根拠を問われた大日如来は、次のように答える。

「菩提心《ぼだいしん》を因と為《な》し、大悲を根《こん》と為し、方便《ほうべん》を究竟《くきょう》と為す」

つまり、悟りとは、悟りを求めて努力する決意（菩提心）から始まって、すべてのものを救済しようとする慈悲心（大悲）を基盤とし、その究極の目的は、自己を顧《かえり》みることなく他者に尽《つ》くすこと（方便）にあるといった意味だと思えばいいだろうか。

真乗《しんじょう》もまさに、この「三句の法門」で語られていることを生きようとしていたのだと言えるだろう。信者が増えたといっても、真乗には現金収入は、ほとんどなかったし、あっても会堂建設の借金に消えたというのが現実だったようだ。なかには、参拝には来るが、加持祈禱《かじきとう》は決して頼まない富裕な商家の婦人もいた。この婦人は、謝礼を奉納するのを惜しんで、他の信者に「先生には欲がないんですし、信心はお金ではないんですから、それでいいでしょう」と語っていたという（『苑史回想』）。

ちなみに、真乗は立川不動尊教会の時代には「先生」と呼ばれていたようだが、まだ出家する前も、『病筮鈔《びょうぜいしょう》』によって人々の相談に応じていたため、「先生」と呼ばれていたという。ところで、くだんの婦人は、姪を養女としたが、その娘が急死した。真乗は、葬儀を頼まれたが、貧乏で法衣もないし、袈裟《けさ》もない。本尊にお許しを願って、一張羅の護《ご》摩《ま》衣で葬式を執《と》り行ったものの、通夜も葬式も衣が同じだったと文句を言われたという。これは昭和十四（一九三九）年の話だが、こうした貧窮《ひんきゅう》のなかで修行に打ち込んだ真乗の「菩提心」は揺るぎないものだったにしろ、まだ幼い子供たちを抱えて、真乗を支えた妻、友司《ともじ》の苦労は並大抵のものではなかっただろう。

『大日経』が密教思想とその実践を語る経典であるのに対して、『金剛頂経』は、実践を中心とするもので、密教においては教相（理論）と事相（実践）は、一体のものとして考えられているわけだから、理論は実践においてしか把握できず、実践は理論をともなわなければならないことになる。そして、その実践として、密教は、釈尊が生まれる前から盛んだった古代インドのバラモン教や民間信仰の護摩を始めとする呪術的祭祀《さいし》を取り入れ、密教の体系のなかに位置づけていったわけだが、こうした密教における呪術的祭祀が、一般に考えられているところの「加持祈禱」であると言えるだろう。
　昭和十四（一九三九）年には、立川不動尊教会の機関誌『不動』が創刊される。この機関誌は、日本の無条件降伏によって太平洋戦争が終結した昭和二十（一九四五）年の翌年まで、十三号までが刊行されており、不動尊教会の信徒の投稿も掲載されていたようだ。この創刊号に、真乗は「加持行法と効験」と題する文章を寄せている。そこで、真乗は、『大日経』の註釈書である『大日経疏《だいにちきょうしょ》』を引用して、「加持」の意味を説明しているが、分かりやすく言うと、それは本尊と深く感応して本尊と一体となった行者が、本尊の威神力をもって、信徒に加護を与えるというものであり、このとき、行者が本尊と一体となることを、真言密教では「入《にゅう》我《が》我《が》入《にゅう》」という。そのために密教では、手に印契《いんげい》を結び、口に真言《マントラ》を唱え、種字《しゅじ》と呼ばれ、諸仏をそれぞれ一字で象徴する梵字《サンスクリット》を心中に思い浮かべて、行者と本尊が一体化を果《は》たすのだが、これを身《しん》・口《く》・意《い》の「三密」と言う。真乗の説明を引用してみよう。

　例《たと》へば修法者《しゅほうしゃ》が不動明王を尊主《そんしゅ》即ち本尊として、手に明王の密印を結び、口に真言陀羅尼《だらに》を唱《とな》へ、明王の種字を深く思念すれば、種字が変現して心中に、如来の加持身が具現するので有りまして、自身が本尊と同一の作動が出来ると、再び深い思念を心中に送り、心の奥底に徹底させ、又《また》至心専念に我《われ》不動なりと甚深《じんしん》なる修法にて観相する事に依《よ》り、自分と本尊が無差別になる境界に入る事が出来るので有《あ》ります。それが入我我入の境地であり、此《こ》の入我我入の感応道交《かんのうどうこう》が、至極《しごく》に成就した場合は、修法者が本尊と同一になり、全く同じ仏像が二体となったり、仏像が行者と変り、同じ行者が二人となったりする不思議なことがあります。　（『不動』）

前々節で紹介した新義真言宗の祖師である興教《こうぎょう》大師、覚鑁《かくばん》が不動明王に化現《けげん》したという「錘鑽《きりもみ》不動《ふどう》の伝説」なども、まさにこうした「入我我入」の状態を言うものなのだろう。しかし、本尊と行者が心的に一体化したとしても、それだけであるならば、行者本人にしか分からない心的な現象にとどまるわけで、それがたんなる「法要や儀式」で終わらないためには、実際に、本尊の加護が行者を通して、信徒に及ばなければならない。たとえば、病人に加持をしたとするならば、現実に病気が快方に向かうなり、治癒《ちゆ》するなりといった結果が出なければならないことになる。

本当にそんなことが起こるのだろうか?

これは、なかなか難しい問題である。もちろん、自然科学を基盤とした常識のなかでは、そんなことはありえないということになるのは言うまでもない。しかし、ここでひとつ注意しておきたいことがある。仏教の歴史をひもとくと祖師や有徳の高僧には、超自然的な能力についての伝承がきわめて多いことに気づく。たとえば、空海は、弘仁元（八一〇）

年に蜂起《ほうき》した薬子《くすこ》の変に際して、嵯峨天皇の依頼を受けて、鎮護国家の大法「仁王経法《にんのうぎょうほう》」を修し、薬子の変が無事に平定されたため、嵯峨天皇の帰依を受け、また弘仁十四（八二三）年、淳和《じゅんな》天皇の元年、日本が大旱魃《だいかんばつ》に見舞われ、全国に餓死者があふれたときには、淳和天皇の依頼によって「請雨《しょうう》経法」を修して、雨を呼び、三日間もの間、日本全国に雨を降らせたという。醍醐寺《だいごじ》の開山である九世紀の聖宝《しょうぼう》、理源大師は、醍醐天皇の依頼で授児法を修し、無事に皇子を授《さず》かった醍醐天皇の帰依を受けたとされるし、東寺の第二十四代長者、東大寺別当をつとめた十〜十一世紀の仁海《にんかい》は、祈雨《きう》の効験《こうけん》があり、「雨僧正」とも呼ばれた。こうした真言密教の高僧のみならず、天台宗にも、高僧の法力についての伝承は少なくない。天台宗で初めて密教系の不動明王を祀《まつ》った第五代天台座主《ざす》、円珍《えんちん》は聖宝と同時代、九世紀の人だが、母は空海の姪《めい》に当たり、病気になった光孝《こうこう》天皇を一晩の祈念で治したり、自分の死まで予言するなど、信じがたい予知能力を持っていたことが伝えられている。また、十世紀の第十八代天台座主、良源《りょうげん》は比叡山戒壇院の南門の倒壊を霊視したり、天禄三（九七二）年には、宮中で円融《えんゆう》天皇が見守るなか五大尊法の秘法を修し、火炎を背負った不動明王と化したという伝承もある。居並ぶ貴族は怖《おそ》れて合掌礼拝し、良源は、天皇から褒辞《ほうじ》を賜《たまわ》ったという。密教系の高僧に伝えられている、こうした超人的な法力というものは、すべて、伝説にしかすぎないのだろうか。しかし、たんなる伝説として済ますには、あまりにも伝承がありすぎるのも事実である。

たとえば、雨僧正と呼ばれた仁海のことを考えてみよう。旱魃《かんばつ》に際して仁海が雨請いの修法《しゅほう》を修し、そののちに雨が降ったとする。それは、たんに偶然であって、仁海が祈禱をしなくても、やはり雨は降ったのだと考えることが出来るだろう。しかし、当時の人々は仁海の修法の後で雨が降ったものだから、その降雨を仁海の修法のせいであると思い込むわけである。なるほど、これは合理的な説明ではあるが、それが、二度、三度、あるいはそれ以上も続けて起こったとしたら、どう考えればいいのだろうか。実際のところ、仁海は雨僧正という呼び名を被《こうむ》るほど、雨請いの修法に効験を示したわけだから、事実、そのようなことが起こったことになる。それは、やはり、雨が降り始める前に、仁海が修法をする時がいつも重なるという偶然が重なったということなのだろうか。それも、まったくありえない話ではないが、もし、一人の僧侶が生涯に何度となくそのような場に立ち会ったのだとしたら、むしろ、そのことのほうが奇跡というものではないだろうか？

だとしたら、仁海の修法によって雨が降ったのだと考えたほうが、まだしも合理的なことになる。このようにして考えると、密教系の高僧にまつわる法力をめぐる伝承には、伝説もあるのだろうが、事実も含んでいるのかも知れないと考えたくなるようなところがあるのは、否定できない。

もちろん、こうしたことは合理的に語ることができることではないので、これ以上は触れないが、とりあえず便宜上、本書では、こうした行者的な能力を「密教的行者能力」と呼ぶことにしよう。

伊藤真乗もまた、厳しい修行の結果、この密教的行者能力を身につけた僧侶であったことが、さまざまな信者の証言から浮かび上がってくるところがある。病気の平癒や憑霊《ひょうれい》的な現象など、信者のさまざまな障害を、真乗は密教の修法によって取り除き、それが噂を呼んで、立川不動尊教会は信者を増していくことになったらしい。そして、そのことは、真乗にとって「三句の法門」の実践にほかならなかったのである。

何度か語ったように、真乗の妻、友司もそうした能力を持った女性であった。その能力は『法華経』に帰依した祖母、伯母と二代にわたって継承されたものだったというが、真乗が本尊の不動尊を迎えるまで、友司は熱心な観音信仰の信者ではあったものの、能力は発現していなかった。ところが不動尊像を迎えてから、法衣を着て人々の相談に乗る真乗の姿を透視するなど、まだ二十三歳の若い母親だった友司に、宗教的能力が開花することになったのだった。誤解を避けるために、ここまで触れずにきたが、昭和十（一九三五）年十二月二十八日、自宅に運慶一刀三礼《うんけいいっとうさんらい》の作と伝えられる不動尊像を迎えたその日に、真乗と友司は、友司の提案で水垢離《みずごり》を取ってから不動尊像に勤行《ごんぎょう》をしたのだが、読経が終わり、不動明王の御霊咒《ごれいじゅ》を唱えるうちに友司の身体に異変があらわれ、合掌していた手が上に引き上げられて、自然に両手を合わせたまま、両親指と両小指をつける印を頭上に結び、しばらくして元の合掌の位置に戻るという動作を数回、繰り返したことを真乗は手記に書き残している。友司は何が起こったのか分からなかったが、このときの印が、密教では「蓮華《れんげ》の密印」と呼ばれるものであることを伝えたのは、真乗を最初に真言密教に誘うことになった大堀修弘《おおぼりしゅうこう》であったという。このとき、すでに友司は、本尊である不動尊と感応状態にあったということなのだろうが、その感応は日を追うにしたがって強いものとなっていったらしい。おそらく、真乗は、真言密教を修するに当たって、自らが密教的行者能力を具現するだけではなく、家伝の『病筮鈔《びょうぜいしょう》』を密教的体系のなかに位置づけるとともに、友司の宗教的能力を真言密教の行者的能力と融合させようと考えていたのではないだろうか。

つねに真乗を支え共に修行した妻、友司

　昭和十三（一九三八）年七月十五日、総本山醍醐寺の佐伯恵眼《さえきえげん》大僧正から「立川不動尊教会設立認可証」を受領したとき、真乗は、手記に次のような短歌を書きつけている。

　慈《いつく》しみ謝し　微《び》びたる者に　吾《わ》れあれど
み法《のり》にそくし　妻（法友《とも》）と歩まむ

この一首には、真乗にとって友司は妻であるとともに法友でもあり、ともに仏道を歩んでいこうとする静かな決意が籠《こ》められているように思われる。真乗が宗教者として立ち、さらに独自の法流を生み出していくことが出来た、もっとも大きな要因として、友司の存在は、欠かすことが出来ないものであり、その宗教的能力は、真言密教という裏づけを得たときに、さらに大きな密教的行者能力へと変化していったのだと考えることも出来るだろう。実際、友司の行者的能力は卓越したものだったようで、後に友司は、真乗の祖山、醍醐寺から、有髪の女性としては初めて権大僧正《ごんだいそうじょう》位を贈られ、遷化《せんげ》後、さらに大僧正位が追贈されている。

4　霊験《れいげん》の意味

しかし、ここまで語ってきたような密教的行者能力というものは、難しい側面も孕《はら》んでいる。行者を介在させて信者に仏の加護が及ぶのが「加持《かじ》」の本来の意味であり、仏の加護が及ぶに至って、信者が抱えるさまざまな障害が取り除かれるわけだが、こうした心霊的事象とも言うべき不思議な側面だけに目を奪われると、信仰は本来の仏道を離れたものに陥りやすい。このことを、真乗《しんじょう》は真言密教を修する過程で、すでに意識していたようだ。

真言宗の各宗派に向けて刊行されている『六大新報』という新聞があるのだが、この宗教紙の昭和十五（一九四〇）年五月十九日付紙面に、ある真言宗の行者が、キリスト教の神霊治療の病院の例を挙げ、また自身の経験として加持祈禱による病気治療を顕揚《けんよう》する記事が掲載されたとき、真乗は、手記に、自分自身の意見としては、「神霊現象のみに依《よ》る病気治療は賛成出来《でき》ない」とはっきり記している。真乗の密教観を知るうえで重要な文章なので、その一節を紹介しておこう。

私としては、神霊現象のみに依《よ》る病気治療は賛成出来《でき》ない。

仏陀本来の救ひは、人間が具有している動物本能的な動物格を、せめて人間格迄《まで》向上せしめ、更《さら》に此《こ》の人間格を仏格迄引き上げてゆく修行過程に、霊瘉《れいゆ》の神秘を顕《あらわ》すのだから、そうではない宗教は、私は邪道であると言い度《た》い。

「六大新報」の記事の心霊療法は、霊瘉のみで救われているものだから、結構とは言へない。

病と言ふものや、又《また》物と言ふ形に執《とらわ》れた教《おし》えには真理《みち》がない。正法を邪法としてはならない事、此の文を読み、私はその真実を知った。

五月二十三日　真乗房　天晴《てんせい》

（『手記』）

この文章を書いた翌々年に、真乗は戸籍上の名前を「文明《ふみあき》」から「真乗」に改めているので、このときは、醍醐寺《だいごじ》の佐伯恵眼《さえきえげん》大僧正から賜った房号・真乗と、僧名・天晴を並記しているが、他人に見せるわけではない手記に、日付と名前まで記しているところから、この文章が、彼にとって、宗教者としての信念と決意を物語るものであったことが見えてくるように思う。

この文章で、きわめて重要なのは、真乗が真言密教の加持祈禱《かじきとう》の修法《しゅほう》によって、かりに病気が治ったとしても、決してそれ自体が目的ではないと考えていることだろう。病が治るのは、仏を求め、悟りを求めていく心、つまりは菩提心が向上していく過程において起こることであり、その意味では副次的なものであって、それ自体は、宗教の、あるいは真言密教の本質ではない。そうした現象面にのみとらわれると、仏道の本質を見失ってしまうことを、真乗は強く戒《いまし》めた。自らは密教的行者能力を身につけていたにもかかわらず、これは、真乗が終生、貫いた姿勢であり、後にも、こうした宗教の超自然的な側面ばかりに気を取られることを戒めている（『一如の道』）。真乗の考えとしては、修法によって病気が治るといったことが起こるとしても、あくまでも、それは真言密教の思想的、かつ実践的な体系に裏打ちされたものであるからであって、巷《ちまた》の俗信とは一線を画するものだったのである。

後年、真乗は、信徒に対して、病気であるならば、信仰だけに頼らずに、まず医師にかかるように諭《さと》したという。どんな修行者であれ、万能ではない。釈尊でさえ、自分の氏族であった釈迦族の滅亡を防ぐことは出来なかったわけで、信徒にそうしたことを語るとき、真乗の胸中には、幼くして世を去った長男、智文《ともふみ》のことが去来していたのではないだろうか。

真乗の姿勢はそのようなものであり、真言密教の行者であるとともに、そのことを現代という時代に即したものとして、つねにとらえ直そうとしていたのだとも言っていい。そして、それは、伝燈《でんとう》を守るだけではなく、生きた信仰を作り出すことでもあったのだろう。

伊藤真乗の仏教者としての姿勢に関しては、もうひとつ、実に興味深いエピソードが伝えられている。これは昭和二十年代初めのことらしいが、内弟子のひとりが真澄寺の扉を開けたところ、ひとり深い祈念のうちにあった真乗の身体が、宙に浮いているように見えたのだという。そのことを真乗に言うと、「そういうこともあるんだよ」と言って、いささかも問題にすることがなかったというのだから、面白い。現実に真乗の身体が、空中浮遊していたのかどうかはともかくとして、真乗がそのことを指摘されても、問題にしなかったということは、そうした現象が真乗にとって決して本質的なものではなかったことを物語っている。それは、ひとつの現象でしかなく、仏法の本質ではないということを、真乗は弟子に示したことになると言ってもいい。こうした真乗の姿勢は、鎌倉時代の明恵《みようえ》上人に通じるものがあるのではないだろうか。

明恵上人は、日本の仏教史において、異彩を放つ存在である。鎌倉時代は言うまでもなく、日本固有の鎌倉仏教が生まれた時代であり、それまでの真言宗、天台宗が天皇を始めとする貴族階級の帰依を受け、貴門のための宗派として発展してきた側面が強かったのに対して、庶民のために精神的な救いの道を説く、新たな宗門が次々と生まれた。このうち、栄西《えいさい》による臨済宗、道元《どうげん》による曹洞宗といった禅宗は、貴族にかわって政権を担うことになった武家の帰依を受けたが、法然《ほうねん》による浄土宗、親鸞《しんらん》による浄土真宗、一遍《いっぺん》による時宗、日蓮《にちれん》による日蓮宗といった宗門は、いずれも庶民の救済を意図する宗門だったと言えるだろう。

しかし、鎌倉時代とは、こうした新たな宗派が興っただけではなく、旧仏教からの反撃もあったことは忘れてはならない。その代表的な存在が、華厳宗《けごんしゅう》中興の祖と呼ばれる明恵上人である。

明恵は高雄山神護寺《たかおさんじんごじ》で密教を学び、東大寺で華厳宗を究《きわ》め、栄西について禅を学んだが、その間にも華厳への関心を高めて、建永元（一二〇六）年、後鳥羽上皇に栂尾《とがのお》山を賜《たまわ》り、高山寺《こうざんじ》の中興開山となった。高山寺という寺名も『華厳経』にちなむもので、中国の唐時代には天台大師、智顗《ちぎ》から始まった天台宗と法蔵《ほうぞう》が大成した華厳宗が壮麗な仏教の思想的体系を作り上げたが、前者が伝教大師、最澄によって日本に伝えられたのに対し、後者は法蔵の門下によって日本にもたらされた。華厳宗の日本における総本山は、奈良の大仏で名高い東大寺である。

明恵は、この華厳教学を背景に、法然を厳しく批判し、旧仏教の復興運動の先駆者となったのだった。

こうした面ばかりを強調すると、明恵は峻厳《しゅんげん》な教学の人というイメージを持つかも知れないが、彼は実践も重んじ、戒律を持することにも厳しく、公家のみならず、鎌倉幕府第三代執権《しっけん》、北条泰時《ほうじょうやすとき》の帰依も受けた高僧であったことも忘れてはならない。明恵は、釈尊を慕うあまり、インドへの渡航をはかったり、仏道に専念するために、自分の耳を切り落としたりしたことでも知られているが、彼もまた、密教的行者能力の持ち主であって、故郷の紀州に住んでいるときに、八十日以上も一滴の雨も降らない大旱魃《だいかんばつ》が続き、人々が嘆《なげ》き哀《かな》しんでいたとき、修法《しゅほう》を行じて三日間、雨を降らせたという伝承もある。そして、さらに、明恵の不思議は、そうした修法の結果として起こるだけではなかったことを『高山寺明恵上人行状』『栂尾《とがのお》明恵上人伝記』といった伝記的書物が伝えている。

あるとき、修法の最中に、明恵が「手洗い桶に虫が落ちたと思う。すぐに水から取り出して逃がしてやれ」と言うので、弟子が行ってみると、桶に蜂が落ちて死にかかっていたとか、坐禅の最中に「裏の竹藪で、小鳥が何ものかに蹴《け》られている。行って見てくるように」と言われて、行ってみると、鷹が雀を蹴っていたので追い払ったとか、あまりにも不思議なことが、たびたび起こるので、弟子たちは、自分たちの行いも上人は見透かしているのではないかと怖《おそ》れ、行いを慎《つつし》むようになったという。

こうしたことの結果、人々は、明恵上人を仏がこの世に化現《けげん》した「権者《ごんじゃ》」ではないかと噂するようになったのだが、それを弟子から聞いて、明恵は嘆き、次のように語ったという。明恵の仏教観を知るうえで重要なくだりなので、『栂尾明恵上人伝記』から、その部分を原文のまま引用する。

> あら拙《つたな》の者共《ものども》の云ひ事や。さればとよ、高弁（明恵）が如くに定《じょう》を好み、仏の教への如くに身を行じてみよかし。只今に、汝共《なんじども》も加様《かよう》の事は有《あ》らんずるぞ。我は加様に成らんと思ふ事は努々《ゆめゆめ》無けれども、法の如く行ずる事の年積《としつも》るまゝに、自然《じねん》と知れずして具足《ぐそく》せられたる也《なり》。是《これ》は伊美敷《いみじき》事にてあらず。汝《なんじ》どもが水の欲しければ水を汲みてのみ、火にあたりたければ火のそばへよるも同じ事也《なり》。

つまり、明恵上人は、仏の教えの通りに、修行を積み、坐禅を組んで禅定《ぜんじょう》を重ねるうちに自然とこうなっただけで、それは特別なことではなく、誰であっても修行を積めば、そうなるだけのことだと語っているわけである。しかも、密教的行者能力と言ってもいいその法力が、水が呑《の》みたければ水を汲み、火に当たりたければ火のそばに行くのと同じだとまで言っているのだから、明恵上人がどれだけ深く仏法のなかに住《じゅう》していたのかを、うかがわせるエピソードだと思う。

先に紹介した伊藤真乗の立場もまた、この明恵上人のそれに、きわめて近いものであると言うことが出来るように思う。

柴燈護摩奉修後の真乗（昭和24年10月6日）

ユング心理学者の河合隼雄《かわいはやお》は、臨床《りんしょう》心理学の立場から明恵に関心を持ち、その超自然的な体験に関して、きわめて興味深い意見を述べている。以下、それを簡単に要約してみよう。

西洋の近代に確立された認識とは、主体と客体、物質と精神をはっきりと区別し、自立した意識でもって、他を観察することによって作り上げられた自然科学の体系であり、その成果があまりに強力なものだったため、現代人は、そのような意識こそが、唯一、正しい意識であり、そのような意識によって把握できる現実だけが真実であると過信するようになった。これは仏陀の考えとは、まったく逆であって、仏陀に言わせると「一体感の世界に、錯倒《さくとう》した仕切りを立てる」ということになるだろうと河合氏は語っている。

自然科学をベースにした近代意識だけに頼ると、明恵の体験は、すべて「偶然」か、非現実的な「お話」ということになってしまうが、二十世紀には、こうした近代意識に対する反省が、フロイトの精神分析から始まり、人間の無意識が発見され、その重要性が指摘されるようになる。心理学者のユングは、この無意識を研究するうちに、フロイトが扱っていた個人的な無意識よりも、さらに深い層の無意識が存在していることに気づき、それを個人的無意識に対して、普遍的無意識と呼んだのだが、ユングは、研究の結果、この普遍的無意識については、東洋人のほうが西洋人よりもはるかによく知っており、たとえば仏教の経典などに、そのことが記されていることに気づくことになった。

西洋では、事象を自然科学にのっとって、原因と結果という因果的な関係でとらえることに関心があるのに対して、東洋では非因果的な事象に関係性を見出すことが多いことを、ユングは指摘しているという（河合隼雄『明恵 夢を生きる』）。このことは、宗教的な世界認識を理解するうえで、有効な手がかりとなる考え方が示されているように思われる。

ユングが普遍的無意識と呼ぶものが、仏教においては、宇宙の真理としても「ダルマ（法）」に相応すると考えるならば、そこに至ることが「悟り」であり、そこに至った者が、因果を超えて引き起こすことの出来る事象が、「霊験」なのだと言うことが出来るだろう。

仏典では、仏や菩薩は修行の結果として、「六神通《ろくじんずう》」と呼ばれる能力を身につけるとされている。その六つとは「神足通《じんそくつう》」（自由自在にあらゆる場所に赴《おもむ》くことができる能力）、「天眼通《てんげんつう》」（この世のすべてを見通し、衆生の未来を予知する能力）、「天耳通《てんにつう》」（世間のすべての声を聞くことができる能力）、「他心通」（他人の心のなかを知る能力）、「宿命通《しゅくみょうつう》」（自他の過去における状態を知る能力）、「漏尽通《ろじんつう》」（人間の苦しみの根源である煩悩を滅して、再び迷いの境涯には生まれることがない能力）なのだが、釈尊もまた、ブッダとなって、この六神通を身につけたとされている。

もちろん、ここまで行くと、あまりに超人的と言わざるをえないが、仏教であれ、キリスト教であれ、宗教というものは理性的な因果律にはおさまらない超常的現象の記録を必ず残しているものであって、キリスト教における「奇跡」などは、ことごとく、そうした現象の記録だと言っていい。

仏教はたしかに厖大《ぼうだい》な思想的体系を持っているが、教理だけを取り出して解釈しようとすると、それは哲学であって宗教ではなくなってしまうし、仏教に限らず、あらゆる宗教は戒律《かいりつ》を持っているが、そうした道徳的な部分だけを取り出すならば、それは倫理学であって、やはり宗教ではなくなってしまう。

伊藤真乗が立川不動尊教会に掲げた看板に関して、手記に残したメモを先に紹介したが、そこで真乗が「文化人と自負する人達は、表面で冷笑し、心は密《ひそ》かに求める――。そこに本当の宗教があると私は思ふのだ」と書きつけたことの意味は大きい。

宗教というものは、心的な領域に属するものであって、しかも、それは経験的な領域に属するものでもある。宗教という心的な領域で、不思議なことが起こったとすると、信仰を持つ人にとっては、それは当然のことであり、そうでない人にとっては、それは信じ難いことでしかない。そして、両者の認識は決して交差することがない。

しかし、真乗は、どんな人間であっても、心の奥底の無意識の領域では、仏を求める心があるのだと考えていたことになる。それは、ユングにならって言えば、人間ひとりひとりの個人的無意識は、さらに広大な普遍的無意識——仏教で言うところの仏の悟りの世界があることに、ひそかに気づいているからなのだと言えるのかも知れない。

5　戦時下の宗教

昭和十二（一九三七）年に、中国と戦争状態に突入して以来、日本は慢性的な戦争状態にあった。そして、昭和十六（一九四一）年には、日本はハワイ真珠湾の米軍基地を奇襲し、アメリカとイギリスに対して宣戦を布告、太平洋戦争が始まることになる。

昭和十五（一九四〇）年、日本はドイツ、イタリアと日独伊三国同盟を調印するが、次第に敗色は濃く、民間の物資も不足するようになっていく。この「十五年戦争」と呼ばれる短からぬ期間は、日本が国を挙げて戦時体制を作り上げ、国民の生活のすべてが統制下に置かれるようになった時代であり、そして、宗教も例外ではなかった。

とりわけ、昭和十（一九三五）年以降は、新興宗教に対する取り締まりが厳しくなっており、昭和十年十二月には、不敬罪・治安維持法違反容疑で、大本教《おおもときょう》の出口王仁三郎《でぐちおにさぶろう》ら幹部三十人が逮捕されたのに始まって、以降、教義の内容、修行内容までもが修正や変更を余儀なくされる教団が相次いだ。

真乗《しんじょう》と立川不動尊教会は、弘法大師、空海からの法流を汲む真言宗醍醐派《だいごは》の末寺であり、また、真乗自身、昭和十一（一九三六）年五月に醍醐寺で得度してから、研鑽《けんさん》を積み、昭和十四（一九三九）年には修験道《しゅげんどう》の奥義を修して、恵印灌頂《えいんかんじょう》を、さらには、昭和十八（一九四三）年には、真言密教の法流を継承し、金胎両部《こんたいりょうぶ》の伝法灌頂《でんぽうかんじょう》を修め、阿闍梨《あじゃり》となっているわけだから、新興宗教として取り締まられる危険はなかったことになるが、そうだとしても、当時は、あらゆる集会に特高警察が目を光らせている時代であり、宗教活動が思うように出来なかったことを、真乗自身が回想している。

この時代の立川不動尊教会の修行は、朝と夜に読経をし、月に三回、本尊、不動尊に護《ご》摩《ま》を修するという、真言密教に即したもので（『苑史回想』）、真乗は、それ以外にも信者の求めに応じて、加持祈禱《かじきとう》を修し、『病筮鈔《びょうぜいしょう》』で易占《えきせん》を立てたりしていたのだろう。

昭和十四（一九三九）年には、宗教団体法が公布され、あらゆる宗教活動が国家によって規制されるようになっていたが、昭和十六（一九四一）年には、この法令によって真言宗各派も統一されて合同真言宗となり、さらに敗戦の前年である昭和十九（一九四四）年の九月には、神道・仏教・キリスト教の計三十万の宗教家により、大日本戦時宗教報国会が結成されるに及んで、諸宗はすべて国家神道の下に統括されるとともに宗教活動といえば「武運長久」とか「戦勝祈願」といった祈念以外は許されないような状況に陥っていた時代であった。

このころの、真乗の姿を伝える珍しいエッセイがある。真乗が立川不動尊教会を設立した立川町中之原は現在の立川市柴崎町になるが、柴崎町の町内会長をつとめ、そのあたりの変遷を見守ってきた立川治雄《たちかわはるお》の『しばさきあちこち　大正・昭和初期の立川』（けやき出版）の一節である（八四頁）。信者ではない人の回想だけに、貴重な証言と言えるだろう。

伊藤さんは南幸町に仮堂を設けて、仏教の道に入られた筈で、当時は「お不動様」と一般には呼ばれていたように思います。後に諏訪神社馬場の西側の畑地に仕舞屋《しもたや》風の小さなお堂を持ったようでした。現在ご自作のお釈迦様の涅槃像が安置されているお堂の処あたりではないでしょうか。（中略）

太平洋戦争の末期に近い頃は、「出口」は町会名は「諏訪会」で、伊藤さんも私も町会の役員をしておりました。

文中、「出口」という言葉が出てくるが、これは現在の柴崎一丁目（旧諏訪町）あたりを古くから、そう呼んだものらしい。著者は、その由来を「鎌倉幕府時代から鎌倉街道の各部落の入口か出口には寺院か神社があったそうで、たまたま諏訪神社の周辺が出口だったということで『出口』となったのかも知れません」と推測しているが、面白い地名であると思う。ともあれ、昭和十五（一九四〇）年に結成された国民の統制組織である大政翼《たいせいよく》賛会《さんかい》によって、町内会に至るまでもが統制されていたような時局である。真乗が仏教者としての活動が思うにまかせなかったことを述懐《じゅっかい》しているのも無理からぬことだったのだろう。この時期、真乗は町内会の役員をしていたようだが、それも知られざるエピソードなのではないだろうか。昭和十九（一九四四）年の十一月二十四日、米軍のB29が、東京を初めて本格的に空襲、それ以降、日本の各都市を襲うようになる。日本軍はすでに本土の制空権を失っていたわけであり、立川も飛行場があったため、しばしば空襲に襲われることになった。

真乗と友司の生活は、いまだに豊かなものではなかったが、当時は深まる敗色のなか、あらゆる物資が窮乏し、国民すべてが貧しくなっていった時代であり、とりわけ、都市部では、その傾向が著しかった。真乗と友司《ともじ》の間には、昭和十五（一九四〇）年七月三日に次女・孜子《あつこ》、そして、伊藤文明《いとうふみあき》を伊藤真乗と改名した昭和十七（一九四二）年四月二十五日に三女・真砂子《まさこ》、その翌年、十月五日に四女・志づ子《しづこ》が生まれ、長女・映子《てるこ》、次男・友一《ゆういち》と合わせて、このころ、五人の子供を抱えていた。敗戦の年、昭和二十（一九四五）年の時点で、長女・映子が十二歳、友一は八歳、孜子が五歳、真砂子は三歳、末子の志づ子は、まだ二歳である。この年の四月、友司は子供たちを連れて、山梨に疎開した。

戦局は、すでに打開策が見い出せない状態に陥っていた。あらゆる物資や施設が、軍需用、そして軍需品の生産に回され、食糧生産も低下、物流も途絶え、国民の大部分が栄養失調に近い食糧難になっていたのである。この状態は、戦時中のみならず、戦後、さらに悪化し、食糧はすべて配給制となったが、配給だけでは、決して足りるものではなかった。人々は闇市で非合法の物資を手に入れなければ生き永らえることが出来ない有様で、かたくなに法律を守り、配給の食糧だけで生活しようとした検事が餓死して、ニュースになったほどなのだから。それが、昭和二十年前後の日本の状況だったのである。

空襲で焼け出され、家もなければ、食べるものもないという状態に突き落とされた人々も少なくはなかった。そして、食糧難を始めとする混乱は、都市部のほうがひどく、農村部は空襲がなかったうえに、食糧生産が可能であったため、都市部の住民の多くが、農村部に疎開することになった。ひと握りの米、一本のさつま芋が、とてつもなく貴重な時代だった。

このような状況下では、宗教活動もままならないのが当然である。真乗は、ときおり家族の疎開先に出かけては、持ち帰った貴重な食糧を信者に分け与え、さらには、戦後の食糧難の時代には、真澄寺《しんちょうじ》と改称することになる不動尊教会脇の空き地を開墾して、さつま芋やカボチャを植え、収穫したさつま芋は穴を掘って貯え、カボチャは庭に積んで、食糧のない信者に分け与えていたという。時代によっては、あるいは宗教的活動というものは、このような形を取ることがあるのかも知れない。

真乗は徴兵され、兵士として出征していく若い信者たちに「み仏に与えられた〝生命〟は大切にしなければならない。絶対に生きて帰るんだ」と徹底して語り続けたという（『苑史回想』）。当時の花形産業であった飛行機のエンジニアを辞めてまで、真乗が仏道を志したことを思えば、人間の生命をないがしろにする戦争というものは彼にとって憂慮《ゆうりょ》すべきものであったに違いない。こうした時代のなかにあって、真乗は、何を思い、何を考えていたのだろうか。

手記に残された真乗の言葉から推測するに、この時期、真乗はふたつの大きな問題に直面していたようだ。

ひとつは、信徒をどのように導いていくかという問題である。なるほど、立川不動尊教会の信者は次第に増加してはいた。しかし、その多くは、病気なり何なりの悩みを抱え、それを解消してもらいたいという思いに駆られた人たちである。真乗が仏教者として立った昭和十一（一九三六）年に、手記に「それにしても此《こ》の所あまりにも病人が多すぎる。求めて来る者は皆《みな》病人だけだった。結核、肺炎、全身リュウマチ、小児疫痢《しょうにえきり》」と書いていたことを思い出しておこう。しかし、「信心とは人間勝手な願ひごとを神仏に強要するものではない」と真乗は、昭和十四（一九三九）年三月、手記に書きつけている。かりに真言密教の修法《しゅほう》の結果、病の苦しみが和《やわ》らいだり、あるいは治ったとしても、それは、あくまでも、信徒が仏を求め、仏道を歩む菩提心《ぼだいしん》をうながし、向上させるためなのであって、病の平癒を願うだけでは、たんなる御利益信仰にすぎない。さらには、加持祈禱によって病気が治るといった現象的な面ばかりに気を取られると、仏道以前の原始的なシャーマン信仰に陥りかねない。

しかも、時局がら、祈念も修法も「戦勝祈願」一色になり、宗教的活動のいっさいが、国家によって統制されているような時代である。信者に、仏法を伝え、本当の信仰に導くのは、至難のことだった。

もうひとつの問題は、日本の宗門に関わることである。明治三（一八七〇）年、明治政府は、それまで長い歴史のなかで習合《しゅうごう》し、一体化したものとなっていた神道と仏教を分離させ、天皇を中心とした王政復古、祭政一致の政治的理念を実現する「大教宣布の詔《みことのり》」を発布して、神道の国教化を推し進めた。これが国家神道と呼ばれるものであるが、昭和十四（一九三九）年に宗教団体法が公布され、あらゆる宗教活動が国によって統制されるようになると、仏教はさらに神道に圧迫されるようになっていく。宗教団体法によって、事実上、日本における宗派は、仏教であれ、キリスト教であれ、すべて国家神道に統一され、政府の指示によって「皇軍武運長久」といった類の法要しか、執《と》り行うことが出来なくなっていたのである。

真乗は、終生、祖山、醍醐寺への恩義を忘れることはなかったし、師、佐伯恵眼《さえきえげん》大僧正を、手記でも「大恩師」と呼び、敬愛の念を抱きつづけたが、一方で、国家神道に屈するしかない仏教界のあり方には疑問を感じざるをえなかったようだ。昭和十六（一九四一）年九月二十一日の手記に、真乗は「寺格所有者は、我々の教会のやうな末端から吸ひ上げておいて、儀式や法要のみに終始しているから国家神道に圧力を掛けられるのではないだらうか」と、当時の仏教界と僧侶に対する慷慨《こうがい》を洩らしている。

そして、それ以上に問題なのは、国家による統制のなかで、仏教界自体が進むべき道を見失い、庶民に対する影響力を失いつつあったことだろう。そのことに対する真乗の思いが、昭和十五（一九四〇）年五月十九日の手記に残されている。

真言の密教は確かに最秘の教へである。然《しか》しむづかしい言葉のみを羅列して此《こ》の非常時局に於《おい》て、民衆が――成《な》る程《ほど》――と納得して呉《く》れるだらうか。理論や理屈が決して民衆を救うものではない――。

仏陀の御誓願から言ったなら、衆生無辺誓願度《しゅじょうむへんせいがんど》である。民衆は理論に対しては空理空論と見る。

「衆生無辺誓願度」とは、仏の四つの広大な誓いである「四弘誓願《しぐぜいがん》」のひとつで、「限りなく存在する一切の生きものを救おうとする誓い」のことを意味している。あくまでも、教理と一体となった修行と修法の実践によって、ひとりでも多くの人を仏道へと導き、救済したいと考えていた真乗にとって、当時の仏教界が置かれた状況は、決して理想的なものではなかった。それは、大乗仏教以前のアビダルマ仏教が、高度な論議に終始し、大衆から乖離《かいり》していった紀元前一世紀ころのインドや、あるいは大乗仏教が、中観《ちゅうがん》派《は》と唯識派に分かれて、自らの正統性を論証するためにサロン的な思弁に傾いていった六世紀ころのインドと似た状態であったかも知れない。

真乗は、ここまで語ってきたようなふたつの問題に直面し、自分の進むべき道を模索していたのではないかと思われる。このふたつの問題は、ともに、自分が信じる仏道をどのようにして貫き、歩んでいくかという問題であるわけだが、それに対して、真乗はひとつの答えを出すことになる。

昭和二十（一九四五）年八月十五日、日本は連合軍に無条件降伏し、太平洋戦争は終結、同年、十二月二十八日、信教の自由を保障する宗教法人令が公布された。これにともなって、戦前の宗教団体法により、各派が合同していた合同真言宗は解体し、真乗の祖山、醍醐寺も真言宗醍醐派として別派独立し、再び総本山となった。しかし、このとき、真乗の立川不動尊教会は、真言宗醍醐派にはあえて戻らず、その二年後、昭和二十三（一九四八）年一月二十三日、真乗は立川不動尊教会を真澄寺と改称し、新たに教団を設立する。これが真如苑《しんにょえん》の前身となる、まこと教団だった。

それは、真乗、四十二歳のときのことになるが、おそらく、彼は、かつて会社を辞めて宗教者として立ったときと同じように、宗門から離れることで、自分自身の仏教というものを、よりつきつめようとしたのかも知れない。そして、それは、信徒をどのようにして仏道へと導いていくのかという、真乗が直面していた問題に、答えを出すためのものでもあった。

V　法燈《ほうとう》

1　接心《せっしん》

伊藤真乗《いとうしんじょう》が醍醐寺《だいごじ》第九十六世座主《ざす》、佐伯恵眼《さえきえげん》大僧正の直弟子であり、佐伯恵眼師に従って、修験道《しゅげんどう》の法流と真言密教の法流をともに究め、恵印灌頂《えいんかんじょう》と金胎両部《こんたいりょうぶ》の伝法灌頂《でんぽうかんじょう》を相承したことは、先に語ったが、伝法灌頂を受けるということは、阿闍梨《あじゃり》になるということであり、それは真乗が師として、弟子に灌頂を授けることが出来るということを意味している。つまり、真乗は真言密教の法燈を、研鑽《けんさん》を積んだ弟子に相承することが出来る資格を得たわけであるから、あえて醍醐寺の庇護を離れて、真澄寺《しんちょうじ》という小寺院に拠り、新たな教団を設立したのは、あらゆるとらわれを捨てて、密教の法燈を掲げていきたいという思いのあらわれであったのかも知れない。

しかし、真言宗醍醐派から独立したといっても、それだけで修行や修法《しゅほう》の内容が一変したわけではなかった。終戦の翌年に当たる昭和二十一（一九四六）年、それは新教団設立の二年前になるわけだが、真乗は、戦前の立川不動尊教会の機関誌だった『不動』にかわって、機関誌『月輪《げつりん》』を創刊している。この誌名は、真言密教における基本的な修行である「月輪観《がちりんかん》」に由来するものであり、これは、満月を自己の心の象徴として胸中に思い描き、その観想を通じて、本来、心というものが清浄、円満なものであることを体得するという観法である。『月輪』創刊号に、真乗は「月輪を見出す」というタイトルで、この「月輪観」を紹介し、興教《こうぎょう》大師、覚鑁《かくばん》の次のような言葉を引用している。

月の清浄なる如く、自心も無垢なり。
月の円満なる如く、自心も闕《か》くる事なし。
月の潔白なる如く自身も白法なり。

この覚鑁の言葉は、「月輪観」によって体得すべき諸相を簡潔に言語化したものだと言えるだろう。戦後の混乱のなかでの真乗の再出発が、密教の基本的な観法である「月輪観」から始まったということは、象徴的なことかも知れない。このことは、真乗がまこと教団の基礎行として位置づけた根本的な修行法と深い関わりを持つことになるのだから。
新たに設立されたと言っても、まこと教団は、戦前の不動尊教会から続いているわけだから、本尊は運慶《うんけい》作と伝えられる不動明王であるのは言うまでもない。教団設立の昭和二十三（一九四八）年四月に『月輪』特別号として、「教徒勤行編《ごんぎょう》」が刊行されているが、その内容は、仏・法・僧、仏教における「三宝《さんぼう》」への帰依を誓願するパーリ語と並記した三帰依文《さんきえもん》から始まって、『妙法蓮華経』観世音菩薩普門品《かんぜおんぼさつふもんぼん》、『仏説聖不動経』『仏説摩訶《まか》般若波羅蜜多心経』、そして真言《マントラ》といった構成になっており、密教における主尊、大日如来の化身である不動明王を本尊とする密教寺院としての性格は、とくに変化したわけではなかったようだ。まこと教団におけるこうした傾向は、昭和二十年代を通じて続いており、「教徒勤行編」の翌年に『月輪』第十一号に掲載された「まこと教団規則」を見ても、教団における僧侶は「一、得度　二、加行《けぎょう》　三、受戒　四、伝法灌頂　五、法流稟承《ひんしょう》」の順で相承するものと定められており、僧侶の位階も、大僧正から権律師《ごんりっし》に至る、真言宗とまったく同じ十五の等級を決めているところから、出家を基本として、信徒《しんと》が集まる信徒寺《でら》としての性格を持っていたことが分かる。

つまり、まこと教団の時代には、真言宗醍醐派からは自然離脱したものの、真言密教の不動尊信仰を基本とする寺院という、戦前からの性格は、まったく変わっていないわけであって、これだけであれば、真乗が宗門を離れてまで新たに教団を設立することになった意図は見えがたいものにならざるをえない。

真乗は、戦時中、信徒をどのようにして仏法に導くか、苦心したことを述懐しているが、御利益信仰とも素朴なシャーマン信仰とも一線を画した、仏徒としての菩提向上のための信仰には、自身の心を見つめていく、それこそ「月輪観」のような修行が必要なことになる。しかし、出家修行者なら基礎的な観法である「月輪観」といった種類の修行は、社会生活を営み、俗事に煩《わずら》わされることが多い一般の信徒に要求するわけにはいかないのも明らかである。

仏教の基本となる修行のひとつに「禅定《ぜんじょう》」があるが、これは心を静めて集中し、瞑想によって知恵に到達するための行であって、「三昧《さんまい》」や「瑜伽《ゆが》」も、ほぼ同じ意味を持っている。禅はもともとは、サンスクリットの「ディヤーナ」の音写で、音とその意味を合わせて禅定と称されるようになったものだが、「瑜伽」は、サンスクリット語の「ヨーガ」の音写で、この修行法は、仏教のみならず、広くインド宗教における修行法として、釈尊以前から行われていたものである。

今日だと、禅定といえば禅宗における坐禅を連想する人が多いだろうし、「ヨーガ」というとインドに生まれた美容体操と思う人も少なくないかも知れないが、両者は、その発生においては同じものであり、瞑想を深め、心を静めて、ある対象に集中する行を意味している。釈尊がブッダガヤーの菩提樹の下で悟りを開いたのも、禅定によるものだったし、大乗仏教のアサンガ（無著《むじゃく》）とヴァスバンドゥ（世親《せしん》）から始まる唯識派も、この行を重視したため瑜伽行派とも呼ばれた。

禅宗では、とりわけ、この行を重んじるが、これは禅門に限った修行法ではなく、仏教におけるもっとも重要な行法のひとつなのである。たとえば、密教においては、手に印契《いんげい》を結び、口に真言《マントラ》を唱え、心に種字《しゅじ》を観相するという身《しん》・口《く》・意《い》の三密によって、本尊と深く感応し、一体となるわけだが、この「入我我入観《にゅうががにゅうかん》」も、やはり瞑想を基本とする密教的な禅定と言えるだろう。

しかし、こうした修行は、あくまでも出家修行者だけがよくなしうるものであって、信徒が加行できるものではない。だが、もし、禅定と同じような状態に信徒を導くことが出来たら、そのときには御利益信仰とも、シャーマン信仰とも違った本当の仏法への道が開けることになる。自分自身の心を深く見つめ直すことで、本来は清浄である心を知り、その曇りを知って拭《ぬぐ》っていくことが出来れば、俗世の社会生活もまた自《おの》ずと仏道の修行と化すことになるだろう。真乗が創案したのは、そのような修行法であって、まこと教団の基礎行として位置づけられたその修行は、後に「接心《せっしん》」と呼ばれ、真如苑《しんにょえん》を特徴づけるものとなっていく。したがって、本書では、この修行を接心と呼ぶことにする。

「接心」とは「摂心」とも書き、心を摂《おさ》めて乱さないことを意味しているが、禅宗の寺院では、他の行事をいっさい止めて、一定期間、ひたすら坐禅修行をする摂心会《せっしんえ》のことを言う言葉である。

真乗は、真言密教を修したわけだが、他宗の祖師を始めとする仏道の先達にも深い敬意を抱いていた。まこと教団が設立された昭和二十三（一九四八）年九月刊行の『月輪』第六号において、真乗は「法幢《ほうとう》」という文章を寄せているのだが、曹洞宗の開祖、道元《どうげん》禅師に触れて、自身の教理が道元のそれと通じるものであることを語っている。

道元禅師は宝慶記《ほうきょうき》に、堂頭和尚示して曰く「身心脱落《しんじんだつらく》とは坐禅なり、祇管《しかん》に坐禅するとき五欲を離れ五蓋を除くなり」と煩悩のない状態が身心脱落で、坐禅の姿であると云ふが、五欲は、金銭、性欲、飲食、名利、睡眠を貪《むさぼ》ることであり、五蓋《ごがい》は、欲張り、腹立て、及ばぬ事を悔やんだり、疑念を抱いたり、眠がったりすることである。だから煩悩のない姿が身心脱落で、まこと常行の姿が禅の精神に通ずるものである。所謂《いわゆる》お祈《いのりぎょう》行と称するまこと基礎行は全く坐禅の姿であって、祇管（只管）み仏の御慈悲を観じて、身心脱落の境を練るのである。

この文章は、まこと教団における接心の本質を考えるうえで、きわめて興味深いものを孕《はら》んでいるように思われる。文中の「まこと基礎行」とは接心修行のことだが、「お祈行」と呼ばれていたらしい。その言葉が示す通り、接心とは祈りの行にほかならないわけだが、その有相《うそう》の行を、日々の社会的生活に生かしていく無相の行を、真乗は「まこと常行」と呼んでいる。有相とは形や姿を有する現象世界のことで、無相とは、現象世界を超えた仏教的な真理の世界を意味している。そして、まこと教団における有相の行は、禅における坐禅と同様のものであり、無相の行は禅の精神に通じるものであると真乗は語っているわけである。

十三世紀に生きた道元禅師は、宋に渡って、天童山《てんどうさん》の如浄《にょじょう》に師事して大悟し、帰朝して曹洞宗を開いた日本仏教史の巨人であるが、「只管打坐《しかんたざ》」、つまり「ただ坐ること」という坐禅によって、「身心脱落」という、自己を形成する身体と意識を脱落させたところに悟りの世界があることを説いた。この教えは、道元が、師・如浄から伝えられたものであるが、如浄の語録では「身心脱落」は「心塵脱落」となっており、これだと、心の塵《ちり》を払《はら》うことであるわけだから、意味はよりわかりやすいものになる。しかし、道元は、聞き間違えたのか、あるいは意図的にか、それを「身心脱落」とした。こうなると、心の塵を払うのではなく、心も身体も放下《ほうげ》するということになるわけだから、より深い意味を持つことになる。

まさに、そうした道元禅師が語ったような心的状態を修するものとして、真乗は、自らが創案した接心修行を考えていたことになる。真乗の父、文二郎《ぶんじろう》は檀家総代《だんかそうだい》をつとめるほど、熱心な曹洞宗の信徒であったが、そのこともあって、真乗にとって、道元禅師は敬愛を覚える存在であったのかも知れない。真言密教と禅宗という縁遠い宗派のなかに、本質的に相通じるものを見出すという真乗の姿勢は、彼が最終的に新たな密教の法流を完成させる理由となったところのものではないかと思われるが、そのことは、後の章で語ることにしよう。

ここまで語ってきたことから分かるように、真乗の接心とは、ふつうに社会生活を営む在家の一般信徒に禅定の修行を可能にするものであったと言えるだろう。しかし、それは、どのような方法によって、可能になるのだろうか。真乗が、道元禅師の思想と接心修行の共通性を語る「法幢」を寄稿した『月輪』第六号には、「まこと修行要諦」が掲載されており、接心修行の要諦《ようたい》が語られている。それによると、まこと教団における接心とは「自己の主観を、客観において眺める」ものであり、「自己の魂を、ミーディアム（medium）の鏡に映してみると、自己の主観を、明瞭に客観視することができる」という修行であるという。「ミーディアム（medium）」とは、ラテン語の medius（「中間の」を意味する）を語源とする英語で、「中間、中庸」「媒介物、媒体」といった意味を持ち、「巫女《みこ》、霊媒」といった霊的な世界と現象的な世界をつなぐ宗教的仲介者も意味する。つまり、真乗は、そうした媒介者を通して、一般の信者も深い禅定が可能となる修行を考案したことになると言えるだろうか。

密教においては、本尊と深く感応して、本尊と修法者が一体となることを「入我我入」というが、つまりは、そうした「入我我入」の状態にある媒介者が信者ひとりひとりに対して、相手の鏡となり、自己という主観を客観的に見つめるという修行法が、まこと教団における接心なわけで、それは、本来は出家修行者が修行を深めていく過程を経て、ようやく可能になる禅定を、仏の加被《かび》によって実現するということに、ほかならない。その意味では、真乗の考えた接心とは、密教における加持祈禱《かじきとう》の「仏―行者―信者」の関係と構造を、修行に応用したものであり、密教的禅定ということが出来るだろう。

しかし、この場合、問題となるのは、その密教的禅定には、「入我我入」できる媒介者が必要となるということで、当然のことながら、媒介者となるには、密教的行者能力が必要となる。そして、まこと教団で、それを具現しているのは、真乗と妻、友司《ともじ》の二人しかいなかった。二人だけでは信徒ひとりひとりの密教的禅定である接心に対応することは、とても出来ない。後に「昭和の仏師」と呼ばれ、「芸術家教主」と称されることもあった真乗は、宗教的な三昧境が、芸術的なそれと通底していることを語っているが（『一如の道』）、そうした見地から、まこと教団設立の前年に当たる昭和二十二（一九四七）年六月二十二日、東京神田の共立講堂で、演奏会をプログラムに含む「菩提祭」を執《と》り行った。戦後とはいえ、いまだ食糧難が続き、世相も混沌としていた時期だけに、このときの音楽は聴衆の心に沁《し》み渡るようなものではなかったかと思うが、この菩提祭の参加者は四千五百人に及んでいたのである。このなかには一般の聴衆も含まれてはいるが、真乗の信者が増え続けていたことが分かる。

しかし、この密教的行者能力を具現できる媒介者が足りないという問題は、思いがけない解決を見ることになる。真乗のもとには太平洋戦争の末期から、内弟子も集い始めていた。そうした熱心な修行者のうちから、「入我我入」の状態に入って、接心という密教的禅定の媒介者となることができる信徒が生まれ始めたのである。彼らも接心という修行においては入我我入し、密教的行者能力を具現できるわけだが、真乗のように密教の修法を始めとする全体にわたって、その能力を持つわけではないので、本書では、彼らを「密教的媒介者」と呼ぶことにしたい。真乗は、前出の「ミーディアム」という言葉を、しばしば用いているが、そこには、既成の仏教ではなく、現代に応じた新たな教学と修行を作っていくために、あえて仏教用語を避けたというところがあるのだろう。

しかも、接心という修行は、出家修行者ではない一般の信者が、御利益信仰やシャーマン信仰を離れて、正しく仏とその悟りの世界を求めていくために考えられたものであることも、きわめて重要だろう。『月輪』に掲載された「まこと修行要諦」の最後の一節が、そのことをよく物語っている。

まこと修行は、基礎行と常行、とを区別して居るうちは真のまこと修行とは云《い》はれない。道場は即社会、社会は即自己を磨いて呉《く》れる道場である。

つまり、有相の行である接心は、それで終わりになるのではなく、日々の社会的な生活のなかでの俗事と見なされることまで、仏法の修行とする無相の常行と一体のものとなることによって、真の修行となるわけであり、そうすることによって、修行の場である真澄寺の道場も、家庭や学校、会社といった社会も、まったく同じ仏道の修行の場所になると真乗は考えた。真乗は、後に、接心修行について、「接心とは、字のように、み仏の大慈しみに自らの心を接しさせるものであって、そこから広大無辺のお慈悲の中に、自らが活かされているということを知ることができる」（『一如の道』）と語っているが、法身仏《ほっしんぶつ》である大日如来が、宇宙の真理である「ダルマ（法）」そのものであるとともに、世界の森羅万象のうちにも顕現しているとされることを考えるならば、接心という修行は、自ら求めるのであれば、ふつうの社会生活を営みながらも、出家修行者と同じように、生活のすべてを修行として生き、菩提を向上させることが出来ることになる。

覚鑁の言葉にあるように、本来、清浄である自己の心を見つめるという密教的禅定としての接心は、その意味では、ひと握りの出家修行者ばかりではなく、あらゆる人々を悟りと救いに導いていく可能性があることになると言えるだろう。

戦後まもなく、まこと教団設立前後の出来事を整理すると、次のようになる。昭和二十一（一九四六）年二月、合同真言宗解体、立川不動尊教会は真言宗から独立。同年、十一月、真乗と友司以外の初めての密教的媒介者が誕生。その二日後から初の接心修行となるまこと基礎行を執行。昭和二十二年六月、菩提祭執行、信徒を中心に四千五百名が参座。

昭和二十三年一月、立川不動尊教会を真澄寺《しんちょうじ》と改称、まこと教団設立。そして、この年は、真澄寺が落慶してから、ちょうど十年目に当たった。

こうして、年度別に見ていくと、接心修行の確立が、真乗に新教団の設立をうながしたのではないかと思われる。そして、戦時中、真乗が直面していたであろうふたつの問題、信徒をどのように導くのかという問題と、宗門のなかでどのような宗教活動が可能なのかという問題は、ここに至って答えが出たことになるわけだが、接心という修行法の確立と新教団の設立という出来事の持つ意味は、そこに留まるものではなかった。

まこと教団は、真澄寺を本部とし、出家修行者である僧侶が信徒に仏法を語り、修法《しゅほう》を修するという伝統的なスタイルの密教寺院であったが、接心という修行の確立は、出家や在家を超えて、悟りを目指す修行の道を開くことになる。このことが、後に出家を基盤とする在家の仏教教団としての真如苑が生まれる起因となったと考えるのは、あながち、間違いとは言えないだろう。

2　真乗《しんじょう》の少年時代

初めて接心《せっしん》修行が、「まこと基礎行」として行われたのは、昭和二十一（一九四六）年十一月六日から十二月七日のこと。当時は、当然のようにストーブなどはない時代である。

真澄寺《しんちょうじ》でも暖を取るためには火鉢が置かれていただけで、寒気はかなり厳しいものだったという。とりわけ、夜になると冷え込みは厳しかった。そんななかでも、真乗と友司《ともじ》は汗だくになりながら、信徒ひとりひとりの祈りを導いていたことを、当時の信徒が回想しているが、新たな修行を確立したといっても、その方法自体は、いまだに手さぐりの状態だったのだろう（『苑史回想』）。

そのため、修行が深夜零時を回り、午前一時、ときには午前四時に及ぶこともあったらしい。あるときに、修行の時間が深夜に及んだとき、友司が「明日は皆《みな》さん、お勤《つと》めもありますから、きょうはこの辺で止めましょう」と声をかけたことがあった。そのとき、真乗は、「僕は法の安売りはしない！」と、厳しく叱ったという逸話が伝えられている。ふだんは誰に対しても優しい父親のようであったと多くの人が語っている真乗だが、こと仏法と、その修行に関わることとなると、真乗の一途《いちず》さは峻烈《しゅんれつ》を極めた。しかも、真乗と友司は、信徒が帰ってから、さらに二人で祈念を深め、ろくに睡眠時間も取らず、翌朝は翌朝で、朝の勤行《ごんぎょう》に臨んでいたというのだから、宗教家としての真乗と友司の熱意は、尋常《じんじょう》ならざるものだったとしか言いようがない。

二人が信徒と接心修行に取り組んでいる間は、子供たちの面倒を見る人はほとんどいないことになる。まだ幼かった子供たちは待ちくたびれて、そのうち寝てしまうのだが、その様子はまるで人形をいくつか転がしたかのようで、微笑ましいものだったらしい。

このころ、日本は徹底的な食糧不足に陥り、配給だけでは生活できないために、都市部の住民は農村に買い出しに出かけ、さらに非合法の闇市で食糧を入手したりして、何とか食いつないでいた時代であり、ほとんどの人が食糧を手に入れるために奔走していたような時代だった。そうしたなかで、ひたすら仏道の修行に打ち込んでいた真乗と信徒の人々の姿は、伝え聞くだけでも、鬼気迫るものがあるように思われる。そして、誰もが飢えているような時代相のなかで、信徒が、それでも仏を求め、自らを接心修行によって磨こうと固い決意でもって行に臨んだのは、彼らがそれだけ深く、真乗を信頼していたからなのだろうが、宗教、とりわけ仏教という世界においては、よき師と出会うことができるかどうかが道を決めてしまうようなところがある。真乗が、本尊、不動明王を迎えたあとで、真言密教を修行するには明師《めいし》(よき師)に出会わなければならないと語っていたことを思い出しておこう。真乗自身は、真言密教の行者、浦野法海《うらのほうかい》師の導きによって、醍醐《だいご》寺の佐伯恵眼《さえきえげん》大僧正という明師と出会い、佐伯師のもとで修行を重ねたわけだが、今や、真乗は、明師として出家者も在家の信者も、ともに導いていかなければならない立場にあった。

おそらく、航空機のエンジニアとして、何ひとつ不自由のない暮らしをしていたとき、真乗は、こうした自分の将来を予測したことはなかっただろう。

そのことを考えると、人間の一生というものは予測できないものであることに改めて想いを馳《は》せざるをえないが、真乗がひとりの仏教者、しかも革新的な仏教者として立つこと

長坂より望む郷里の山々の風景（真乗撮影）

になった背景には、やはり、幼少期から培《つちか》われた宗教的な素養や精神的な骨格といったものがあったのではないだろうか。ここでは、幼少期の真乗のことを少し追ってみたい。

　真乗は、明治三十九（一九〇六）年三月二十八日、山梨県北巨摩《こま》郡秋田村（現北杜《ほくと》市長坂町）に生まれた。伊藤家は旧家で、代々の当主は漢学の造詣《ぞうけい》が深く、当主は、「文之《ぶんの》丞《じょう》」という名を襲名してきたと伝えられている。真乗の出家前の名前である「文明」も、やはり「文」という文字が入っているのは、ここに由来している。

　ともあれ、真乗の父、文二郎《ぶんじろう》、兄、文重《ふみしげ》は、中世から近世を通して、近隣の人々の信仰を集めてきた仁平元（一一五一）年に開創された曹洞宗の古刹《こさつ》、清光寺《せいこうじ》の檀家総代《だんかそうだい》をつとめていることからも、伊藤家が旧家であり、土地の有力者であったことは推測できるが、古老の証言でも、伊藤家は裕福で蔵を持つ家だったという。

その伊藤家に真乗は次男として生まれた。兄と姉がおり、真乗のあとに弟ふたりと妹ふたりが生まれているので七人兄弟の第三子ということになる。後年になってから、真乗自身は自分が生まれたときのことを、次のように語っている。

始祖の誕生したときには、五色の雲が棚引《たなび》いたとか、蓮華の花が開いたとか、いろいろ不思議な現象が現れたことを耳にします。ところが、私にはそういう素晴らしい奇蹟などありません。でも強いて言うなら、生まれると同時に凍え死んだらしいのです。

生まれたと同時に凍え死んだとは尋常ではないが、母、よしえは第三子であるにもかかわらず、陣痛に苦しみ、出産を終えると身動きも出来ない状態に陥《おちい》ったため、祖母と産婆がよしえの手当てに気を取られている間、生まれたばかりの赤ん坊は、あろうことか放って置かれたのである。ようやく、よしえが気を取り直したときには、赤ん坊は産声をあげることもなく凍えていた。八ヶ岳山麓にあたる秋田村は風の強い地域で、その日も「八ヶ岳おろし」と呼ばれる北西の季節風が吹きつけていた。気温は、零度前後であったらしい。

産婦の手当てにどのていどの時間がかかったのかは分からないが、生まれたばかりの赤ちゃんが放置されたなら、凍えてしまうのも無理はない。しかも産声もあげていないのだから、凍死したと思われたのも当然だったろう。産婆は、あわてて赤ちゃんを産湯につけた。体をさすっているうちに、赤ん坊はようやく泣き出したのだという。この赤ん坊が、のちの真乗である。真乗は、この話を「お湯に入れたら、凍ったのが溶けたんじゃないのかな。それで泣き出したらしいんだ」とも語っているが、彼は、あたかも仮死状態をくぐりぬけるようにして、この世に生を享《う》けたのだった。

真乗は、親に「文明《ふみあき》」と名づけられる。したがって、ここでは子供時代から出家前までの真乗のことを再び文明と呼ぶことにしたい。

文明の生誕のときの様子は以上のようなものだったらしいが、文明はそれから無事に両親の元で育てられたわけではない。このとき、父、文二郎は四十一歳、いわゆる「本厄」で、秋田村のあたりでは、親の厄年に生まれた子供は厄《やく》を負っているとされ、いったん路地に捨て、近所の人に拾ってもらって、再び実家に戻すという風習があった。これを「拾い子習俗」というが、文明は前もって打合せをしていた他家に拾われ、一週間をその家で過ごしてから、八日目に実家に戻されたのだという。

こうした話は、実に興味深い。真乗本人は自分の出生に関して特別なものを感じていなかったようだが、文明はその出生に当たって、仮死状態を経て二度生まれ、いったん捨てられてから拾われたことになる。ここから連想されるのは、修験道の開祖、役行者《えんのぎょうじゃ》（役《えんの》小角《おづぬ》、神変《じんぺん》大菩薩）の出生にまつわる伝承である。

伝説によると役小角は、手に一枝の花を握って生まれ、その泣き声は「人々を救うために天から遣《つか》わされた」と聞こえたという。母親はこの赤子を無気味に思い、林に捨てたが、雨にも露にも濡れず、鳥獣が見守って、何日たっても元気だったので、ついに家に連れ帰って育てたというのが、役行者の出生伝説である。

役行者から少し遅れて生まれた奈良時代の行基《ぎょうき》は、社会事業と民間伝道に積極的に取り組み、「生き菩薩」と呼ばれた高僧だが、彼の出生にも異常出産と遺棄の伝説が伝えられている。一度、捨てて、再び拾われるということは、死と再生の疑似的なメタファーになっているわけで、聖人《しょうにん》の出生には、普通ではない出産と遺棄が伝えられる例が少なくない。

奇《く》しくも、文明もまたそうした出産と遺棄を経て、育つことになったわけであり、本人はそのことを、むしろユーモラスに語っているが、逆に考えるならば、文明のようなケースが次第に伝説化していったときに、役行者や行基に見られるような異常出産と遺棄《いき》の出生伝説となっていくのかも知れない。

このように、いざ世に生まれ出るときには、家族を騒がせた文明だったが、それ以降は、順調に成長していったようだ。

文明が後に宗教家として立つことを思うと、少年期までの経験のなかに、その萌芽《ほうが》となる何らかの経験があったのではないかと考えたくなるが、たしかに、それに類することはあったようである。まず、文明の育った家庭じたいが、宗教的な雰囲気を充分に持っていた。

伊藤家は農家であったが、作男を使うほどの富農で、さらに、文明が生まれたころには、父、文二郎は秋田村の村役場で収入役の職に就いていた。後には村会議員にも選ばれている。村落共同体の名士であり、人々から信頼を寄せられる人物であったことが、その経歴からも浮かび上がってくるが、文二郎は地元の古刹、曹洞宗朝陽山清光寺の檀家総代をつとめるとともに、清光寺の住職、高橋竹迷《たかはしちくめい》師のもとで、よく参禅していたという。また、清光寺の末寺、妙喜院《みょうきいん》の住職、熊崎得山《くまざきとくざん》師とも親交があったというので、禅の道を自分なりに歩んでいる人だったのだろう。文二郎はそのあたりでは当時は珍しかった新聞の定期購読者であり、収入役の時代には税金を納められない村人の分を、自分がかわって納めていたという篤志家《とくしか》で、後に伊藤家の土蔵のなかから、大きな箱いっぱいの納税の受け取りが出てきたという。それは、すべて文二郎が代納した受け取りだった。こうしたこともあって、伊藤家は裕福ではあったが、決して楽とはいえなかったらしい。

文明の母、よしえの旧姓は山本で、武田信玄《たけだしんげん》の軍師、山本勘助《やまもとかんすけ》の流れを汲む家系だと伝えられているが、家系をたどることは難しいようだ。ただし、旧家であるのは間違いなく、よしえの父は小学校の校長を務めた名士で、その葬儀は村始まって以来の大きなものだったという。

よしえは天理教《てんりきょう》の熱心な信者で、村の分教会に通っていたらしい。天理教は江戸時代末期に中山みきを教祖として始まった神道系の教団で、親神・天理王命《てんりおうのみこと》を主神とし、明治時代なかばから教勢を全国的に伸ばした。よしえは月に何度か、分教会に出かけては、幼い文明に「大きくなったら、神さまのご用をつとめるんだね」と、繰り返し言い聞かせたという。

文二郎は妻の信仰には何も言わず、見守っていたが、清光寺の檀家総代であり、自ら禅を修める者としては、やはり複雑なものがあったのではないだろうか。まだ幼い文明を膝に抱いて、頭をなでながら父が語ったことを、後に真乗は述懐《じゅっかい》している。

「これ（文明のこと）は宗教に向いているから、その気持ちがあったら、一人ぐらい、坊さんになることも結構だよ。一人、出家すれば、七族天に昇る、ということをいうからなあ。だからお前も仏教が好きだったら、一人くらいは出家してもいいなあ……」

おそらく、文二郎としては、妻が天理教に傾倒するあまり、文明が宗教の道を選ぶことになるとしたら、それは自らが帰依する仏教であって欲しいという思いがあったのだろう。母親がいないところで、文二郎がよくそのことを話していたことを、真乗は後に回想しているが、この父の言葉が幼い文明の心に深く刻まれたであろうことは想像に難くない。

幼い文明にとって、印象深い宗教的な体験というものはいくつかあったようだが、本書で、それを列記することは、あまり意味がないと思われるので、ひとつだけ紹介しておこう。大正元（一九一二）年、文明は秋田小学校に入学し、順調な学校生活を送った。ただし、ひとつだけ問題があった。小学校に上がっても、文明の夜尿症《やにょうしょう》が治らなかったのである。六歳の子供がおねしょをするからと言って、騒ぐほどのことではないようにも思われるが、母親は、お産のときに文明を凍えさせてしまったのが原因ではないかと心を痛め、夜尿症のために、お祭りがあっても、文明だけは、ほかの兄弟のように泊りがけで親戚の家に遊びに行くことが出来なかった。兄弟からからかわれるたびにしおれていた文明も、

高等小学校卒業記念写真（中央に伊藤真乗）

自分の夜尿症をひどく気に病んでいたのである。

そんなとき、近所に住む「庄兵衛《しょうべえ》ばあさん」が訪ねてきた。この五十がらみの婦人は弘法大師を厚く信仰し、しばしば白衣に手甲脚絆《しゅこうきゃはん》といった姿で、大錫杖《だいしゃくじょう》を突きながら近隣の家をめぐって行脚《あんぎゃ》するところから、「弘法ばあさん」とも呼ばれていたという。この弘法ばあさんが突然、現れ、文明の夜尿症を言い当て、弘法大師のお告げだと言って、胸からお腹に、右手の親指の腹で、「南《な》無《む》大《だい》師《し》遍照《へんじょう》金剛《こんごう》」と唱えながら、右回しに七回、揉むようにして回せば治ると告げて、帰っていったのである。障子《しょうじ》の陰で聞いていた文明は、しばらく試してみたところ、夜尿症は本当に治ったのだった。それは、たんに文明の夜尿症がおさまる時期と偶然に重なっただけなのかも知れないが、数か月の間、文明はこの「おまじない」を自分で続けていたらしい。

文明は「南無大師遍照金剛」というおまじないがすっかり気に入り、何人かに「『南無大師遍照金剛』という人は、どんな人？」と尋ねたという。

遍照金剛、それは弘法大師、空海に密教の法流を授けた恵果阿闍梨《けいかあじゃり》が空海に与えた名前である。密教における主尊、大日如来はサンスクリット語の「マハーヴァイローチャナ」を意訳したもので、あらゆるものを照らす光であるという意味から「大遍照如来」とも呼ばれる。また、「金剛」とはダイヤモンドのことで、小乗仏教、大乗仏教に対して密教は「金剛乗」と呼ばれることを考えると、恵果が空海に与えた名前は、字義通りの意味だと

「世界をあまねく照らすダイヤモンド」ということになるが、主尊、大日如来と密教の精《せい》髄《ずい》を意味するものでもあるわけで、よくよく考えると、たいへんな名前を授けられたものである。のちに文明が出家してから、師、佐伯恵眼師に「真乗」という房号とともに、「金剛院」という院号を授けられたことは、すでに語ったが、思えば、文明六歳、小学校一年生のときのこの出来事は、後に真言密教を修することになる彼の、弘法大師、空海との最初の出会いだったことになる。

文明の母が天理教を信仰するようになったのは、文二郎に嫁《とつ》いでからのことで、熱心な天理教の信者だった義母、そのに感化されたためらしい。文明にとっては祖母に当たるそのは、文久二（一八六二）年、仁孝天皇の皇女、和宮《かずのみや》が十四代将軍、徳川家茂《とくがわいえもち》に降嫁《こうか》したころまで、和宮に仕えていたという女性で、教養もあり、文明に大きな影響を与えた。そのは、天理教の信者であったが、仏教にも帰依し、自宅でよく読経していたともいう。

文明が十分に宗教的な環境のなかで育ったことは、ここまで語ってきたことからも明らかではないかと思うが、もちろん、文明の幼少期が、そうしたことばかりで出来上がっていたわけではないことは言うまでもない。文明は、よく遊び、よく学んだ。成績も優秀で、理科と書道、図画と工作がとりわけ得意だったという。手先が器用で、工夫を凝らした人形や母方の祖父、山本重治《やまもとしげはる》の肖像画は、大人たちをも驚かせた。そして、文明は、とにかく勉強家だったことを、多くの人が証言している。熱心な読書家で、年中、本を読んでは、

真乗が14歳の時に描いた祖父、山本彙治の肖像画

ノートにメモを書きつけていた姿がよく見かけられたというが、好んだのは、小説などではない人文系の書物だったらしい。のちに、宗教家となってからも生涯にわたって、経典の研究や関係資料の検索に余念がなかった伊藤真乗の少年期にふさわしいエピソードだと言えるだろう。

大正六（一九一七）年二月、文明十歳のとき、山梨に初めて飛行機が飛来し、子供たちの間に、たいへんな飛行機ブームが巻き起こった。文明は独自の模型飛行機や動力付きの竹とんぼを考案するなど多才ぶりを発揮した。後に航空機のエンジニアを職業としたことを思えば、うなずける話であるが、それ以上に、文明の将来を決定することになったのは、父、文二郎から家伝の易学『甲陽流病筮鈔《びょうぜいしょう》』を伝えられたことだったのは間違いない。それは、文明が秋田高等小学校に入学した大正七（一九一八）年から数年の間のことだったというが、三、四年にわたって父から講義を受けているうちに、文明は「いつとはなしに易学の概念が頭に入り、また難しい易の専門語を、ほとんどマスターしていた」という（『燈火念念』）。

文二郎は文明に、繰り返し、「この伝承は、口伝を尊ぶ。また絶対に営利のために用いてはならない」と戒めた。文二郎自身も『病筮鈔』で村人の相談に乗ることがよくあったようだが、この家伝の易学書が、文明を宗教家としての道へ導くことになったのは、すでに語った通りである。

真乗は後に故郷について、次のように語っている。昭和五十八（一九八三）年のインタビューから引用してみよう。

最近は、郷里に帰ることもなくなりましたが、まだ中央線が蒸気機関車であった頃、立川から乗りますと、甲府を過ぎて三十分ほどの所にある韮崎あたりから、汽車がスイッチバックしながら段々と高い所へ登っていきます。そのうち、車窓右手に塩谷川を見下ろし、谷を隔てて向こうには、茅岳という山が、長く裾野をひいて黒く頭をもたげ、さらに左手には地蔵、鳳凰、駒ヶ岳といった海抜三千メートルに近い連山が雄然と迫って、いよいよ深山幽谷の景観が展開してくるわけですね。

そうしたところに、長坂があります。（『苑史回想』）

この山巓《さんてん》の霊気が身に迫ってくるかのような故郷を、真乗は、終生、愛した。八ヶ岳山麓の真乗の生家からは、その雄大な山容を背にすると、右を望めば甲斐駒ヶ岳を中心とす

甲斐駒ヶ岳の風景。南アルプスの眺めは、真乗にとって故郷の象徴でもあった（真乗撮影）

る南アルプス連峰が聳《そび》え立ち、左には、水晶の産地として知られる金峰山、そして、正面には、霊峰、富士を、その裾野まで望むことが出来るという。

少年、文明に話を戻そう。大正九（一九二〇）年、秋田高等小学校を卒業した文明は、同補習科に進学し、翌年、卒業した。十五歳になった文明は、この年の五月、父の知人が経営する北海道旭川市の伊藤金物店に奉公に行くことになる。そして、その二か月後、文明が受け取ったのは、父の訃報だった。

当時の北海道といえば、外国に行くようなものであり、葬儀に間に合わないという理由で引き止められた文明は、ようやく、翌年の六月になってから、山梨の実家に帰郷することになる。そして、帰郷した文明が見たのは、「母ひとりが、真っ黒になって働いていた」、その姿だった。後に真乗は回想している。

四十代の後家で、六人の子持ちでは、容易なことではなく、当然のごとく私は母の農作業を手伝った。ときに、畦《あぜ》に腰をおろして休むと、決まって父を思い出した。

（『燈火念念』）

父、伊藤文二郎。15歳で死別した父を想って、後年真乗が刻んだレリーフ

私財をはたいてまで村の人々に尽《つ》くし、数々の名誉職に就きながら、五十四歳でこの世を去った父。文二郎は、死因は急性腹膜炎だったという。文二郎は、写真一枚も残っていなかったが、真乗は五十二歳のとき、記憶のなかの父の面影をレリーフに彫っている。すでに、真乗も何人もの子を持つ、人の親だった。そのとき、真乗は、父親への慕《ぼ》情《じょう》ばかりではなく、六人の子供を残して世を去らねばならなかった父の想いも、彫

ろうとしたのではなかっただろうか。

母を手伝いながら、文明は、十六歳の若さで土にまみれて山里で暮らしているだけでは、満足できなかったことを語っている。「もっと勉強したい。東京に出て、苦学しても専門学校に入りたい――」、この気持ちはますます強くなった」。当時の心境を、真乗は後に、そのように回想している。母親を説き伏せ、飛び立つような思いで、文明が上京したのは、大正十二（一九二三）年、十七歳のときのことだった。

それから、彼がどのように歩んだのかは、ここまで、本書が語ってきた通りである。

3　真澄寺開基《しんちょうじかいき》十年祭

真乗《しんじょう》は十七歳で上京し、二十九歳で本尊、不動明王像を迎え、翌年、七年間勤めた石川島飛行機製作所を退社、宗教専従の道に入った。この年に醍醐寺《だいごじ》で得度し、僧侶となる。三十二歳で真言宗醍醐派の末寺である立川不動尊教会を設立し、三十三歳で醍醐派の修験《しゅげん》道《どう》の法流である恵印灌頂《えいんかんじょう》を修め、三十五歳で古刹《こさつ》、常宝院《じょうほういん》の特命住職を拝命、三十六歳で真言密教の奥義を修め、金胎両部《こんたいりょうぶ》の伝法灌頂《でんぽうかんじょう》を受けて、阿闍梨《あじゃり》となった。終戦とともに真言宗から独立し、不動尊教会を真澄寺《しんちょうじ》と改め、まこと教団を設立。新たな出発をしたのが、四十一歳のときのことである。

父親の死、愛児の死を乗り超え、世間の無理解や窮乏《きゅうぼう》と戦いながらの道ではあったが、真言密教の伝燈法流を修め、さらに出家修行者だけではなく、在家の一般信徒に救いをもたらすことを目的とした密教的禅定《ぜんじょう》である接心《せっしん》修行を考案し、ついに新たな教団の設立へと至った。それは真乗にとって、十七歳で上京してからの社会人としての出発、そして三十歳で出家してからの宗教者としての出発に続く、第三の出発となったわけであり、真乗のなかには、自らが求める仏道を理想的な形で実践するための準備がようやく整ったという想いがあったに違いない。

「まこと教団」という命名は、半世紀以上、昔のことだけに、古めかしさを感じざるをえないところがあるが、「まこと」という言葉が、そのころの真乗にとって、どれだけ大切で切実なものであったかは、教団の機関誌だった『月輪《げつりん》』に真乗が寄せた文章の至る所に、その言葉が出てくることからも分かる。それは、言葉と行いに誠実さを尽くして、祈りを深め、真の仏道を歩んでいこうとするときの、その、それぞれにおける「至誠《しせい》」を言うものであり、真乗にとっては、新たな教団が、「苦しいときの神頼み」的な御利益《ごりやく》信仰やシャーマン信仰を離れて、真に仏と仏法を求める人々のための共同体であるようにという願いが、「まこと」という言葉に集約されているのだろう。

この「まこと」という言葉の意味するところについては、真乗自身が昭和二十五（一九五〇）年十月六日の手記に書き残している。まこと教団を特徴づける接心修行とも深い関わりを持つ考えが示されている箇所なので、紹介しておこう。

まことは真実如常の義で、当たり前のことが当たり前に解《わか》るさとり、即ち「覚」の義で、自分の事のみ小我に執《とら》われて居るから、日常の行いが自分に解《わか》らないのである。しかし少し深く考へてみると「ああ悪かった」と反省出来る人もあるが、又《また》人に言はれて「成《な》る程《ほど》」と諒解《りょうかい》出来る人もある。仲《なか》には容易に他の言葉を受け入る事の出来ない性質を持った者も少なくない。

鏡と云《い》ふものは常に光って居るものであるから、曇ったと気付き、錆びたと気付けば磨けばよいのである。我々の心も光って居なければならないのである。(『手記』)

つまり、真乗にとって「まこと」とは、自分のことのみにとらわれずに、世界と接したとき、当たり前のように理解できる世界の実相を意味しているわけであり、それは、いちど気づけば終わるようなものでもない。心に曇りがあったら、たちまち、見えなくなってしまうものである。だから、たえず心を磨く必要があるわけであり、そのために真乗の考案した修行法が接心であったということになる。手記のこの部分の記述は、真乗の仏教者としての思想の根幹を示すものでもあるので、さらに続きを見てみよう。

錆《さ》びて居た鏡ならその真価がない様に、吾々の心境も曇って居たならば、迷妄《めいもう》の雲に覆《おお》はれて居たならば、その「真性」を輝かせる事は出来ない。「真性」は「真如」であり、「仏性」であり、誰もが具有する所の「心鏡」である。此《こ》の「心鏡」を磨く事に依って、「仏性」、即ち「真性」が輝き出て「まこと」になるのである。

仏教は悟りに始まって、悟りに終る。「心の光に終る」と云《い》ふものであって、悟らうとする心は、心鏡を磨かうとする心、即ち「まこと」にならんとする精進の努力を示す心である。

まず、重要なのは、真乗が、仏教は悟りに始まると語っていることだろう。仏教は、言うまでもなく二千五百年前の釈尊《しゃくそん》から始まるわけだが、より正確に言うならば、生きるということが苦しみに満ちているのは、なぜなのかという疑問から、釈尊が出家し、厳しい修行と静かな瞑想を経て、三十五歳で悟り、ブッダ（「目覚めた者」）となったところから始まるものである。したがって、仏教というものはまさに釈尊の悟りから始まるわけであり、真乗が語っているのは、そのことではないかと思われる。そして、誰であっても、釈尊の歩んだ道をたゆまずに歩み続ければ、釈尊と同じく、ブッダとなれる可能性があるわけで、この仏となることができる可能性を「仏性《ぶっしょう》」と呼ぶ。真乗は、人間がこの仏性に気づき、それを切磋琢磨《せっさたくま》するところに、真如（「普遍的な真理」「あるがままの姿」）が現れると考えており、それは同時に悟りの世界にほかならないわけだが、その悟りを真に求める「まこと」を尽くすことが、仏道なのだと語っていることになる。

この真乗の思想は、先に紹介した興教《こうぎょう》大師、覚鑁《かくばん》の「月の清浄なる如く、自心も無垢なり。月の円満なる如く、自心も闕《か》くる事なし。月の潔白なる如く、自身も白法なり」という言葉に示されている考え方を受け継ぐものであると言えるだろう。真乗は、釈尊によって示された悟りという「真如《しんにょ》」の世界を、本来は清浄である心を見つめ直すことによって、自らの「仏性」を磨き上げ、「真如」に至ることに仏教の本質を見い出しているわけであり、この考え方は、死後や来世を問題としていないという点でも、まさに「即身成仏《そくしんじょうぶつ》」を説く空海の真言密教を、今日に生かそうとするものであると言ってよい。また、悟りとそこに至るプロセスについての考え方は、曹洞宗の開祖、道元《どうげん》禅師に通底するところがあるし、悟りを求める姿勢は、華厳宗中興の祖、明恵《みょうえ》上人に共通するものがあるようにも思われる。

まこと教団が設立された昭和二十三（一九四八）年には、立川の真澄寺を本部に、塔頭《たっちゅう》寺院、密厳院《みつごんいん》、千葉県の威徳寺《いとくじ》、茨城県の歩崎《あゆみざき》観音、長禅寺《ちょうぜんじ》と教団の寺院も増え、信徒数も五万余を数えるまでに増加していた。まこと教団は、急成長しつつあったのである。

同年、四月には、まこと教団の教師育成のための学校である智泉寮《ちせんりょう》（後の智流学院《ちりゅうがくいん》）も開講し、終戦後、公布された宗教法人令のもと、真乗の教団は、その体制を急速に整えていった。この年は、真澄寺が立川不動尊教会として建立されてから、ちょうど十年目に当たるため、十月には、真澄寺開基十年祭が三日間にわたって執《と》り行われた。二日間にわたる法要のあと、三日目には、雅楽《ががく》が響くなか、母親に手を引かれた稚児《ちご》行列が続き、屋外で護摩《ごま》が修せられた。このときの真乗は、鮮やかな緋《ひ》の衣に修験道独自の大梵天袈裟《だいぼんてんげさ》という出《い》で立ちで護摩の導師をつとめた。この真澄寺開基十年祭は、教団にとって初の大祭であったが、全国から信者が参集して、人々は真澄寺の堂外にまであふれるほどだったという。それは、真乗とまこと教団の新たな出発を象徴するものとなったのだった。

真澄寺開基十年祭の柴燈護摩法要で導師を勤める真乗
（昭和23年10月5日）

このころの真乗の人となりを伝えるエピソードが『月輪』第六号に掲載されているので紹介しておこう。ちょうど、大祭を前にしたころの話である。真乗は、まこと教団設立とともに管長に就任したため、当時は信徒からは「管長猊下《げいか》」あるいは「猊下」と呼ばれていたようである。

しかし、時としては（中略）人々

衣姿の次男、友一。柴燈護摩奉修の時

をあっとばかりに煙《けむ》に巻く時もないではない。先日も塔頭寺院の八葉院からの帰り真夜中の一時頃そぼ降る雨の中で大変な拾い物をして来たことがある。終電車で睡《ねむ》ったまゝ立川まで乗り過ごして帰ることも出来ずに困っていた吉祥寺にすむといふ見ず知らずの人を連れて来て、「只今《ただいま》！　お客さんを連れて来たよ」と奥へ声をかけながら「さあ〱上がって下さい。私のところはお寺でねえ」だって、奥から出てくる奥様が不審に思った、「総本部へ来るお客さんなら何もこゝがお寺ぐらいの事は言はなくとも判ってゐるだらうに、一体どなたなのかしら」と思ってお迎へに出て見たら、かく〱〱の事情、……たう〱奥様は三時まで火を起こしたりお茶を沸《わか》したり曾《か》つて訪れたことのない珍客のおもてなしに大変だったと、もらされたが、考へて見れば奥様も本当に三時までも起きて居らっしゃって、翌朝五時半頃からお掃除の人々に来られてはたまったものではない。かうしたところ、猊下一流の面目躍如たるものがある。

「猊下」という言葉は、高僧や各宗の管長の敬称であるから、まこと教団管長という立場上、真乗が猊下と呼ばれるのは、当然のことなのだが、その敬称のものものしさに比べて、このエピソードにうかがうことが出来るように、その態度は、実に自由で親しみやすいものだったようだ。

真澄寺が昭和初期の修験寺《しゅげんでら》の典型的な建築様式であることは、先に述べたが、それは本尊を安置する御宝前と道場、そして、真乗一家の生活の場が一体となったものであり、仏道を求めるうえでは、いっさい妥協を許さなかった真乗だが、教団は、ずいぶんと家庭的な雰囲気だったようである。そして、それは、まこと教団から真如《しんにょ》苑《えん》まで、真乗と、その教えの場を貫く基本的な姿勢となったが、それは、真乗のみならず、妻、友司《ともじ》の力によるものでもあったのだろう。

真澄寺の庭にて年末恒例の餅つき風景
（昭和36年12月30日）

真澄寺開基十年祭の翌、昭和二十四（一九四九）年には、真乗は「まこと三昧耶加《さんまやけ》行次第《ぎょうしだい》」を完成させている。これは、真乗が修験道の恵印七壇法と真言密教

妻、友司は真乗より法流を受け継ぐ

の奥義である金胎両部の大法を一体化したものので、この行を終えた者は、まこと教団における法流を受け継ぐ資格を得ることになる。つまり、密教における阿闍梨位に相当するものだと思えばいいだろうか。その翌年、妻、友司が、まこと三昧耶加行に入壇、四か月後に灌頂を受け、友司は真乗から伝統の法流を受け継ぐ。このとき、友司が祖母から受け継いだ宗教的能力は、完全に密教的体系のなかに位置づけられたのだと言っていいだろう。

　すべてが順調に思われた。しかし、教勢が目覚ましく拡張し、信徒が飛躍的に増えたといっても、真乗一家の生活が変わったわけではなかった。昭和二十四（一九四九）年五月の真乗の手記には、次のような一節がある。

　夕餉《ゆうげ》
妻も子等《こら》も貧しく共《とも》御《み》仏《ほとけ》のめぐみのうちに教法の糧《かて》、行《おこな》ひのエキスを感謝して頂《いただ》く。珍しく砂糖の少々はひった牛乳にパン、尊い感謝である。考へた、果《はた》して今日一日の食、夜の此《こ》の砂糖入りの牛乳を、み仏より受ける丈《だ》けのまこと行ひを身に口に行ったらうか。果たして今日完全にたとへ一人たりとも、教法の如く行ひの上に乗らしめた者があるだらうか。

真乗の宗教者としての真情が自《おの》ずと溢《あふ》れ出るような文章だと思う。当時の日本は、いまだに戦後の混乱期であり、砂糖は貴重品であったが、しかし、砂糖入りの牛乳とパンという夕食は、決して贅沢《ぜいたく》なものとは言えない。その夕食を感謝とともに頂《いただ》き、その食事に見合うだけの行いを、今日一日、自分が成しえたのか自省する真乗は、貧しくても、宗教者として充実した毎日を送っていたのであろうことが、伝わってくるように思う。

すべては、順調のように思われた。仏徒として歩み続けること以外には、何も問題はないように思われた。ところが、昭和二十五（一九五〇）年八月二十日、東京の中央区から帰ってきた真乗は、突然、警察に勾留《こうりゅう》されてしまったのである。

4　教団の危機

真乗《しんじょう》の突然の逮捕、それは元弟子の告訴によるものだった。彼は修行という名目で、自分が暴力を振るわれたと真乗を訴えたのである。真乗が逮捕されてから、新聞各紙は大きくこの事件を取り上げ、ラジオもニュースとして報じ、「まこと教団事件」として知られることになる。

真乗は八月二十日深夜に逮捕され、警察署に勾留されたあと、八王子刑務所に移され、未決勾留日数三十日を含む四十日間という長期にわたって取り調べを受けた。もし、真乗が真言宗醍醐《だいご》派《は》から独立して、まこと教団を設立していなければ事情は違っただろうが、事情を知らない人たちから見たら、まこと教団は、新興宗教にしか見えなかったわけであり、新興宗教と言えば、いかがわしいものという先入観から、興味本位の報道と社会的な糾弾《きゅうだん》を、真乗と教団は受けることになったのだった。

事件の首謀者は、そのとき二十五歳になったばかりの青年であった。彼は大学を卒業するとともに真澄寺《しんちょうじ》に入って、真乗の内弟子となり、まこと教団設立に当たっては、弱冠《じゃっかん》二十三歳にして教務総長という要職に就いた。機関誌『月輪《げつりん》』第十一号の「まこと教団規則」によると、教務所とは、まこと教団の事務所であり、教務総長は実質的には、管長に次ぐポジションだったと言っていい。真乗は、この青年の将来に期待をかけていたことを述懐しているが、その期待は、思いもよらない形で、裏切られることになったのである(『一如の道』)。

一青年僧が伸張《しんちょう》しつつあった教団を左右できるほどの立場になったわけである。彼としては、当然のことながら、将来は、自分がこの教団の管長となる日が来ることを疑わなかっただろう。その増長慢《ぞうちょうまん》が招いた結果だったのだろうか、彼は女性信者と出家者にはあるまじき不祥事《ふしょうじ》をしでかし、昭和二十四（一九四九）年に教務総長を辞任、教団を去ったのだった。真乗は、この青年が父親を亡くした十六歳のときから、父親がわりとなって生活を始めとする面倒を見、仏教者としての教育もしてきただけに、この顚末《てんまつ》には深い失望を覚えざるをえなかったことだろう。本書では、この青年を元教務総長と呼ぶことにしよう。そして、彼が引き起こした事件は、それに留まるものではなかったのである。

教団内の事情をよく知っているだけに、元教務総長による告訴は、事実ではなかったとしても説得力のあるものだったのではないだろうか。彼は、自分から申し出た懺悔《ざんげ》のための行を、それから一年も経て、傷害事件として告訴したのだった。

新興宗教の不祥事とばかりに、世間は、まこと教団をあざ笑い、罵詈《ばり》雑言《ぞうごん》を浴びせた。真澄寺は黒山の人だかりで、石を投げる人、罵倒する人でたいへんな騒ぎになったという。このとき、次男・友一《ゆういち》は十三歳、三女・真砂子《まさこ》は八歳、四女・志づ子《しづこ》は七歳で、彼らも、大人であっても耐えがたいほどの精神的な苦痛を強いられることになった。友一は、前年から持病の股関節《こかんせつ》カリエスのために松葉杖にすがって歩く身になっていた。そのことでも学友にからかわれることがあったうえに、訴訟事件のことで、友一は、さらに辛い思いをしなければならなかった。新学期が始まってまもなく、友一は、みんなに嘲笑《わらわ》れるから学校に行くのは、どうしても嫌《いや》だと母に訴えたという。それに対して、友司《ともじ》は本尊、不動明王の前に友一を誘《いざな》い、ともに祈り、ともに泣いたあとで、次のように友一を諭《さと》したという。

「友一、お前が学校に行かないと聞いたら、お父さんがどんなに悲しむだろう、苦しい目にあっているお父さんに、その上、心配をかけて良いと思うか。

このくらいの苦しみに負けて、学校へ行かないなどと我《わ》が儘《まま》を言ったら、とてもお父さんの後にはつづけないよ」（『一如の道』）

友一はしばらく泣いていたが、やがて「分かりました」と言って立ち、それから泣き言を言うことはなかったという。この光景を目撃していた内弟子は、それから、友一が石を投げられたり、松葉杖を取られたりしながらも幼い妹たちをかばい、諏訪の森を抜けて学校に通い続けたことを後に語っている。

教団は潰滅《かいめつ》の危機に瀕《ひん》していた。この事件の弁護団の一員だった井出甲子太郎《いでかしたろう》も、当時を回想して「私どもが心配しましたことは、この問題で教団が潰滅するのではないかということでありました」と語っているほどで、周囲の社会的な状勢は、まこと教団にとって、あまりに不利だったし、教団の解散は当たり前と思われるような状況であった（『一如の道』）。

　そうしたなか、真乗不在の教団を支えたのは、友司であった。友司は、教団の寺院の住職に「最悪の場合は寺院没収ということも考えなければならない。弟子の裏切りによって、このような不祥事を引き起こしたということは、全く自分の不徳の致すところで申し訳ない。もし、そういう最悪の場合は、皆さん方の寺院は一年に一カ寺ずつでも建てて必ずお返ししてゆきます」と明言し、その言葉に住職たちは動揺することなく事態に対処することになったという証言がある。また、友司は、信徒に「たとえ解散になっても、それは振り出しにもどったことだから、友一と二人、お不動さまを背負って第一歩から出直しますから安心して下さい」と語って、信徒の間に広がっていた動揺を鎮めたという（『内外時報』昭和四十五年八月号）。

　一方、真乗は暗く暑い獄舎《ごくしゃ》のなかにあって、「誰彼の区別なく、み仏のみこころを語った。それが、なによりの楽しみであった」ことを回想している。なかでも、尊属《そんぞく》殺しの殺人犯が真乗に教化され、仏徒となったことを印象深い思い出として、真乗は語っており、八王子刑務所で、真乗は「おたすけ爺さん」と呼ばれて、囚人たちに親しまれたらしい（『一如の道』）。

　真乗が保釈されて真澄寺に戻ったのは、九月二十六日のことだった。その日のことを、後に三女、真砂子は、次のように語っている。

兄は松葉杖をつきながら、学校に通う森の中で、何処《どこ》からともなく飛んでくる石から私たちを守ってくれた。私たちは罪人《つみびと》の子として、友達からこづかれ、泥の中に押し倒され、石を投げられるなかを、仏を信じ、歯をくいしばって通ってきた。

間もなく父は、獄舎から家へ帰ってきた。その時は、皆が声を出して泣いた。父も、母も泣いた、そして父は言った。

「さあ、もういいじゃないか。お父さんも帰って来たんだから、もう心配することはないんだよ。お前たちも、つらかったろうね。えらいえらい……」

と、私たち一人一人の頭に手をおいてなでてくれた、大きな温かかった父の手――。

（『一如の道』）

しかし、真乗が帰ることが出来たといっても、それは保釈でしかなく、教団の危機は、いまだに回避されたわけではなかった。この裁判が東京高裁で結審するのは、四年後の昭和二十九（一九五四）年のこと。真乗と友司の苦難は、まだ続いたのである。

5　法嗣《ほっし》の死

元弟子の告訴によって、まこと教団が社会的に葬り去られかねない状況に陥っていたとき、事件の真相を見抜いて真乗《しんじょう》と教団を擁護《ようご》したのは、白龍閣《はくりゅうかく》の北村研《きたむらけん》、ただひとりであったという。白龍閣はイギリスのスピリチュアリズムの影響から発足した日本心霊科学協会から、実業家でもあった北村研が独立して、心霊的な問題を研究するために立ち上げた研究所であり、機関誌『霊光』を刊行していた。

真乗と交流があった北村は、その『霊光』昭和二十五（一九五〇）年八月二十六日で、ジャーナリズムや世間は、まこと教団を新興宗教として指弾しているが、「まこと教団は純仏教であること」、事件は「事実無根」であり、元弟子による訴えは誣告《ぶこく》にほかならないことを強調し、「師（真乗のこと）が青天白日の身となることは我等《われら》の信じて毫《ごう》も疑わぬところである」と弁護の筆を振った。そして、この事件のために機関誌『不動』や、真乗逮捕の年に刊行が始まった機関誌『内外時報』の休刊を余儀なくされた真乗とまこと教団に対して、北村は『霊光』の誌面を提供し、事件に関する報道や裁判記事などを掲載し、真乗を支援したのだった。

昭和二十六（一九五一）年には、新たに宗教法人法が公布された。最悪の場合には、まこと教団は、宗教法人の認証を得られず、解散せざるをえない状況に追いやられていたかも知れない。いつも境内《けいだい》まで立錐《りっすい》の余地もないほど信徒が参集していた真澄寺《しんちょうじ》も、事件が社会化するとともに信徒が離れ、閑散《かんさん》たる有り様になっていた。しかし、裁判が続くに従って、事態は少しずつ好転していくかのようにも見えた。検察側の証人が自らの偽証を

小さな時から非凡な才能を発揮していた友一と

認めて、法廷が騒然となるような場面もあったというが、何よりも決定的だったのは、原告である元教務総長が、自ら懺悔《ざんげ》の行を申し出て、リンチを受けたとするその修行の場に、真乗自身はまったく関与していなかったのがはっきりしたことだろう。つまり、それは弟子同士の問題でしかなかったことになるが、真乗は教団の管長として、その指導責任を問われることになったわけである。

そして、こうした危機的な状況のなか、真乗と友司《ともじ》は、長男・智文《ともふみ》の死に続く、大きな悲嘆と直面することになる。それは、わずか十五歳の次男・友一《ゆういち》の死であった。

友一は、智文の死の翌年、昭和十二（一九三七）年四月八日に生まれた。この日は、釈尊誕生の日、降誕会《ごうたんえ》にほかならず、信徒は、友一を智文の生まれ代わりとも、仏子とも噂したらしい。友一は生まれつき病弱であったが、幼くして宗教家としての優れた資質を示し、十歳にして本尊と深く感応し、密教的行者能力を発現するほどであったという。そして、小学生の時分から接心《せっしん》修行のための密教的媒介者となり、信徒を導いてきたのだった。信徒のみならず、真乗も友司も、友一を、真乗の法流を相承し、次代のまこと教団を担《にな》う法嗣として見なしていたのは、当然のことであった。

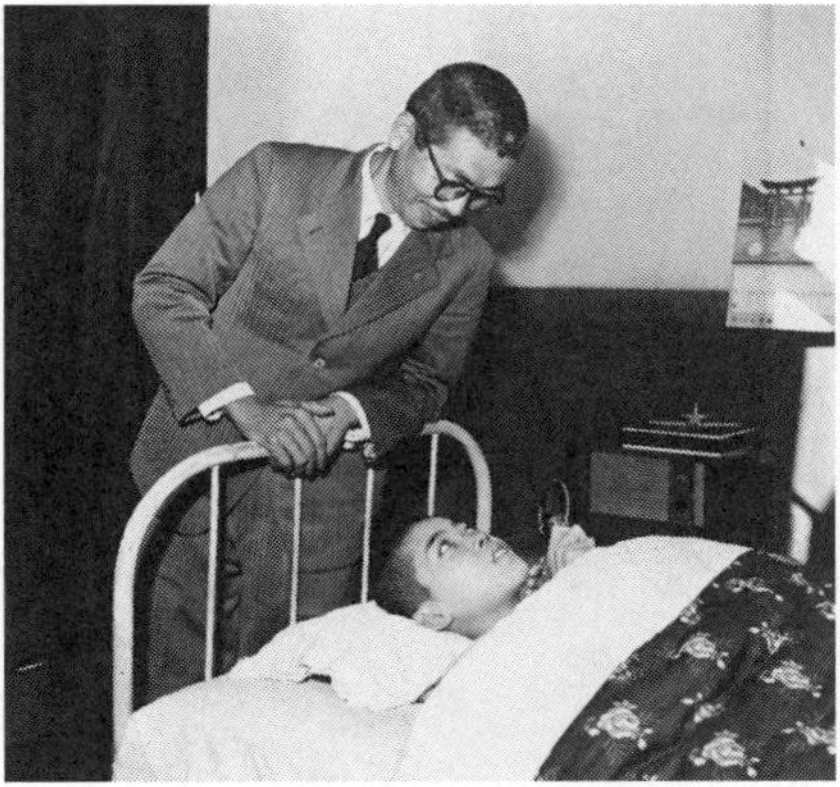

入院中の友一を見舞う真乗（昭和27年1月12日）

しかし、友一は幼いころから病弱で、股関節カリエスを病み、十一歳のとき、順天堂医院に入院し、松葉杖にすがって歩く身となる。カリエスとは「骨が融解《ゆうかい》する」という意味で、骨の崩壊現象のことを言う。原因となるのは、結核菌の感染が大部分であるため、今日では、骨結核と同義のものとされているが、訴訟事件が起こり、その裁判がつづくさなかの昭和二十六（一九五一）年七月、友一は病状悪化のため、再び順天堂医院に入院することになる。そして、一年に及ぶ闘病で次第に衰弱し、還らぬ人となったのだった。

入院中の友一との会話を真乗が記録している。

僕と云ふ人間はどうして病気ばかりしなければならないのだらうか。多くの信者の相談相手になるには体験が必要だから、み仏がさして呉《く》れて居《い》るんだよ。だけど、体験とは大変だな、苦しいものだ！　体験は苦しい。その苦しい体験が大切なんだ！　友一。（『手記』）

友一は、病気じたいの苦痛に耐えるばかりではなく、脊髄《せきずい》注射や心臓に針を刺してたまった水を取るための穿刺《せんし》など、激痛を伴う治療を受けながらも、「注射が痛いと思うのは、まだ僕に感謝が足りないから」と語り、苦しい治療にも決して弱音を吐くことがなかったため、順天堂の看護婦たちを感嘆させたという。そればかりか、「僕はいろんな病気をしたけれど、婦人科だけにはかかったことがない」と言って、みんなを笑わせるほどだったのである。

白龍閣の北村研は元弟子による告訴を事実無根の誣告《ぶこく》とし、「恰《あたか》もこれはキリストの贖《しょく》罪《ざい》にも似たるものである。宗教ではこれを法難という」と『霊光』誌上で語ったが、この法難のために、真乗は、重病の友一のそばに、なかなかいてやることがなかった。しかも、法難にまつわる裁判ばかりでなく、宗教者として、日々の勤行や修法をおろそかにすることはできなかったわけであり、次の二首には、そうした真乗の悲痛な思いが籠《こ》められているのではないだろうか（『苑史回想』）。

　母握る　かいなは痩《や》せて細れ共《ども》
　　手の平だけは頑丈なりしも

　ひとときも居てほしかりし　いとし子に
　　護摩たいて来ると　うなずかすもあわれ

それに対して、友一は、「僕だけのお父さんではないから」と自分に言い聞かせていたという。友一の闘病が、法難と時期的に重なるものであったのは、後になると運命的なものを感じざるをえないが、真乗は教法を守り、教団の再出発をはかるべく、事件が起こった翌、昭和二十六年五月に、「まこと教団」を「真如苑《しんにょえん》」と改め、自らは管長を退《しりぞ》き、妻、友司を苑主として、教団の体制を作り直すことを決意する。そして、翌年、七月一日に、宗教法人「真如苑」認証に関する書類を文部省に提出、受理される。その知らせを聞いた友一は、安心したように深い眠りに入り、翌七月二日午前六時五十五分に、十五歳の生涯を閉じたのだった。

そのとき、昏睡状態の友一に、友司は次のように語りかけたという。

友一、智文さんのところへ行くのだからね。お不動さまの元に帰るの。友一は四月八日、お釈迦さまと同じ日に生まれたお不動さまの子だから、分かるわね。男らしさぎよく……。お父さんもお母さんも行くのだからね……

(『苑史回想』、『一如の道』)

この言葉に、意識がないはずの友一が、大粒の涙をこぼしながらうなずいたことを、その場にいた内弟子が目撃している。そして、七月二日の夜に、友一は一年ぶりに真澄寺へと帰り、通夜が営まれた。真乗は、ひとりの親として、そのときの想いを次のように綴《つづ》っている。

その通夜の夜、私は枕辺に侍《はべ》って、いまは答えない骸《むくろ》に父としての言葉をささげた。……友一、帰ってきたね。今夜はお父さんと一緒にいようね。お前の病気中は法難のため、あわただしい日を送るばかりで、何もしてあげられなかった。今夜は、ゆっくり一緒にいてあげようね……。

(『一如の道』)

長男・智文に続いて、法難のなか、法嗣を喪《うしな》った真乗の想いを知るには、この文章だけでも余りあるものがあるように思う。

七月四日、友一の告別式が真澄寺で執《と》り行われた。法号は「真導院友一本不生位《しんどういんゆういちほんぶしょうい》」。このとき、智文に「教導院智文善童子《きょうどういんちぶんぜんどうじ》」という法号が追諡《ついし》されている。

翌二十八年、五月十六日、「宗教法人真如苑」は文部大臣の認証を受け、四日後には「宗教法人真如苑」の登記が完了する。翌年の東京高裁での結審を待たずに、教団は解散をまぬがれ、新たな出発をすることになったのだった。それは、法難と法嗣の死という苦難と悲劇を礎《いしずえ》に生まれたものであり、「まこと教団」が、たんに「真如苑」と名称を変えただけではなかったことに注意すべきだろう。真乗は、苦難と悲劇じたいを自らの修行として受け止め、さらに祈りを深めて、新たな仏教の体系と法流を作り上げることになるのである。

Ⅵ　常楽我浄《じょうらくがじょう》

1　涅槃経《ねはんぎょう》との出会い

涅槃経を根本経典として新たな出発をした頃（昭和31年6月15日）

真如苑《しんにょえん》が宗教法人として文部大臣の認証を受けたとき、真乗《しんじょう》は四十七歳になっていた。教団は危機を脱し、新たな出発を遂げることになったわけだが、それは、たんに、「まこと教団」の名称が「真如苑」に変わったという意匠の変化に留まるものではなかった。

元弟子の訴えから始まった裁判は、意外な結末を迎えることになる。昭和二十五

（一九五〇）年十二月、八王子地方裁判所で始まった裁判は、三年後の昭和二十九（一九五四）年一月、東京霞ヶ関の高等裁判所で結審となったのだが、原告が暴力を受けたと主張する修行の場に、真乗は立ち会っておらず、教唆《きょうさ》など関わりを持っていないことが明らかになり、誰もが無罪を確信していたにもかかわらず、真乗は教団主管としての指導責任を問われ、懲役七か月、執行猶予三年の有罪判決が下ったのである。

憲法で保障された「信教の自由」という精神を基本に、宗教の相互理解を深めるため、昭和二十六（一九五一）年に結成された財団法人「新日本宗教団体連合会（新宗連）」は、戦後の宗教の変化や社会との関係性をレポートした『戦後宗教回想録』（一九六三）で、真乗をめぐる事件を次のように報告している。

当然無罪となるべき事件だったがその当時は人権尊重ということが病的なまでに強調され、人権蹂躙《じゅうりん》の訴えが一方的に取りあげられる時代であったので、管長が愛弟子の一人の不始末を叱責《しっせき》した際に僅《わず》かに暴力をふるったという事実をとりあげて管長は有罪となり教団は名称を変更して存続を許されることになったのであった……。

この事件は、官憲やジャーナリズムを始め世間一般が新興宗教といえば実体も究《きわ》めずに邪教視し、弾圧しようとしたその頃の風潮を露骨に示す事例であった。

実際はこの記述にあるように、わずかな暴力さえ、真乗は振るったわけではなかったが、「まこと教団事件」は、当時の風潮を反映して、真乗をスケープゴートとして有罪にする代わりに、教団の存続を許すという形に落ち着いたような印象もある。しかし、そのことを穿鑿《せんさく》するのは、本書の目的ではない。真乗がこうした一連の出来事にどのように対応したのか、そして、教団の教務総長という要職を託した愛弟子の裏切りにどんな想いを抱いたのか、そのことに論点を絞ってみたい。

昭和二十六（一九五一）年八月と覚《おぼ》しき真乗の手記が残されている。日付が記《しる》されていないので、はっきりとはしないのだが、同年八月十六日の修行の記録の後に書かれているので、同時期の記述であることは間違いないだろう。おそらくは、八王子地方裁判所における検事の尋問と、それに対する真乗の回答と思われるが、元教務総長の女性問題にまつわる不祥事《ふしょうじ》を検事が取り上げ、真乗に対して、憎しみや怨《うら》みを持つことはなかったかを尋ねられた真乗は、そうした感情を抱いたことは一切ないと明言したという。そして、その記述の前には、さまざまな書物や経典からの引用が筆写されている。次のようなものである。

人を責めるの心を以《も》って己《おのれ》を責めよ（張子）
愛しても其《そ》の悪を知り憎みても其《そ》の善を知る（礼記）

若《も》し衆生ありて反復するものあらば此《こ》の人を敬《うやま》ふべし（増一阿含経）
菩薩は一切の悪を忍受し衆生に向ひて心平等にして動揺なき事大地の如し（華厳経）
悪しき事は自らに向かわしめ、好き事は他人に与えよ（巴利律大品）

これらの言葉は、おそらく、そのときの真乗の気持ちを代弁するものとして、抜き書きされたものなのだろうと思われる。もちろん、そこには、自らを戒める気持ちも働いていただろうが、ここに引用された章句から浮かび上がってくるものは、悪をなす者があっても、それを憎まず、むしろ自分の至らなさに思いを馳《は》せて、それを受け容《い》れようという姿勢ではないだろうか。

昭和二十五（一九五〇）年の七月、それは真乗が逮捕されるわずかひと月前のことになるが、七月十二日付で元教務総長が書いた暑中見舞の自己弁明の文面について、真乗は、手記に次のように書きつけている。

「彼の行動はかはいさうである。しかし、私は彼を、あくまで救ふべき決意はがうもゆるがぬのである。」（『手記』）

この言葉を裏づけるような扁額《へんがく》が残されている。まこと教団が設立された昭和二十三（一九四八）年に、教団の教師養成のために智泉寮《ちせんりょう》が開講され、翌年には智流学院《ちりゅうがくいん》と名称を改めるのだが、真乗を誣告した元教務総長は、この智泉寮の代表も兼任していた。真

右下に丸く弟子の懺悔を祈るという文字が刻まれている
（昭和24年作）

乗は、元教務総長が女性関係の不祥事を認めて辞任した昭和二十四（一九四九）年に、自ら刻字して「智流学院」という扁額を刻んでいるのだが、その額の右下方には、元教務総長の名前と彼の懺悔《ざんげ》を祈るという漢文が刻まれている。篆書体《てんしょたい》で刻まれているために、信徒でも気づく人はめったにいないというが、この扁額は、法難のあともずっと智流学院に掲《かか》げられ、今日でも学院の講義室に、そのまま残されているという。

「懺悔」という言葉は、罪を悔い、告白して許しを乞うことであるが、仏教においては、宗派によって、さまざまな区分や分類がある。真乗は、懺悔を申し出た元教務総長に対して、次のように語ったことを手記に残している。

私は、その時、君の行動を以《も》って聞かう。そして君の言葉は君の臨終のときに聞かう。君が行ひを以って語り、始めて言葉を誓へるのである。

この真乗の言葉に対して、元教務総長は「必ず冥土で御答へ致します」と答えた。そのときの様子を、真乗は手記に「彼の目は輝いてゐた」と書いている。

元教務総長の将来に、期待するところが大きかっただけに、真乗は、彼の行いを通しての懺悔を切に祈っていたのだろう。彼が僧侶である以上、彼の破戒は、真乗が許せば、それで済むわけではなく、彼自身が自らの行いでもって罪を滅していくしかないと真乗は考えていたことになる。

インドでは、古来、ヴァルナ＝カースト制、あるいは単にカースト制と呼ばれる身分制度があって、階級社会を形成していることが知られている。その階級は、バラモン（司祭）、クシャトリヤ（王族）、ヴァイシャ（庶民）、シュードラ（奴隷）の四つを基本とし、社会と生活が複雑化するにつれて、さらに細分化していき、現在のインドでは二千から三千ものカーストがあると言われている。カーストは生まれによって決定され、一生、自分のカーストからは抜け出すことが出来ない。このカースト制度は、インド社会の近代化をはばむ大きな障害になっていることが指摘されているが、二千五百年前に、釈尊は、次のように語っている。

生まれによって賤《いや》しい人となるのではない。……行為によって賤しい人ともなり、行為によってバラモンともなる。（『スッタニパータ』中村元訳、岩波文庫、一三六）

そして、この言葉を証明するかのように、「釈迦十大弟子」として知られる聖者のうち、律を守ること厳しく、持律第一と言われたウパーリ（優波離《うばり》）は、インド社会では比較的、下に位置づけられる職業の出身であった。

真乗もまた、元教務総長に、行いでもって自らの懺悔行を成し遂げてほしいと願っていたのだろう。真乗が告訴され、逮捕・勾留《こうりゅう》された昭和二十五（一九五〇）年の手記には、かつての愛弟子であった元教務総長について、「私は子を犠牲にしても彼を救はうとしたけれ共《ども》まだ足りない。まだまだ、私の上には苦難が訪れて来るだらう」「只管《しかん》大慈のみ仏に祈るのみ、哀悲を垂れ給へ」といった言葉が残されている。

そして、元教務総長がひき起こした法難のさなか、わずか十五歳で世を去った次男、友《ゆう》一《いち》は、亡くなるひと月前に、見舞いに来た真乗の内弟子に「僕は立川に帰れないが、教団が大きくなることよりも、一人でも多くの人が救われることが僕は一番うれしい」と語ったという。真乗が、この言葉を伝え聞いたとき、彼の胸のうちには、どのような想いが去来したのであろうか。それを知る術《すべ》は残されていないが、法難と法嗣《ほっし》の死という苦難と悲嘆が、彼にもたらしたものは、おそらくは、次のような問いだったのではないかと思われる。

懺悔を誓いながら、それを実践できない青年がおり、一方では、他者の苦しみを一身に引き受けるかのように、十五歳で生命の燈火が消えていく少年がいる。

すべての人間を救うことが出来る教えというものはないのだろうか？

仏教には「五逆」と呼ばれる五つの大罪があり、犯したならば無間地獄に堕ちるとされるところから、「五無間業」とも呼ばれている。その五つとは、「殺母《せつも》（母を殺すこと）」「殺父《せつぶ》（父を殺すこと）」「殺阿羅漢《せつあらかん》（聖者《しょうじゃ》を殺すこと）」「出仏身血（仏を傷つけ血を流させること）」「破和合僧（教団の統一を破ること）」で、元教務総長は、教団側から見たとしたら「破和合僧」の大罪を犯したことになる。また、東アジアの仏教において、重要な論点の一つになったものに、「一闡提《いっせんだい》」がある。これは、仏となる原因を持たず、仏となることが出来ない者、つまり信じる心を持たず、救済されえない者を意味している。

おそらく、真乗は、次男、友一の言葉にうながされて、決して救われないとされる一闡提までをも救う道を模索し始めたのではないだろうか。真乗の手記は日記を中心としたものなのだが、法難と真如苑発足の時期は、日記的記述がほとんど見当たらなくなるとともに、経典への言及が目立つようになる。少年時代から読書家だった真乗は、このころ、いっさいの経典を再読、検討し、答えを探し求めていた様子が、そこにうかがえる。

そして、真乗は、その答えを釈尊入滅前の最後の教えとされる『涅槃経《ねはんぎょう》』に見い出すことになる。それは、運慶の作と伝えられる不動明王との出会いが、真乗を出家へとうながしたように、真言密教から始まった新たな法流の確立へと、真乗をうながすものでもあった。

2　釈尊《しゃくそん》に還る

仏教の開祖、釈尊。伝承では、姓をゴータマ（瞿曇《くどん》）、名をシッダールタ（悉達多《しっだった》）と言い、釈迦族出身の聖者という意味で、釈迦牟尼《むに》、あるいは釈尊、宇宙の真理である「ダルマ（法）」に目覚めた者という意味でブッダとも呼ばれる。「ブッダ」とは「目覚めた人」を意味するサンスクリットの普通名詞であるが、時代が下ると、釈尊を指す言葉になっていった。

釈尊は、釈迦族の王、シュッドーダナ（浄飯王《じょうぼんおう》）と王妃マーヤー（摩耶夫人《まやぶにん》）の王子として、王都カピラヴァスツに近いルンビニー園で生まれた。ルンビニーは、現在だとインドとの国境に近いネパール領にある。

王子として何ひとつ不自由のない生活を送っていた釈尊は、人生が苦しみに満ちたものであることに悩み、二十九歳で王子という立場を捨てて、出家する。初期経典では、出家してから悟りを開き成道《じょうどう》するまで、修行期間中の釈尊を「菩薩《ぼさつ》」と呼ぶが、大乗仏教の

誕生仏像　七歩歩み出し、天地を指したと伝えられる釈尊誕生の姿（昭和39年作）

摩耶夫人像　釈尊の母、摩耶夫人の像を真乗は誕生仏と共に制作した（昭和39年作）

時代になると、ブッダを目指す者すべてを菩薩と呼ぶようになる。

釈尊は初めにアーラーダ・カーラーマ、次いでウドラカ・ラーマプトラという聖仙のもとで禅定《ぜんじょう》し、彼らの教えを体得したが、それは彼の求めるものではなかった。そこでマガタ国の山林にこもって六年もの間、断食を始めとする苦行に励み、骨と皮だけに痩せ衰えたが、やはり悟りを得ることは出来なかった。

苦行が無意味であることを悟った釈尊は山を降り、村娘スジャーターから施された乳粥《ちちがゆ》に力を得て、ナイランジャナー河（尼連禅河《にれんぜんが》）の大樹の根本に座って禅定に入り、深い瞑想のうちに、いっさいの苦しみを克服し、悟りを得て、ブッダとなる。それは十二月八日、暁《あけ》の明星が輝く夜明け前、釈尊、三十五歳のことであった。

後に、このあたりは、釈尊が悟りを開いた場所というところから、ブッダガヤー（悟りの場所）と呼ばれ、釈尊が座した大樹は、菩提樹（悟りの樹）と呼ばれるようになる。

釈尊は、それからムリガダーヴァ（鹿野苑《ろくやおん》）に赴き、かつての苦行仲間五人に説法し、教化する。このとき、真理である「ダルマ（法）」と、それを体現する「ブッダ（仏陀）」と、それを継承する集団である「サンガ（僧伽）」という、仏教における三宝、仏・法・僧が揃うことになる。この釈尊最初の説法を、初めて教えの輪を回転させたという意味で「初転法輪《しょてんぽうりん》」と呼び、この記念すべき地が、現在のサールナートに当たる。

その後、釈尊は入滅するまで、一箇所に留まることなく、歩み続け、教えを説き続けた。有力者は竹林精舎や祇園精舎といった僧房を教団に寄進し、布教の拠点となったことが知られている。インドでは一年に三か月雨期があるため、この時期だけは僧侶も外出を控え、ふだんとは違う生活を送るが、これを雨安居《うあんご》、あるいは夏安居《げあんご》と呼んだ。

そして、雨安居の最中に病を得て、自らの死期を悟った釈尊は、弟子たちに別れを告げるため、最後の旅に出る。釈尊は、金属細工師チュンダから食事の供養を受け、さらに体調を崩す。供物は茸であったとも豚肉であったとも言われるが、釈尊は、このチュンダの供養をスジャーターのそれと並んで、もっとも尊いものであると讃えた。そして、クシナガラの沙羅双樹《さらそうじゅ》の下で、入滅のときを迎える。このとき、釈尊は八十歳だった。

青年に涅槃経の講義をする真乗

以上が初期経典に伝えられた釈尊の生涯のあらましである。生誕の地ルンビニー、成道の地ブッダガヤー、初転法輪の地サールナート、入滅の地クシナガラは、今日のネパール国境からインド北部、ガンジス川中流域に位置しているが、仏教徒にとっての四大聖地とされ、いまだに巡礼者が後を絶たない。そして、クシナガラで釈尊が入滅前に説いたとされる最後の教えが『涅槃経《ねはんぎょう》』であり、真乗《しんじょう》は、この経典のなかに求めていた答えを見い出したのだった。つまり、それは釈尊に回帰することを意味していると言えるかも知れない。このことの意義は、きわめて大きい。

仏教は釈尊によって始まったが、釈尊入滅後、仏の存在への考察は深まり、たった一度の人生であれだけ偉大な聖者が生まれるはずはないという思いから、釈尊は幾度となく生まれ変わり、過去世において修行を積み重ねた結果、ゴータマ・シッダールタとして生を享《う》けたときに、ついに悟りを開いて、ブッダとなったのだという信仰が生まれはじめた。釈尊の過去世での修行を物語化した説話文学も生まれ、パーリ語聖典のなかには五四七もの物語が伝えられているが、これをジャータカ（『本生譚《ほんじょうたん》』）と呼ぶ。

　この過去世での修行の結果、ブッダとなるという発想は、大乗仏教の時代には、釈尊以外にもさまざまな仏を生み出し、多仏の世界を形成することになるわけだが、阿弥陀如来や薬師如来は、前世の修行の結果、悟りを得た仏とされ、これを「報身仏《ほうじんぶつ》」と呼ぶ。ちなみに、「如来」とは「ブッダ（仏陀）」と同義で、仏陀が、真理である法に目覚めた者という意味であるのに対して、如来はサンスクリット語の「タターガタ」を意訳したものであり、真理に到達した者、真理より来たれる者を意味している。

　ここで重要なのは、仏教における最高の尊格《そんかく》である仏陀＝如来というものが、真理である法に到達した者であり、法自体を作ったわけではなく、法を変えることが出来るわけでもないということだろう。その点において、仏教は、キリスト教に見られるように、世界を創造した神のような存在は持たないことになる。

　報身仏に対して、歴史上、実在した釈尊のように、現世の衆生を救うために身を現した仏陀を「応身仏《おうじんぶつ》」と呼ぶが、大乗仏教の時代には、弥勒《みろく》菩薩のような「未来仏」も生まれた。弥勒菩薩は、あえて仏陀とならず兜率天《とそつてん》で天人に法を説き、五十六億七千万年後に下《げ》生《しょう》して龍華樹《りゅうげじゅ》の下で悟って仏陀となり、衆生を救うとされている仏であり、この未来仏という発想は、仏教におけるメシアニズム、つまり、ある種の救世主思想だと言えるだろう。

仏教は釈尊以降、アビダルマ仏教から大乗仏教に至る千年の歴史のうちに、ここまで語ってきたような応身仏、報身仏、あるいは未来仏といった多仏の世界を作りあげることになる。そして、それらを統合するかのように、大乗仏教の後に生まれた密教において、主尊となったのが、宇宙の真理である法そのものを人格化した「法身仏《ほっしんぶつ》」、大日如来だった。大日如来は法そのものであるとともに、世界の諸相と諸存在にあまねく顕現するとされる抽象神であるわけだから、仏教の生成のなかで現れた諸仏のなかでは、最高にして最大の尊格ということになる。そして、真乗がその大日如来を本尊とする真言密教を修し、三十歳で、大日如来が教化しがたい衆生を救うために忿怒《ふんぬ》の形相をして現れたとされる不動明王を迎えて以来、真言宗醍醐《だいご》派から独立し、教団を興したと言っても、法難を経て五十歳に至るまで、本尊は変わることなく不動明王であって、それだけに釈尊の遺経《ゆいきょう》である『涅槃経』との出会い、それは釈尊への回帰を意味することになるのだから、このことは真乗の思想を考えるうえで重要な意味を持つものだと言ってよい。真乗自身、まこと教団時代の手記に自らの教団の教学をメモしたときに「教主　大日如来」とはっきり書き記している。それに続く説明は、真乗の仏陀観を知るうえで重要なものと思われるので、紹介しておこう。

大日如来は歴史上に存在しない。それは釈尊の悟りの内証《ないしょう》であるから、我々まこと教徒たる者は、肉身釈迦も尊く感ずるが、御内証である大日如来を尊く尊信するが故に肉身釈迦も更《さら》に尊く感ずるものである。（『手記』）

「内証」とは、心のうちに真理を悟ることを意味している。つまり、真乗は、この一文において、歴史上、肉体を持って実在した釈尊が悟った法が、大日如来であり、その法そのものである大日如来を信じるからこそ、釈尊も、いよいよ尊く感じられると語っているわけである。しかし、釈尊に敬意は払っているものの「尊く感ずる」という釈尊に対する言葉と、大日如来に対する「尊く尊信する」という言葉の違いに現れているように、信仰の対象となっているのは、あくまでも大日如来である。つまり、真言宗醍醐派から自然に離脱し、まこと教団が独立したといっても、その実質は、真言密教的寺院であったことになる。

しかし、法難と法嗣《ほっし》の死を経て、新たな問いに直面した真乗は、『涅槃経』との出会いから、昭和三十一（一九五六）年に大涅槃像を自ら刻むことを発願し、翌年、落慶なった接心道場に、自刻の大涅槃像を本尊として安置した。そして真言密教において重要視されてきた、大日如来を教主とする『大日経』や『金剛頂経』、あるいは『理趣経』といった経典ではなく、釈尊の遺経とされる『涅槃経』を、教団の所依《しょえ》の経典とすることになる。このとき、真乗、五十一歳。そして、ここに至って、真如苑《しんにょえん》は、旧来の大乗仏教や密教とは違った、まったく独自の教学と体系を持つことになったのだった。

3　大般涅槃経《だいはつねはんぎょう》

では、真乗《しんじょう》が帰依《きえ》した『涅槃経《ねはんぎょう》』とは、どのような経典であり、何が語られているのだろうか。

『涅槃経』は、釈尊の入滅を扱った経典群の総称であり、正しくは『大般涅槃経』と言う。これは「大いなる完全な涅槃」を意味している。涅槃とは、サンスクリット語の「ニルヴァーナ」の音写とも言われるが、俗語の「ニッバーン」の音写という説もある。その原義は火が消えること、あるいは、その状態であるとされているが、「入滅」や「涅槃」といった言葉を、死と直結した消極的な意味としてとらえるのは間違いであり、注意が必要だろう。涅槃とは、いっさいの迷いから脱した悟りの境地を意味している。それは、仏教徒が目指すべき究極の境地とされるものなのである。このことに関しては、後で詳しく語ることにしよう。

『涅槃経』は、初期仏教のものと大乗仏教時代のものに大別される。前者が釈尊入滅前後、三か月の旅の様子を語る仏伝文学に属するものとされるのに対して、紀元四世紀前後に成立した後者の大乗『大般涅槃経』は、涅槃の意味をより積極的にとらえ直し、むしろ、教法と教理を語るものとなっている。このサンスクリット原典は失われ、今日では断片が残されているだけである。しかし、中国で漢語に翻訳されたものが残されたため、日本に伝えられることになった。漢訳やチベット語訳の異本があるため、原典もいくつかのヴァージョンがあったものと推測されるが、その最大の特徴は原始教典の『涅槃経』が、涅槃とは迷いの根源である肉体が無に帰した平安な境地であるとするのに対して、大乗『大般涅槃経』においては、涅槃とは「常楽我浄《じょうらくがじょう》」の境地であるとされていることだろう。「常」とは永遠であること、「楽」とは安楽に満たされていること、「我」「浄」は、それが絶対的であり、清浄なものであることを意味している。したがって、釈尊の「入滅」とは、たんなる死なのではなく、「常楽我浄」という絶対的な境地に至ることにほかならないと解することが出来る。つまり、涅槃とは、消滅ではなく、永遠なるものを得るという積極的な意味合いを持つわけである。

釈尊がスジャーターと並んでチュンダの供養を、もっとも尊いものとした理由も、ここにあるように思われる。経典によると、チュンダの供養によって、病身であった釈尊は、さらに体調を崩したことになるが、スジャーターの供養が釈尊を悟りへとうながしたもの

真乗が一刀三礼の祈りをこめて作り上げた大涅槃像

であるとすると、チュンダの供養は、釈尊を涅槃へと誘うものだったということになる。つまり、スジャーターは成道《じょうどう》へ、チュンダは涅槃へと釈尊を導いたと考えることが出来るわけである。

また、大乗『大般涅槃経』では、釈尊は、在家の信者であったチュンダの供養だけを進んで受け取ったとされており、釈尊が、出家と在家に優劣をつけていないことを示す逸話《いつわ》としても、チュンダの供養は重要性を持っている。

大乗『大般涅槃経』における「如来常住」と「一切衆生悉《しっ》有仏性」というふたつの主題は、中国と日本の仏教に多大な影響を与えた。「如来常住」とは、真理を体現する仏というものがつねにあり続けるということ、「悉有仏性」とは、あらゆる生類《しょうるい》に仏性、すなわち仏となる可能性があるということを意味していると考えればいいだろうか。つまり、ごく簡単に要約するなら、大乗『大般涅槃経』とは、法身《ほっしん》としての如来、つまり仏陀＝仏法は不変のものとしてあり続け、いっさいの生類は仏陀となりうるものであり、それゆえに、いっさいの生類は、仏陀の境地である常楽我浄という涅槃に至ることが出来ると説いていることになる。

ところが、「一切衆生」、あらゆる生類と言っても、そこから除外される存在がある。先に述べた「一闡提《いっせんだい》」である。一闡提とは、サンスクリット語の「イッチャンティカ」の音訳で、原義は「求め続ける者」あるいは「主張する者」を意味し、大乗仏教においては、快楽や物質など世俗的な欲望をほしいままに求める者、その上で自己の主張を譲らない者を指している。一闡提は略して「闡提」とも言うが、仏教においては極悪人に近いイメージがあり、仏となることは出来ず、決して救われることがない人間だとされる。たしかに、『大般涅槃経』においても、一闡提は、治療できない病（現病品《げんびょうぼん》第六）と呼ばれ、仏を信じる心もない（如来性品《にょらいしょうぼん》第四の四）と語られており、悟りとも涅槃とも、まったく無縁の者であるかのように扱われているように思われる。ところが、同時に、次のように語っていることは注意が必要だろう。

不定《ふじょう》とは一闡提のことである。それは重罪を犯し続ける者であるが、仏道を成し遂げることがないのではない。なぜかというと、もし一闡提が少しでも仏法を信じるこころを起こしたら、その時、一闡提ではなくなるからだ。

また、仏教の信者になったら、一闡提ではなくなる。重罪を犯す者でも、重罪を消したら、その時、ブッダになることができる。だからなにをしても、仏道を成し遂げられないことはない。

（『ブッダ臨終の説法〔完訳大般涅槃経〕』如来性品第四の二、田上太秀訳）

つまり、一闡提であっても、仏を信じる心を起こしたときには、一闡提ではなくなり、成仏できるというのだ。救いから排除することが一闡提を説く目的ならばこの一節を加えるはずがない。『大般涅槃経』はむしろ救われない存在を極限まで明かすことによって、真の救いとは何かを伝えようとしているのではなかろうか。

この問題に関しては、『大般涅槃経』にも登場する阿闍世王《あじゃせ》と釈尊の会話も重要だろう。マガタ国王ビンビサーラの息子、アジャータシャトル（阿闍世）は、釈尊の従兄弟であり、釈尊に反逆しつづけたデーヴァダッタ（提婆達多《だいばだった》）にそそのかされて、父王を牢獄に閉じ込めて餓死させ、王位に就いた。つまり、無間地獄に堕《お》ちるとされる五逆の大罪のうち「殺父《せっぷ》」を犯したことになる。阿闍世王は、父の殺害、母への虐待の報いを受けて全身に腫瘍《しゅよう》ができて苦しみ、自分を一闡提だと思いこむが（梵行品《ぼんぎょうぼん》第八の六）、釈尊の説法を受け、帰依する。しかし、王は自分が地獄に堕ちるのは避けられないと考えていた。それに対して、釈尊は次のように語った。

　自分の身体、これに関わるすべてのものの性質と形相は無常で、固定的なものはなに一つない。大王、どうして自分はかならず阿鼻《あび》地獄に落ちるはずだというのだ。

（前掲書、梵行品第八の六、田上太秀訳）

「一切諸法性相無常無有決定」。世間にあるものはことごとく定まったものではない。一闡提でさえ、仏を信じる心を起こしたならば一闡提ではなくなり、成仏できる。大乗『大般涅槃経』は、言葉の正しい意味において、いっさいの生類の救いの可能性を説いた経典だと言えるようにも思われるが、前半では、繰り返し一闡提が成仏することはないと説いており、アカデミックな立場では大乗『大般涅槃経』は「一闡提成仏」を説く経典ではないとする見方もある。しかし、真乗は、むしろ積極的に大乗『大般涅槃経』に「一闡提成仏」という主題を読み取ろうとした。それは、ここまで語ってきたように「如来性品第四の四」、そして、阿闍世王と釈尊の会話が見られる「梵行品第八の六」から導き出されたものではないかと思われるが、真乗は大乗『大般涅槃経』のなかに「一闡提成仏」という仏教的主題を見い出し、あらゆる人が救済されうるという確信を抱いたのではないだろうか。真乗は大乗『大般涅槃経』に、求めていた答えを見い出したのだった。

真澄寺《しんちょうじ》開基十年祭の昭和二十三（一九四八）年五月十一日、手記に真乗は自分の考える仏道を次のように書き記している。

まこと教団の行き方は現実以上のところに理想を求めない。現実そのものを深く掘り下げつつ、それを深く見極めて行く行き方と、又《また》一つには掘り下げた心境から正しく見つめつつ元の姿に戻す法がある。元に戻して見ると現実がそのまま理想体であることを覚《さと》る。

此《こ》の掘り下げの法が求道心なれば、元の姿に戻す法が反省心である。

掘り下げの求道心は仏とならん為の法であるから、全《まった》く理想を現実に生かすものであり、自《みず》からが光であり、その身そのままが仏である事を覚《さと》る法である。（『手記』）

手記は、真乗が自分自身のための覚え書きとして書いたものであるため、決して分かりやすいものとは言えないが、ここで語られていることは、真乗の仏教者としての信仰観をよく現しているのではないだろうか。まず現実から離れた理想論を求めず、現実そのものと向かい合って仏法を求める、これは真乗が終生、貫いた姿勢だと言っていい。そして、仏を求める求道心で現実を深く見つめ、さらには、その深い観相から、反省心でもって現実を正していくならば、現実こそが理想にほかならないものになる。真乗は、そのように考えていたのではないだろうか。また、求道の結果、「その身そのままが仏である」ということを悟るという考え方は、空海が『即身成仏義《そくしんじょうぶつぎ》』で語った思想と通底するものであるように思われる。

『涅槃経』と出会う前から、真乗が考える仏教というものは、たしかな骨格を持ってはいたが、おそらく、『涅槃経』は、真乗の思想により明確な方向性と形を与えることになったのだろう。如来は常住であり、あらゆる生類には仏性がある。常住である如来に帰依し、自己の仏性に気づいて、それを磨いていけば、本来は清浄である自己に至ることが出来ることになる。そして、その実践的修行として、密教的禅定《ぜんじょう》である接心《せっしん》があるわけであり、一闡提にさえ、救いの道は閉ざされているわけではない。こうした実践は、結果として、この現実の世界を「常楽我浄」という四徳を備えた、喜びに満ちたものに変えることになる。おそらく、真乗は『大般涅槃経』と出会って、釈尊と大日如来、そして真理である「ダルマ（法）」を重層化させて把握し、現実と涅槃と常楽我浄という境地を一体化させる仏教観を作り上げたのだろう。それは、釈尊からは隔たったものであった密教の体系を、再び釈尊の教えに重ね合わせるものでもあった。

4 涅槃像謹刻《きんこく》

真乗《しんじょう》が大乗『大般涅槃経《だいはつねはんぎょう》』をどのようにとらえていたのかについては、大正時代から今日まで続いている歴史ある仏教界の専門紙『文化時報』昭和三十七（一九六二）年八月五日付けに、真乗自身が執筆した記事が、もっとも真乗の考えをよく伝えているのではないかと思われるので、それを紹介しておこう。「仏性を自覚する――それは喜びの世界を見だすことだ」と題されたこの文章は、和紙の和綴じ本に、真乗自ら毛筆で清書していることから推して、真乗にとっても重要なものだったと思われる。

ところで私は昭和三十二年以来涅槃尊像謹刻に着手、先ず三ヶ月の日時をもって十六尺の尊像、続いて九尺、六尺と聖像を謹刻し奉《たてまつ》って来たがそれは総《すべ》て仏所説の説、仏所証の法を一切包含して基盤となし来った。

（中略）

私が尊像謹刻に当たって大きく確信を得たところのものは、やはり仏典中最高と信じ得る大般《だいはつ》涅槃経に於いて説き示し給うた「如来性品《にょらいしょうぼん》」の中の以下の聖句であった。

即ち、……衆生をして我が身中に於いて塔廟の想を起こして礼拝供養せしむ、是の如きの衆生、我が法身を以て帰依処となす……

釈尊が最後に残し給うた御遺訓とも申し上げるべき涅槃経に触れ、「高貴徳王菩薩《こうきとくおうぼさつ》品《ぼん》」の中にお示しなさった、……聴法の因縁にして大般涅槃に近づくことを得るか。

一切衆生、法を聴くを以っての故に、則ち信根を具す

という聖句を拝し、更には聖典全体のテーマとも拝される「一切悉有《しつう》仏性」「常楽我浄」「闡提《せんだい》成仏」の理は、まず多言するよりも自らその聖旨と取組むべきであると考えたのであった。

それ故、大聖世尊の御相を謹刻し奉る動機と確信は同時に在ったように思う。

その時、私は私なりの信念から所謂、仏法の衣をぬぎ、素直に仏法を行ずる決心を固めたのである。

しかし、今までの仏教の伝統というものは勿論護《まも》ってゆかねばならぬのだが、正しい本来の仏法を、聖旨に則っ

仏性を自覚する
それは喜びの世界を見だすことだ

『文化時報』紙に掲載された真乗の寄稿

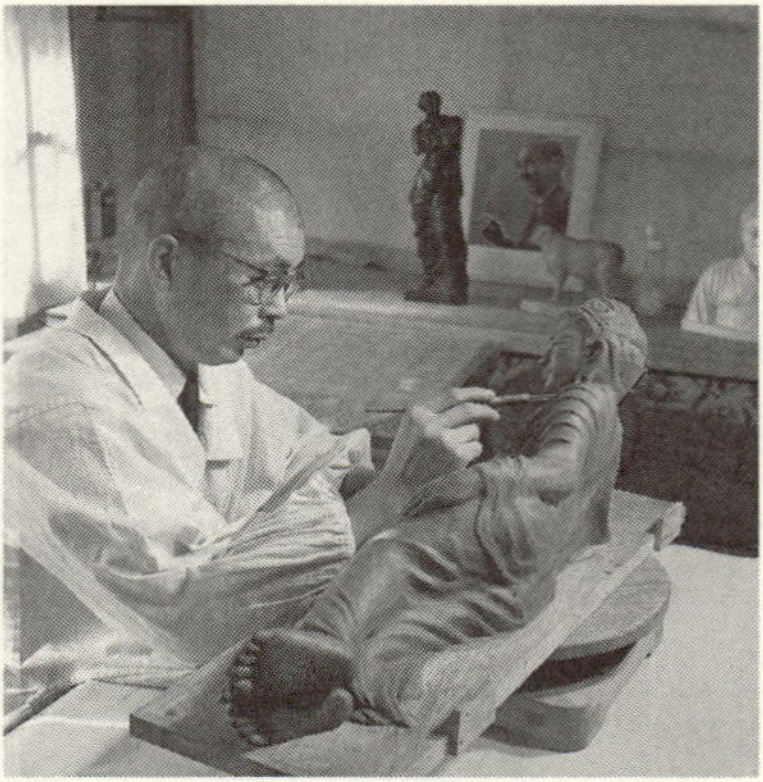

大涅槃像の5分の1原型を制作中の真乗

て、その時代その世代の人々と共に求め行じゆくところに自己の完成があると、私は深く信じているのだ。

　尊像を謹刻奉ると言うことは、ただ単に仏像を作るということではないのだ。それは、大乗教徒として正法を護持してゆく者として、一切衆生の仏性を拝み、かつまた育ててゆくことであると私は常に思っている。

　だから、例えば、親孝行という道徳の説かれない時代にあっても、前述した「如来性品」の聖句を透し、人々が自らの心に在る仏性を自覚しそれにめざめてゆく時、子は親に仕える道を自分で見出し、やがては総てのことを透し一人でも多くの人々が仏と共に歓喜《よろこ》び真実の幸福というものを物心共に得てゆく世界が、この世に、この社会に顕現されたと確信している。

（中略）

私は正しい仏法顕現のため先ず仏教本来の相《すがた》、本旨というものを智り、識らしめてゆく上にこれから一生を通じて尊像を謹刻し、また生きた仏を自他共に裡につくり続けてゆくべく精進を重ねる決心である。

この原稿が『文化時報』紙に掲載された昭和三十七年、『週刊毎日グラフ』(毎日新聞社)一月七・十四日合併号では、真如苑《しんにょえん》を「寺院十一、教会布教所二十四、信者数、十二万八千」と紹介しており、法難と法嗣《ほっし》の死から十年以上を過ぎて、真澄寺《しんちょうじ》も開基から二十四年目を迎え、教団は順調に成長していった様子をうかがうことが出来る。そして、そうした時期に執筆された真乗の文章は、『大般涅槃経』を所依《しょえ》の経典とすることの確信が示されているように思われる。それだけではなく、重要なのは、「私は私なりの信念から所謂、仏法の衣をぬぎ、素直に仏法を行ずる決心を固めたのである」という一文ではないだろうか。三十歳で出家、得度して以来、真乗は二十年の間、剃髪《ていはつ》し、頭を丸めた僧形で過ごしてきた。ところが、昭和三十三(一九五八)年に、大涅槃像を謹刻しているときから、真乗は剃髪することを止め、髪を伸ばし始めたのである。世間的に見るならば、それは、真乗が出家者であることを止め、還俗《げんぞく》して在家に戻ることを意味しているように思われるだろうが、髪を伸ばしたからと言って、真乗が仏道を離れたわけではないのは言うまでもない。しかも、そのことを「私なりの信念から」と語っていることは重要だろう。

真乗は、この「信念」とは何なのかを説明する文章は残していない。しかし、それを推測することは出来る。真乗が京都の醍醐寺《だいごじ》で真言密教を修していた立川不動尊教会の時代から、真澄寺を本部とするまこと教団の時代まで、その基本は出家修行者が在家の信徒を導くという、釈尊の時代から変わらない寺院としての性格を持っていた。ところが、『涅槃経』と出会って、真乗は法衣を脱ぎ、在家の姿に戻ったわけであるから、真乗は『涅槃経』のなかに、自分が出家である必要がないという理由を見い出したのだと考えることができる。

どんな遠くにも二人で足を運んだ（横荘線車内にて）

真乗があらゆる者が救われる教えを求めて、『大般涅槃経』にそれを見い出したのではないかということは先に語ったが、あらゆる者、すなわち一闡提までをも含めた「一切衆生」が救われるのであるのならば、そこには、もはや、出家や在家という区別さえなくなることになる。涅槃へと至るとき、釈尊が、在家の信者であるチュンダの供養だけを受けたというエピソードも、そのことを裏づけるものと言ってもいい。おそらく、真乗はそのように考えて、法衣を脱ぎ、在家の姿に戻ったのではないかと思う。それはまさに、仏法の理想を現実の世界に重ね合わせるという真乗なりの実践だったのだろう。

そして、このとき、真如苑は在家の仏教教団として歩み始めることになったのである。真如苑における接心《せっしん》修行は、接心という有相《うそう》の行から始まって、日常の社会生活じたいを無相の修行の場とするものであるから、ふつうの社会生活を営む在家の信者であっても、仏を求める菩提心を持つかぎりは、出家者と同じように仏道を歩むことが出来ると真乗は考えていた。現代の社会においては、仏道を求めると言っても、誰もが出家できるわけではない。真乗は、『大般涅槃経』との出会いによって、現代に見合った仏教のあるべき形態として、在家の仏教教団という形を確信を持って選んだのだと言ってもよい。

真乗は昭和三十一（一九五六）年十一月十一日に大涅槃像の謹刻を発願《ほつがん》した。涅槃像とは、釈尊が入滅するときの尊容を象《かたど》った横たわる釈尊の仏像であり、真乗は「仏性を自覚する」で語っているように、『涅槃経』の一節に出会って、尊像の謹刻を思い立ったのだという。真乗は、後にその意図を次のように語っている。

　仏像をつくるというのは形の仏をつくることをいうのではない。「一切衆生悉有仏性」といわれるように、一人一人の心底に秘められている仏性を開発して生きた仏たらしめ、この世に「常楽我浄」の仏土を顕現していく願いのためである。

試行錯誤の末、制作された頭部の粘土像

（『一如の道』）

つまり、真乗にとっては、形としての仏を刻むということは、誰の心のうちにもある仏性を刻むことにほかならなかったわけである。

真乗が最初に制作した大涅槃像は、仏像の像高を示すひとつの基準である「丈六」、すなわち一丈六尺（約四・八メートル）という大きさで、これ以降、百体を超える仏像を刻むことになる真乗にとっても、最大のものとなった。真乗は涅槃像謹刻を発願した年の十二月には五分の一のスケールの原型となる塑像《そぞう》を作り、翌年一月から本格的な制作に着手したのだが、専門家の助けを借りることなく、大工の棟梁を始めとする多くの信徒の協力を得て、専門家であったとしても困難な作業を三か月という驚異的なスピードで、大涅槃像を完成させたのだった。しかも、材料となる粘土を大量に入手することが困難だったため、全体を三つに分割し、順次、制作することで粘土を使い回すという苦肉の策で、出来上がったのが、大涅槃像だったのである。

この大涅槃像は、翌年五月に落慶となる接心道場に安置され、「久遠常住《くおんしょうちゅう》釈迦牟尼如《しゃかむにによ》来《らい》」として、真如苑の本尊となるのだが、真乗の仏教思想が反映された、きわめて特徴ある尊像となっている。

まず、ひと目で了解できるのは、真乗の涅槃像が、いわゆる日本的なそれとは違って、エキゾティックな雰囲気を持っていることだろう。これは、真乗がギリシア彫刻に範《はん》を求めたためで、その理由を、真乗は、釈尊の教えは不変のものではあるが、時代に応じて説かれてこそ、その真理が現されるのと同じように、仏像もまた、時代に応じたものでなければならないと考えた結果であることを語っている。このことは、実に興味深い。

木枯らし吹きすさぶなか石膏型をとる
（昭和32年1月27日）

仏像というものは、釈尊入滅後、約五百年もの間、作られていない。原始教典の『涅槃経』によると、入滅後、釈尊の遺体は火葬に付され、遺骨は八つに分けられて、遺骨を入れた瓶と、灰とともに、全部で十

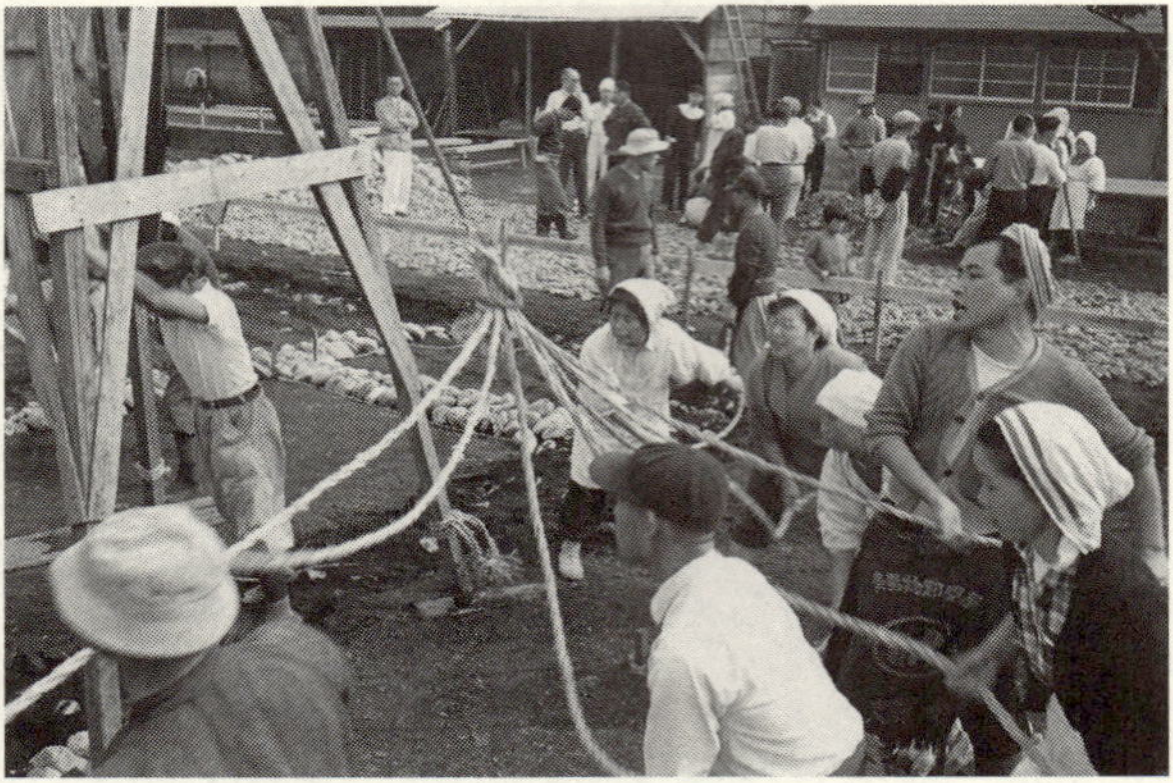

一人ひとりが力を合わせて接心道場を建立した
（昭和31年10月21日）

のストゥーパ（仏塔）が作られたことになっている。その後この釈尊の遺骨（舎利）を納めたストゥーパが信仰の対象となり、次第に、遺骨は分骨されて、ストゥーパは増えていった。そして、釈尊の記憶が遠のくにつれて、初めて仏像が作られることになったわけである。これは、ギリシアの思想・文化であるヘレニズムとインドの伝統的な様式が混交《こんこう》したもので、ガンダーラ美術として知られているものであるわけだが、次第に各地に伝わって、東洋彫刻の中心的位置を占めることになる。つまり、最初に作られた仏像もギリシア文化の影響を受けたものであり、それから、二千年を経て、真乗が再びギリシア彫刻に規範を求めたということは、真乗が密教から釈尊に還《かえ》っていったように、仏像彫刻においても、その起源に戻ったうえで現代性をあらためて考えるという共通した姿勢がうかがえるのではないだろうか。

ちなみに、ストゥーパ（仏塔）は、日本に伝来してからは、木造の五重塔などになったが、今日でも上座部仏教が息づくタイやスリランカ、そしてミャンマーといった仏教国では、いまだにストゥーパが信仰の対象であり、寺院の中心を占めている。

こうしたことを了解したうえで、真乗の涅槃像を見直してみると、釈尊の尊顔の若々しさに気づく。涅槃像は釈尊入滅のときの姿であるわけだから、釈尊は八十歳である。しかし、真乗の涅槃像は、青年と言ってもいい顔容であり、その理由を真乗自身は次のように語っている。

もとより〝涅槃像〟は、釈尊ご入滅時のお相《すがた》で、写実的には、老齢のご尊容を刻すべきなのだが、私は、その作製に当たって、ことに世尊が成道《じょうどう》された時点での面影を心に写しつつ、謹刻したいと念願した。それは、なぜかと言うのに、お悟りを開かれたみ仏は、凡夫には逃れられない、人生の苦悩、四苦（生・老・病・死）を超越し、不生不滅の境地を得られて、今日もなお、生き給うておられるからである。故に、私は、そのお顔は、若々しい青年仏陀の面《おもて》であってよい、と思っている。（『燈火念念』）

青年仏陀の表情を見せる大涅槃尊像（真如苑総本部）

真乗自身が明言しているように、真乗の涅槃像は、三十五歳で悟りを開き、成道したときの釈尊の面影を写したものということになる。すでに語ったように、釈尊は、人間は「生・老・病・死」という四苦から逃れられないことに気づいて出家修行者となった。つまり、四苦こそが釈尊にとって出家する理由となった問いにほかならないわけであり、必然的に、釈尊が成道したときの悟りとは、その問いに対する答えであることになる。したがって、釈尊の悟りとは、決して曖昧で秘教的なものではなく、苦しみがなぜ生じるのか、そして、どのようにすれば、それを滅することが出来るのかということを、その内容としている。そして、宇宙の真理である「ダルマ（法）」に目覚めて、釈尊は「ブッダ（目覚めた者）」になったわけだが、一般的なイメージだと、それ以来、入滅に至るまで、釈尊の悟りは深められていって涅槃へと至ったように思われているかも知れない。しかし、それは正確ではない。真乗は、釈尊が成道したときの悟りと涅槃のときを分けるのではなく、その永遠性を、涅槃のときの尊像に成道したときの青年、釈尊の尊顔を刻むことで表現しようとしたことになる。

そして、もうひとつ注意しなければならないのは、頭部の宝冠だろう。如来像は、通常、ゆるやかな大衣をまとい、装身具はいっさい付けない形で作られる。例外は大日如来で、如来でありながら、菩薩と同じように、宝冠・瓔珞《ようらく》（首飾り）、腕釧《わんせん》（腕の環状の飾り）などの装身具で身を飾るある種、王者の姿を取るが、これは、大日如来が、ダルマ（法）そのものが形を取った仏教における根本仏であることを強調するためである。ということは、決して華美なものではないとはいえ、真乗が釈尊の涅槃像に、大日如来と同じく、あえて宝冠を配したということは、釈迦如来に大日如来を重ね合わせ、釈迦如来と法というものを、真乗がひとつのものとして考えていたことを示すものと言っていいだろう。

さらに特筆すべきは、光背《こうはい》である。涅槃像は、通常、光背を伴わない。光背を持つ涅槃像は、世界でも、ほとんど例がないのではないだろうか。しかも、涅槃像の頭部には、智拳印《ちけんいん》を結ぶ金剛界の大日如来坐像が三体と法界定印《ほっかいじょういん》を結ぶ胎蔵界の大日如来坐像が一体、胴体部には阿弥陀如来坐像が六体、化仏《けぶつ》として光背に配されている。すでに語ったように、大日如来はサンスクリットの「マハーヴァイローチャナ」を意訳したものであり、その原

大涅槃像の光背化仏として制作された大日如来坐像（右）と阿弥陀如来坐像（左）（昭和40年作）

義は、あまねく満ちる光で、大遍照《だいへんじょう》如来とも呼ばれる。一方、阿弥陀如来は、サンスクリットの「アミターユス」「アミターバー」を音訳したもので、それぞれ「無限の寿命を持つもの、無量寿」「無限の光明を持つもの、無量光」を意味している。つまり、大日如来も阿弥陀如来も光の化身であり、真乗の涅槃像は、あまねく満ち無限の光であるところの、まさに光背を持つことになる。また、密教の主尊である大日如来と、顕教《けんぎょう》の代表的な本尊である阿弥陀如来をともに配することで、密教と顕教の融合をはかったのだと考えることも出来るだろう。顕教とは、空海が明確にした教判上の概念であり、法身仏である大日如来が説いた究極の教えである密教に対して、それ以外の明らかに説かれた教えを指し、密教がその奥義を言葉で語ることが出来ないのに対して、教えの根幹を言葉で語ることが出来る教えを言うものである。

こうして密教と顕教が融和した光背を背に横臥《おうが》する釈尊は、応身仏と法身仏の性格をともに兼ね備えており、まさに、真乗の仏教観と思想を現すものになっていると言っていい。この本尊、涅槃像を、真乗は「久遠常住釈迦牟尼如来《くおんじょうじゅうしゃかむににょらい》」と呼んだ。この名称は、「久遠常住」「釈迦牟尼」「如来」という三つの言葉から成っており、「釈迦牟尼」が「釈迦族の聖者」を意味し、歴史上に実在した釈尊を指すものであることを考えると、この涅槃像は、歴史上の釈尊と法身である如来と、その法というものが、「久遠常住」、変わらず永遠にあり続けるということを表現しているのだと考えることが出来る。

真乗は、こうした考えを『涅槃経』から得たわけだが、『大般涅槃経』を所依の経典とするとともに、その釈尊の遺教を形にすべく、涅槃像を刻んだ。それは、形あるものではあるが、拝する者が自らのうちなる仏性に気づくための尊像であり、心に仏を刻むことにほかならなかったのではないだろうか。

5 新たなる法流

真乗《しんじょう》は、長男・智文《ともふみ》を三十歳のときに、そして、次男・友一《ゆういち》を四十六歳のときに亡くした。昭和三十年代に、真如苑《しんにょえん》を調査に訪れた宗教学者、井門富二夫《いかどふじお》筑波大学名誉教授は、真乗がそのことを次のように語っていたことを後に回想している。

子供を失うということは、どの親にとっても理屈のつけようのない悲しみで、ある意味では人間そのものの悲しみ、因果の流れのなかにある者の運命の象徴だと言えましょう。ただ、長男も次男も私たちの苦しみを背負ってくれ、現象としての因果ばかりにとらわれている人のあり方を、我々に教える意味で亡くなったのだと解釈したのです。

（『創の悠恒に』）

この発言は、宗教家としての真乗の歩みを考えるうえで、きわめて重要なものではないかと思う。長男・智文の死は、真乗により深い仏教への帰依をうながすとともに、真言密教と真乗を結び、次男・友一の死は、『大般涅槃経《だいはつねはんぎょう》』と真乗の出会いを呼び寄せた。真乗は、友一の死から四年後の昭和三十一（一九五六）年の四月二日に刊行された真如苑の機関誌『歓喜世界《かんぎせかい》』第二十八号から、『大般涅槃経』の解説である「最後のみおしえ」の連載を始めており、同年、十一月に大涅槃像の謹刻を発願している。つまり、この年を転機として、真乗は『大般涅槃経』を所依《しょえ》の経典とするとともに、真如苑《しんにょえん》の教学を新たに構築することになったのだろう。

奇しくも、この一九五六～五七年は、タイ、ベトナム、スリランカ、ミャンマーといった南方の上座部仏教の国々で、釈尊滅後二千五百年を祝って、大規模な式典や法要が営まれた年に当たる。真乗は、二千五百年という時を超えて、このとき、釈尊の涅槃に出会ったのだった。

井門教授は、真乗から伝え聞いた、法嗣《ほっし》の死をきっかけとする教義の生成を次のように要約している。

そこで涅槃像を彫ることが始まり、大般涅槃経に方向が定まったのも、そこに基《もとい》をおくものだということでした。すなわち、自らの子どもの死を通し、涅槃とは死んで浄土にゆくことではない、法のなかに身を任《まか》すことが涅槃経の真理と位置づけられたのです。

（『創の悠恒に』）

この指摘は、真乗の考えを知るうえで、きわめて重要なものではないだろうか。「涅槃」とは、死んで浄土に行くことではない。「法」のなかに生きることであり、それは、大いなる喜びを見い出すことにほかならない。このことは、真乗が『文化時報』紙に寄稿した「仏性を自覚する――それは喜びの世界を見だすことだ」という文章で語っていたことであるのは、言うまでもないだろう。

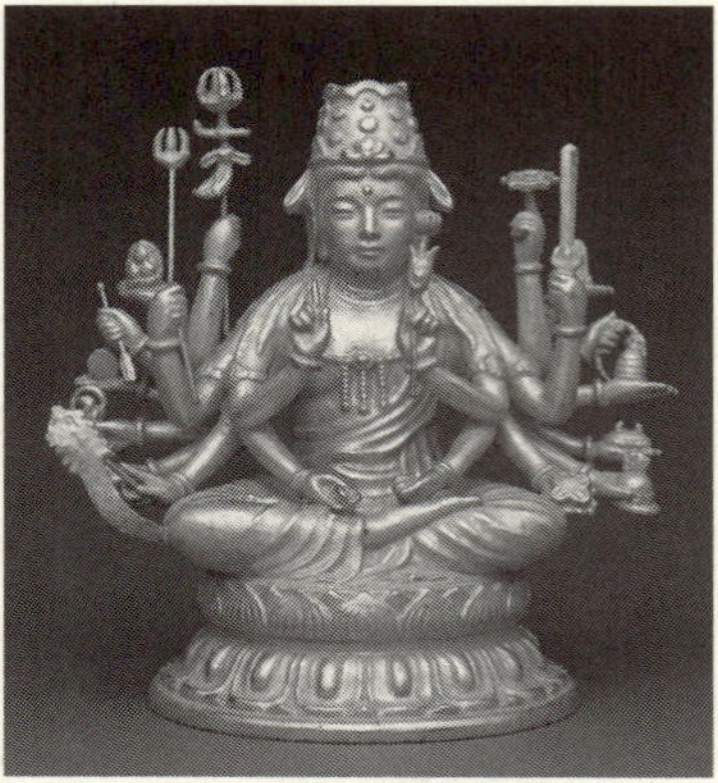

普賢延命菩薩坐像　20本の腕がバランスを取り巧みに配されている
（昭和53年作）

ここで、考えておきたいのは、真乗にとっての阿弥陀如来の意味である。丈六の本尊、大涅槃像から始まって、真乗はその生涯で、釈尊の誕生仏、苦行から成道《じょうどう》に向かう出山《しゅつざん》の釈迦像、釈迦如来坐像、不動明王坐像、普賢《ふげん》延命菩薩坐像、聖観音立像など、数多くの仏像を刻み、「昭和の仏師」と呼ばれるようになる。その制作数は、涅槃像だけでも二十体以上になるのだが、先に語ったように、大涅槃像の光背の化仏《けぶつ》として阿弥陀如来を謹刻し、さらには、レリーフも残している。来世も浄土も、決して語ることのなかった真乗が、西方極楽浄土の教主であり、浄土信仰の主尊である阿弥陀如来を刻んだのは、なぜなのだろうか？

これは、考えてみると奇妙なことのように思われる。これまでも語ってきたとおり、初期の仏教は、釈尊がそうであったように、真理である「ダルマ（法）」に目覚めた者が「ブッダ（仏陀）」となるというものであった。原始教典の『涅槃経』は、釈尊の「最後の

不動明王坐像　不動明王を迎えてから20年の節目に制作された
（昭和30年作）

出山の釈迦像　通常は痩せ衰えた姿で描かれるが、真乗は力強く希望に満ちた釈尊を謹刻した（昭和38年作）

ことば」として、次の言葉を伝えている。

もろもろの事象は過ぎ去るものである。怠ることなく修行を完成なさい。

（『ブッダ最後の旅』中村元訳、岩波文庫、一五八頁）

この言葉に示されているように、修行者は自ら修行することによって、その完成のあかつきにはブッダ（目覚めた者）になることが出来るわけであり、悟りを得るということは、あくまでも「自力」によるものだったことになる。そして、この自力による修行は、その後の部派仏教の時代も続いたわけだが、一方で、釈尊、さらには仏の考察が深化し、釈尊は過去世で修行を積んだ結果、ブッダになったという信仰が生まれる。そして、続く大乗仏教の時代には、過去世で修行して仏となった報身仏が生まれ、過去・現在・未来の「三世《さんぜ》」、そのあらゆる方角である「十方世界《じっぽうせかい》」に、仏が住まう仏国土があるという多仏の世界が生成していくことになる。そして、ある仏に帰依して、その仏が教主となっている仏国土に生まれかわることを願う信仰が生まれるのだが、そのうち、仏教が日本へと東漸《とうぜん》するなかで、もっとも広く信仰されるようになったのが、西方極楽浄土の阿弥陀如来であり、無数の仏国土があるにもかかわらず、浄土と言えば、阿弥陀如来の極楽浄土を指すようになったわけである。

ちなみに「浄土」に相当するサンスクリット語はなく、これは中国での造語なのだが、こうした大乗仏教の多仏の時代には、仏教は有神論的性格を強め、仏に帰依することで信徒が救われるという「他力」による信仰が主流となっていく。ごく簡単に要約するならば、こうしたことが、釈尊入滅から千年の間に仏教に起こった変化であった。

その後、大乗仏教のさまざまな矛盾を解消し、統合するものとして密教が生まれるわけだが、真乗の教義は、「他力」によるものでも、来世の幸福を約束するものでもないように思われる。真乗は、大乗『大般涅槃経』における「如来常住」「一切衆生悉有《しつう》仏性」「常楽我浄」といった仏教的主題に加えて、積極的に「一闡提《いっせんだい》成仏」という主題も見い出した。

大日如来と阿弥陀如来の二尊を結ぶように「常楽」の文字が書かれている（昭和39年作）

つまり、法である如来は変わることなくありつづけ、そして、衆生には、すべて仏性があり、決して救われないとされていた一闡提でさえ成仏することができる。ならば光背の阿弥陀仏は、来世の極楽浄土の教主ではなく、現世の「常楽我浄」の「涅槃」という仏国土に住する如来の姿として彫られたものであると考えるべきなのかも知れない。このことを暗に語るかのような真乗のレリーフ作品が残されている。「大日如来像・阿弥陀如来像」（一九六四年）がそれで、ふたつの如来像は、中央の「常楽」という文字の左右に並び、密教と顕教の融合を示すとともに、大日如来が象徴する法と阿弥陀如来が象徴する極楽浄土が不離のものであり、一体のものにほかならないことを、真乗は、表現しようとしたのではないかと思われるのだが、これは深読みだろうか。興教大師《こうぎょう》、覚鑁《かくばん》にも真言密教と浄土思想を一体化した「密厳浄土《みつごんじょうど》」という思想があるが、真乗の考えも、それに近いものがあるのかも知れない。もし、真乗がそのレリーフ作品に、そうした仏教観を秘めて刻んだのだとしたら、このふたつの如来像は、涅槃像と同じく、如来という仏法が不滅であり、その涅槃の世界が「常楽我浄」の四徳を備えたものであること、そして、それは来世ではなく、現世において実現されうるものだということを表すものであり、阿弥陀如来が住する極楽浄土もまた、涅槃の常楽我浄の世界のうちに現れうるものだと、真乗は、考えていたのかも知れない。

真乗は、真言密教の体系を基本としながら、密教を『大般涅槃経』によって裏づけることで、独自の仏教思想と法流を作り上げたと言えるだろうか。それだけに、旧来の仏教からは隔たったように思われる要素がないわけではない。真乗は少年時代から読書家であったが、手記にも仏典のみならず、東洋の古典やシェイクスピア、デカルトなど、さまざまな引用が書き記されており、宗教家となってからも、読書に余念がなかったことをうかがわせる。その読書は、スピリチュアリズムにまで及ぶ幅広いものだったようで、その影響と思われる「霊能」「霊界」といった、いささかナイーヴな言葉を真乗は用いることがあり、それが、そのまま真如苑の用語となっているため、非仏教的な印象を与えるところがある。また、うちなる仏性に気づいて、それを磨き上げれば、「常楽我浄」の四徳《しとく》を備えた「涅槃」の境地に至ることが出来るというのが、真乗の仏教思想であり、仏の加持を基本とする点においては他力的でもあるが、在家の仏教教団として、社会生活まで修行と見なすという点においては、自力を重視していることになる。しかも、「常楽我浄」の「涅槃」とは、死後の世界を言うのではなく、現世にあって実現されうるものと真乗は考えた。「如来常住」である以上、不変で不滅の仏陀＝仏法のなかに住することが「常楽我浄」の「涅槃」にほかならない。この考え方は、宇宙とは、真理そのものである大日如来の身体・言語・意識という「三密」の働きにほかならず、その「三密」に人間の働きである「三業」を合致させることで、その身のまま仏に成ると『即身成仏義《そくしんじょうぶつぎ》』に説いた空海の思想と、通い合うところがあるようにも思われる。

また、真如苑では、真乗を、真乗なりの仏道へと導いた長男、教導院智文《きょうどういんちぶん》と次男、真導院友一《しんどういんゆういち》が信仰と敬慕《けいぼ》の対象となっているのだが、ここに違和感を覚える人もあることだろう。このことに関して、真乗自身

『涅槃経』の目指す境地が「常楽我浄」である（昭和38年頃作）

は次のように語っている。

私は自分の子供を救ひの仏様として拝んで頂かうとは決して思って居ない。只霊尊《ただ》の御慈悲を知り、歓喜《かんぎ》や菩提地を開く道程に、一つの力と成り得る事が出来れば、これも「みほとけ」の手だての一助として、有難く感ずると共に死した子の年を数へると言ふ様な考へはないのである。（『手記』）

この発言から推測するに、智文と友一は、真乗の意志によってではなく、むしろ、信徒の間から自然にその位置づけがなされていったようだが、宗教とは、あくまでも心的な経験の領域に属すものであり、こうしたことは、信者にとっては実感として納得できるものなのだろうし、部外者は、部外者であるかぎり、理解できないものに留まるしかない。そして、このことは、真如苑のみならず、あらゆる宗教がそうであり、むしろ、宗教の本質的な部分であるのかも知れない。

ともあれ、本書で語ってきたように、真乗は、まぎれもなく仏教者であって、そのことは、彼が刻んだ幾多の仏像からも伝わってくるし、さらに、現代という時代に応じた在家の教団を設立し、『大般涅槃経』を所依《しょえ》の経典とする、前例のない密教の法流と宗門を作り上げたことは間違いない。平常眼の不動明王を本尊とする者は一宗を興すという伝承は、

仏舎利奉戴の翌年、ワット・パクナムよりプラ・ラチャウエティ師らを迎えて（昭和42年5月2日）

真乗においても実現されることになったのである。

そして、『大般涅槃経』との出会いから釈尊に回帰した真乗に、思いがけない知らせが届いた。真乗が還暦を迎えた昭和四十一（一九六六）年、タイの名刹《めいさつ》ワット・パクナムから通知があり、真如苑は釈尊の遺骨である仏舎利《ぶっしゃり》を奉戴《ほうたい》することになったのである。釈尊の入滅から五百年の間、仏像は作られず、釈尊の遺骨を祀ったストゥーパ（仏塔）が信仰の対象となったことは、すでに語ったが、つまり、真乗も、タイから釈尊の遺骨を分骨してもらうことになったわけである。タイのバンコック郊外にある寺院、ワット・パクナムは十八世紀初頭に建立されたが、ルアンポー（偉大な父）ワット・パクナムとも呼ばれ、タイ国きっての修道場として知られている。現僧正のプラマハー・ラッチャマンカラーチャーン師は、タイ僧伽《さんが》、マハーニカーイ派の最高長老《ソムデッド》をつとめていることからも、その寺格の高さをうかがい知ることが出来る。

このワット・パクナムから奉戴した仏舎利は、昭和四十三（一九六八）年に落慶なった白亜の発祥精舎の真乗謹刻の本尊、久遠常住釈迦牟尼如来《くおんしょうちゅうしゃかむににょらい》御宝前に安置されることになった。また、昭和五十四（一九七九）年に落慶する発祥第二精舎には、本尊として十一面観世音菩薩が安置されることになる。密教においては「三輪身《さんりんじん》」と呼ばれる仏身についての解釈があって、それは、如来として教えを説く「自性輪身《じしょうりんじん》」、如来の教えでもって人々を救済する菩薩という「正法輪身《しょうぼうりんじん》」、そして、救い難い衆生を救済するために忿怒《ふんぬ》の相で明王として現れる「教令輪身《きょうりょうりんじん》」であり、この発祥第二精舎落慶によって、真如苑は、発祥第一精舎の釈迦如来の大涅槃像、発祥第二精舎の十一面観世音菩薩像、真澄寺の不動明王像と三輪身満足を遂げることになったのだった。

不動明王と真乗の出会いと釈尊の大涅槃像謹刻の経緯はすでに語った通りだが、真乗は菩薩像として、十一面観音菩薩を祀《まつ》ることにした。まこと教団設立の昭和二十三（一九四八）年と早い時期から、真如苑の塔頭《たっちゅう》寺院となっていた茨城県霞ヶ浦の景勝地に建つ長《ちょう》禅寺《ぜんじ》は、歩崎《あゆみざき》観音とも呼ばれ、十一面観音を祀り、その前で護摩《ごま》を焚き続けていたので、古くから真乗と縁《ゆかり》があった。長禅寺は天平年間（七二九〜七四九）の創建と伝えられる古

真乗夫妻のもとを訪れた高階瓏仙師　制作中の胸像と共に
（昭和42年6月5日）

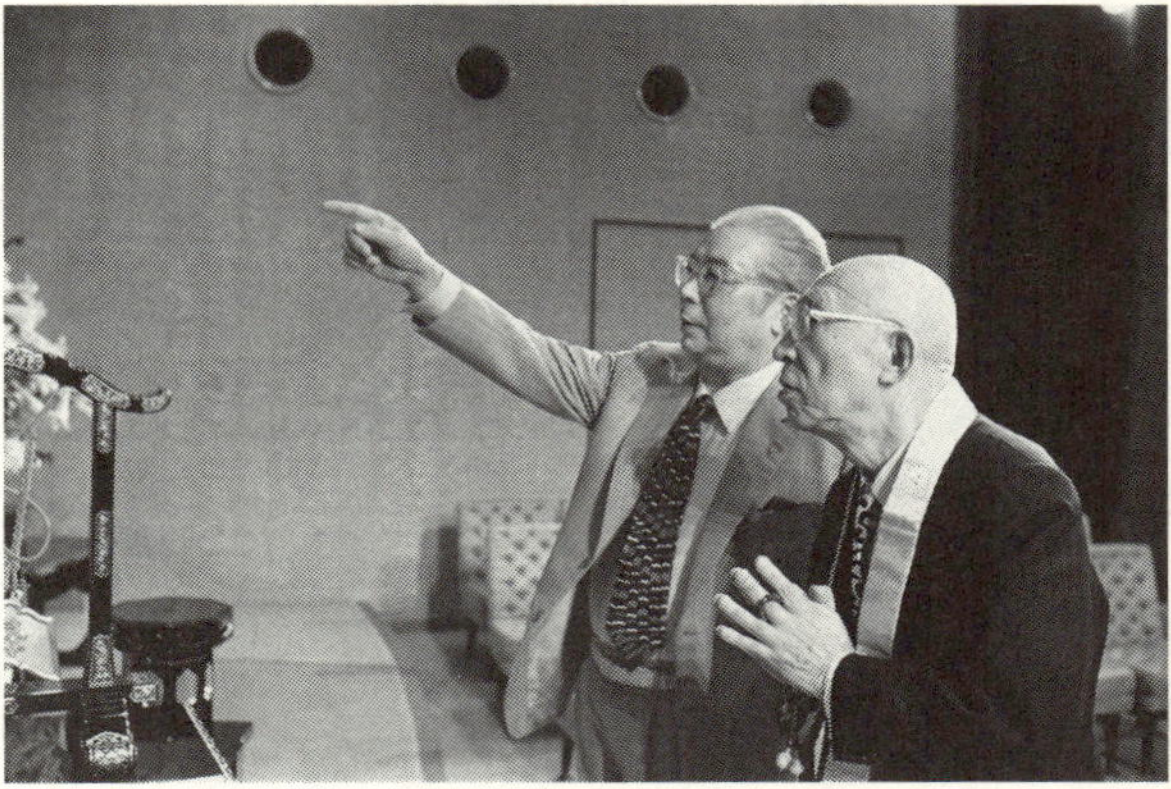

今東光師に、自刻本尊の解説をする真乗（昭和49年7月26日）

醍醐寺より真乗に大僧正、友司に権大僧正が贈られる
（昭和41年3月5日）

刹で、奈良時代の高僧、行基《ぎょうき》の作とされる十一面観音は、平安時代から安産と水難除けに霊験あらたかであると近隣の厚い信仰を集めてきた。ちなみに、歩崎の名は、天治年間（一一二四〜一一二六）に商船が暴風で難破しかかったときに、船主が「南無観世音菩薩」と祈ったところ、観音が現れて海上を歩み、船を引いて岸につけ、長禅寺がある山中に去ったという伝説に由来するものだという。

観世音菩薩は、衆生が救いを求める声を観じると、すぐさま救済するという意味の尊格《そんかく》で、観自在菩薩などの別称を持ち、観音とも略称される。また、救いを求める者に応じて、大慈悲を行《ぎょう》じ、千変万化の姿を取るとされ、これを「変化《へんげ》観音」と呼ぶが、そのひとつが十一面観音であり、十一面観

醍醐山開創一千百年慶讃法要の中日に醍醐寺金堂にて導師を勤める真乗（昭和51年5月19日）

音信仰を日本に広めたのが、泰澄《たいちょう》尊師であった。

奈良時代の泰澄は越前に生まれ、白山《はくさん》を開いたとされる行者で、その法力は修験道の開祖、役行者と匹敵するものだったという伝承が伝えられる伝説的存在である。彼は、宗派や寺門に属さぬ私度僧《しどそう》であったが、生前から「越《こし》の大徳《だいとく》」と呼ばれ、生き仏扱いされていたという。十四歳で十一面観音の霊夢を見てから修行を重ね、修験道と仏教を習合した白山信仰の基礎を作り上げた泰澄尊師は、真乗が尊崇する祖師のひとりだったらしい。

真乗がその晩年、親交を深めた高僧に、曹洞宗管長の高階瓏仙《たかしなろうせん》禅師と、天台宗東北大本山中尊寺貫主であった今東光大僧正があり、真乗は両師の胸像を制作しているが、今東光師も泰澄尊師を尊崇することなみなみならぬものがあり、今東光師が真乗を訪ねたとき、ふたりは泰澄尊師をめぐって意気投合し、六時間以上も歓談のときを過ごしたということが伝えられている。

真乗が十一面観世音菩薩を発祥第二精舎の本尊としたのは、泰澄尊師への敬愛の念からかも知れない。

本書で語ってきたような真乗の業績に対して、昭和四十一（一九六六）年、祖山醍醐寺《だいごじ》から真乗に大僧正位が贈られ、昭和五十一（一九七六）年には、醍醐寺開創一千百年慶讃法要中日の導師を醍醐寺金堂で真乗が勤めた。

昭和四十八（一九七三）年には、真澄寺が開基三十五周年を迎えた。そのとき、醍醐寺第百一世座主《ざす》、岡田宥秀《おかだゆうしゅう》大僧正は、古来からの真言宗の東密、天台宗の台密に、真乗が開創した真如密が加わって、日本も三大密教となったと説示、真乗が興した法流は、祖山、醍醐寺から「真如三昧耶流《しんにょさんまやりゅう》」として顕揚《けんよう》されることになったのだった。

おわりに

昭和という時代に、新たな法流を開き、一宗を興《おこ》したひとりの仏教者がいたことを、伊《い》藤真乗《とうしんじょう》の生涯と思想に即してここまで追ってきたが、真乗は「法流」と「血脈《けちみゃく》」ということをきわめて重視し、釈尊から始まって、歴代歴祖と受け継がれてきた「法流」という「血脈」を相承しないかぎり、正統な仏教の法脈とは言えないという考えを語っている（『内外時報』）。

そして、そうした考えの現われを、教団名の「真如《しんにょ》」に見ることができる。

真如とは、サンスクリット語の「タタター」の意訳であり、原義は「あるがままの姿」「普遍的な真理であるダルマ（法）が現れたもの」といった意味を持っている。近代的批評を打ち立て、「批評の神様」と呼ばれた文芸評論家、小林秀雄は、仏教における「真理（法）」が英語の truth だとすると、「真如」とは、英語の reality に相応するのではないかということを「私の人生観」で語っているが、的を得た指摘であるように思われる。つまり、普遍的な真理である法が、現実となって現れた姿が真如なのであり、真乗は、その真

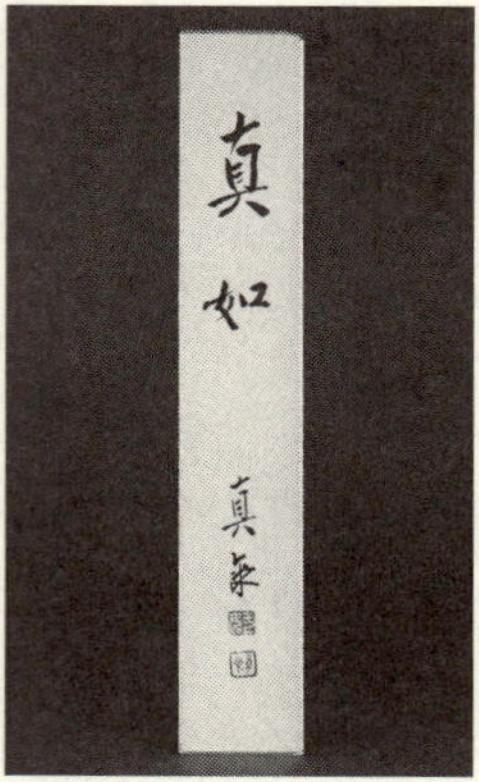

真乗が信徒に贈った短冊

如を、釈尊と「常楽我浄」の四徳を備えた涅槃に見出したのだと言ってもいい。『金光明《こんこうみょう》最勝王経《さいしょうおうきょう》』には、次の一節が見える。

仏般涅槃せず、正法また滅せず、衆生を利せんがための故に、まさに滅尽することを示現す。世尊は不思議なり。実性の体は、即ち、これ真如にして、真如の性《しょう》は、即ち、これ如来なり、名づけて涅槃とす。

ここで語られていることも『大般涅槃経《だいはつねはんぎょう》』の「如来常住」という思想と通底するものであるが、世界の実質的な本性が、真如であり、それは如来が現れた姿にほかならず、その境地が涅槃であるという意味だと思えばいいだろうか。真乗自身は「真如苑」という名称について、次のように語っている。

私どもの教団、「真如苑」の真如は、先に示した、「金光明最勝王経」に説かれるところの、目に見えざるみ仏の〝実体〟であり、苑は、口（くにがまえ）ではなく、誰でもが垣根もなく、自由に入れる（摂受《しょうじゅ》される）苑《その》であることを、示している。

（『燈火念念』）

書斎で執筆中の真乗（昭和37年6月2日）

真乗は、仏陀＝如来の目に見えない実体こそが「真如」であり、それこそが「涅槃」にほかならないと考えている。そして、教団名を考えながら、宗派名をあえてつけなかったのは、それが、誰に対しても開かれた在家の仏教教団だったからなのだろう。

仏教の思想的な展開は、きわめて複雑なものであるが、興味が尽きない奥行きを持っている。本書で繰り返し語ってきたことだが、釈尊がそうであったように、ブッダ（仏陀）とは、普遍的な真理であるダルマ（法）に目覚めた者を意味するものであった。釈尊は真理に目覚めたブッダであり、聖者ではあったが、その尊格は、神的なものではなかったことが了解できると思う。しかし、時代が下り、仏の考察の深まりとともに、ブッダという言

アトリエにて塑像を制作する真乗
（昭和37年12月13日）

葉は、釈尊ひとりを指すものとなる。ときを同じくして、釈尊という偉大なブッダは、何度も生まれ変わって修行を重ねた結果、ついに修行を完成し、ブッダになったのだという信仰が生まれる。こうした仏陀観の深化とともに、おそらくは、ブッダとダルマの関係も変化し始めることになったのではないだろうか。本来は、ダルマ（法）に目覚めた者がブッダ（仏陀）と呼ばれたわけだが、衆生にとっては、法とは仏陀が説いたものにほかならないわけで、次第に仏陀と法は同一視されるようになる。これは、大乗仏教の時代においては、さらに顕著なものとなり、仏身がそのまま仏法を意味し、象徴する多仏の世界が生成していくことになる。つまり、この段階では仏陀＝如来は、同時に仏法でもあり、仏身と仏法は、同一視されることになったと言っていい。これはある意味で、ダルマとダルマを有する主体を一体化するインド的思惟の復活にほかならない。これを、究極の形で示したのが、法自体を人格化した大日如来であるが、大日如来が体現する法とは、何であるかと言うと、つまりは、釈尊が悟った普遍的な真理にほかならないことになる。このようにして考えると、釈尊が成道して悟りを開く前と、それ以降では、ひとつの、しかし、決定的な違いがあることに気づかざるをえない。それは何かというと、釈尊が成道してからは、それ以前とは違って、普遍的な真理としての法というものがあるということが明らかになったということである。普遍的な真理というものがあることは、すでに釈尊によって明かされ、しかも、その内実も釈尊によって、すでに説き明かされている。では、それで人間の「生老病死」という四苦が解消されたのかというと、そうではない。なぜならば、釈尊が説いた法とは、「四苦」という苦しみが、なぜ生じるのか、そして、それは、どのようにすれば滅することが出来るのかというものであり、釈尊の後に続く者は、釈尊が説いたことを理解するだけではなく、釈尊が語ったように、自らも実践しなければ、真理へと到達して、苦しみを滅することは出来ないことになる。

盂蘭盆会の後、亡き人々を思い灯籠船を川に流す

　このように考えていくと、仏教史とは、釈尊の教えと、その教えを体現した人とに

わずかな時間を見つけては仏像制作にいそしんだ（昭和36年11月30日）

出会って、釈尊が歩んだ道を、自分なりに歩み、そして「ダルマ（法）」へと至った人々によって積み重ねられてきたものなのだと言えるかも知れない。そうした人々を仏教では「祖師」と呼ぶが、釈尊が歩んだ道を歩み直す方法は、仏教が広く伝播するにつれ、国によって、あるいは時代によって、変化していかざるをえない。その歩む道の違いが、さまざまな宗派を生んでいったと考えることが出来るのではないだろうか。これを登山にたとえるならば、「ダルマ（法）」という目指す頂《いただき》は、仏教徒である以上、同じなのだが、そこに至るために選ぶ登攀《とうはん》ルートは、人によっていくつもあるということになるのだろう。

釈尊以来、二千五百年に及ぶ幾多の人々の、歩んだ道の総体が仏教の歴史を形作ってきたわけだが、それを整理するならば、次のように言うことが可能かも知れない。

釈尊によって普遍的な真理である法が明らかにされた。この法は仏法と呼んでもいいが、その法は、不滅であるとともに不変である。そして、その法は仏陀＝如来によって明かされたものであるから、仏陀＝如来の仏像として表現される身体、すなわち仏身は、仏法というものを象徴するとともに、仏法を体現したものであるとも考えられる。したがって、後世の修行者は、仏身を形にした仏像と向かい合うことによって、仏法というものの明らかな存在に気づくとともに、それを求めようという菩提心を起こすことになる。そして、

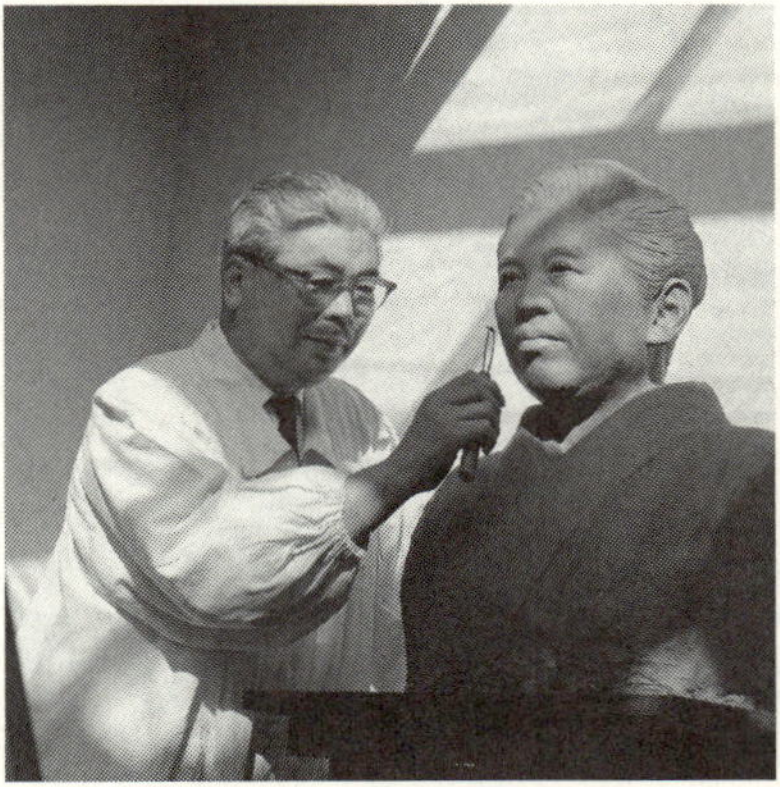
妻、友司の塑像を制作する真乗
（昭和40年11月5日）

それぞれの方法によって仏法に至った者は、自分なりの方法を人々に説くことになる。これが祖師であり、このとき、新たな一宗が始まることになる。つまり、祖師とは、それぞれが仏法へと至り、釈尊や仏法が姿を取った諸仏に出会った人たちなのだと言えばいいだろうか。

そして、真乗もまた、波瀾に満ちた修行の生涯によって、仏陀＝仏法に出会ったのだろう。真乗自身が、教理を語ることよりも、まず実践することを重んじており、その教学は体系的には語られていないため、

真乗の写真を撮り続けた写真家石川俊雄と共に

ここからは推測でしかないが、真言密教の法流を相承した真乗は、密教的禅定《ぜんじょう》である接心《せっしん》修行によって、出家のみならず、在家にも仏法へと至る道が開かれたことを確信したが、それは『大般涅槃経』との出会いによって、さらに強い確信に変わったのではないかと思う。「如来常住」、仏陀＝如来と仏法は不滅であり、いつでもあり続ける。「一切衆生悉《しつ》有《う》仏性」、生きとし生けるものは、すべて仏陀＝仏法へと至る可能性が秘められている。「一闡提《いっせんだい》成仏」、そして、そのことには例外はなく、仏性と無縁とされる一闡提でさえ、仏陀＝仏法へと至る道が閉ざされているわけではない。そして、自らのうちなる仏性に気づき、それを向上させる修行として、「接心」があり、仏法へと至ったときに開けるのが「常楽我浄」

初めて訪れた人と親しく語り合う真乗（芦屋市にある関西本部にて。昭和40年11月17日）

という四徳を備えた「涅槃」である。それは、仏法のさなかに生きるという境地であり、喜びに満ちた世界にほかならない。そして、こうしたこといっさいが、仏陀＝仏法というものがこの世に姿を現した、ありのままの姿である「真如」にほかならない。真乗の仏教思想とは、このようなものではないかと思われるが、そうだとしたら、真乗が興《おこ》した新たな法流「真如三昧耶流《しんにょさんまやりゅう》」とは、密教的な修法《しゅほう》を応用しながら顕教《けんぎょう》化《か》したもの、あるいは顕教的に開かれた密教であるということが出来るかも知れない。『大般涅槃経』を所依《しょえ》の経典とし、新たな法流と教学を作り上げた真乗にとって、大きな痛手だったのは、昭和四十二（一九六七）年、八月六日、法友であり、苑主として真乗を支え続けた妻、友司《ともじ》の突然の遷化《せんげ》

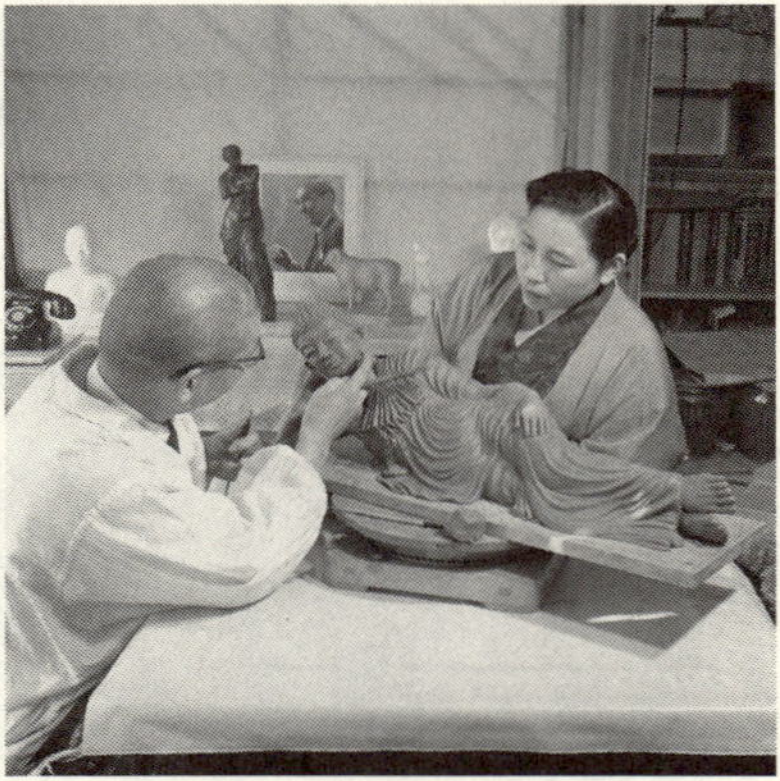

影が形に添うように常に真乗を支え続けた妻、友司と

だった。それは、奇しくも、醍醐寺《だいごじ》の開山、聖宝《しょうぼう》、理源大師の命日であり、八月八日には、友司に醍醐寺から大僧正位が追贈された。伊藤友司、享年、五十五。法号「摂受心院友司慈凰大僧正《しょうじゅしんいんともじじおうだいそうじょう》」。

友司は、真乗の教えの第一の実践者であり、友司の存在なしには真如苑は成立しなかったのではないかと思われるところさえある。「摂受」とは広く受け入れるといった意味だが、友司は生涯にわたって摂受を実践し、信徒から母のように慕われたという。

真乗は、その二十二年後の平成元（一九八九）年七月十九日に遷化する。享年、八十三。法号「真如教主《しんにょきょうしゅ》金剛身院《こんごうしんいん》常住《じょうじゅう》救鳳《ぐほう》真乗大本位《しんじょうだいほんい》」。

真乗遷化の八年後、平成九（一九九七）年に真乗の祖山、真言宗醍醐派総本山、醍醐寺は、真乗が醍醐寺で法流を修めて大阿闍梨《だいあじゃり》となり、さらに新たな密教の法流「真如三昧耶流」を興した事跡を顕揚《けんよう》し、醍醐寺境内に真如三昧耶堂《しんにょさんまやどう》を建立した。それを報じた『読売

共通の目標である世界平和を祈りパウロ6世と握手を交す真乗（昭和42年6月28日）

新聞』九月十一日付の記事を紹介しておこう。

京都市伏見区の真言宗醍醐派総本山醍醐寺の境内に、真如三昧耶堂が建立された。場所は室町時代に焼失した法華三昧《さんまい》堂の跡地。同寺は「三昧堂が五百二十数年ぶりによみがえった」と喜んでいる。十一日に落慶法要が営まれる。

法華三昧堂は、朱雀天皇の勅願で平安時代中期の天暦三（九四九年）に建立されたが、文明二（一四七〇年）八月に戦火で焼け落ち、その後再建されないままになっていた。

真如三昧耶堂は、入り母屋造り桟《さん》瓦《がわら》ぶき約七十平方メートル。宗教法

醍醐寺の准胝観音堂再建の儀式に参列する真乗夫妻（左は細川英道座主。昭和41年9月11日）

人「真如苑」（総本部・東京都立川市）の故伊藤真乗教主が同寺三宝院で得度し、醍醐派修験道の法脈に連なったことを顕揚するために建てられた。

本尊には、平安時代に作られ、これまで同寺霊宝館に安置していた大日如来座像を据えた。また、同苑の本尊仏である久遠常住釈迦牟尼《しゃかむに》如来像も安置される。

醍醐寺の真如三昧耶堂落慶に当たっては、落慶法要の導師を醍醐寺百二世座主《ざす》、麻生《あそう》文雄《ぶんのう》大僧正がつとめ、醍醐寺の根本中堂である国宝、金堂で執《と》り行われた慶讃法要の導師を、真乗遷化後、真乗の遺志によって真如苑苑主、真澄寺《しんちょうじ》首座に就任した伊藤《いとう》真聰《しんそう》がつとめたのだが、これは、千百年を

真如三昧耶堂落慶法要の様子

超える醍醐寺の歴史のなかで、女性が法要の導師をつとめた初めての例となった。

真乗は六人の子供に恵まれ、長男と次男を喪《うしな》ったが、ただひとり、三女・真砂子《まさこ》だけに自分の名前から一字を取って与えた。真砂子は真如三昧耶加行《けぎょう》を終えて、昭和五十八（一九八三）年に法流を相承し、真乗から真聴という法号を授けられる。真聴は、平成四（一九九二）年に醍醐寺から大僧正位を贈られているが、真乗の血脈を継いで、真乗亡きあと、その法燈《ほうとう》を掲げている。

真乗遷化の平成元（一九八九）年、二月から真乗は体調を崩し、静養していたが三月二十七日には真乗の誕生日を祝って大祭が執行され、数多くの信者が参集したという。真乗は、すでに人前に出る体力がなか

真如三昧耶流を顕彰して建立された真如三昧耶堂（京都・醍醐寺）

ったため、大祭の様子をテレビの中継で見ていたが、信者が一所懸命に手を振り始めると、おもむろにテレビに向かって手を振り始めたらしい。周囲は、真乗の体を気づかって止めたが、真乗は「信者のみなさんが手を振ってくれているのに、自分が手を振らないわけにはいかないだろう」と語り、手を振ることを止めなかったことを、そばにいた人が伝えている。

伊藤真乗の生涯、それは本書で語ってきたように、決して平坦なものではなかった。しかし、真乗は、その生涯のすべてでもって、「もろもろの事象は過ぎ去るものである。怠ることなく修行を完成なさい」という釈尊の言葉を生き抜いたのだと言えるのではないだろうか。

女性として初めて国宝金堂で導師を勤めた現真如苑苑主伊藤真聰
（平成9年9月11日）

晩年は刻字をすることを日課としていた（昭和60年5月）

参考文献

『燈火念念』伊藤真乗著、昭和五十一年三月二十八日刊
『一如の道』伊藤真乗編著、昭和五十九年九月十五日刊、初版 昭和三十二年五月八日刊
『苑史回想』
季刊『歓喜世界』第一〇三号（昭和五十年）から第一六〇・一六一号（平成元年）まで連載
『創の悠恒に』和泉圭紀編、平成二年十一月十九日刊
『見えない心を観る』仲田順和著、平成十九年三月八日刊

「三宝礼賛」

駒澤大学名誉教授　奈良 康明

1　はじめに

釈尊は悟りを開かれた後、ベナレスで初めて教えを説かれました。最初に法輪を転ずる、という意味で「初転法輪」と言われ、よく知られているとおりです。

釈尊はまず、かつての修行仲間であった五人の出家者を教化します。マンツーマンのぶつかりあいをしながら修行を続け、五人の比丘が悟りを開きます。仏典は、ここに六人の阿羅漢がこの世に出た、と説いています。

次いでベナレスの豪商の息子である、ヤサという青年とその友人たちが釈尊の弟子として出家修行者となり、悟りを開きます。ここにブッダ（仏）と、ブッダの説かれた教え（法）と、それを実践する修行者の群、サンガ（僧）、つまり仏・法・僧の三宝《さんぼう》が揃って、初めて仏教教団が成立しました。今日まで教えを伝承し、私たちに生きる道を教えてくれる仏教教団が成立したのです。

釈尊は、しばらく弟子たちを教化していましたが、やがて弟子たちにそれぞれの地方に赴いて法を説くように要請します。そのときの釈尊の言葉が残っていますが、まことに見事な伝道宣言とでも言うべきものです。

比丘たちよ。私は……一切の束縛から自由になった。そなたたちも同様に自由となった。諸人の利益と幸福のために、また世の人への共感をもって、神々と人間の利益、幸福のために、そなたたちは出かけるがよい。(なるべく多くの人に教えられるよう)二人して道をゆくな。初めも善く、中ごろも善く、終わりも善く、道理と表現とが備わった教えを説きなさい。この上なく完全で清らかな行いを人に示しなさい。世間には心の眼が(欲望の)塵垢にそれほど覆われていないのに、教えを聞くことがないところから堕落している人がいる。(教えられれば)彼らは真実を悟れるであろう。

(『相応部経典』1・4・1・5)

ここには釈尊がより多くの人々に法を説いて安心《あんじん》の生活を送ることができるようにしたい、という熱い思いがあふれています。弟子たちに人々の利益と幸福のために共感をもって教えを説け、というのは慈悲心が教化、伝道の基本であることを示しています。二人して道を行くな、ということは、できるだけ多くの人に教えを説こうという姿勢の表れですが、例えばイエス・キリストが弟子たちに「一人で道を行くな」と説いた事例と反対の現象を呈しています。それだけ釈尊の伝道が危険を伴わない平和な伝道であったことを示すものでありましょう。そしてその教えは、初・中・後すべてが善く、道理と表現とが備わっていなければならない。判りよい、そして人間としての道理に合った教えであることが、釈尊のこの言葉の中に示されています。

そしてさらに重要なことは、教えを説く比丘たちが自ら清らかな行いを人に示せ、と説いていることです。理屈ではないのです。いかに生きるかという実践の道を釈尊は弟子たちに具体的に示すようにと指示しています。現代の私どもが法というものを、どう受けとめ、そしてどう人に説き、教化していくのか、教団のあるべき姿勢を考える際に、大きな示唆を与える伝道宣言であるといえましょう。

以下にこの文章を手がかりとしながら、三宝礼賛の一端を述べてみたいと思います。

2　自我に悩む

よく知られているように、釈尊は老病死に悩んだと言います。老病死はすべての人間に襲いくる人生の問題であり、苦しみであるといえましょう。人間に普遍的な現象であり、不安の基であるだけに、その克服を説く仏教は、普遍的な教えであるということになるのですが、しかし、釈尊が老病死に悩んだというのはどういうことなのでしょうか。

私たちも老病死は歓迎しません。悩みの種ではあるのですが、しかし、年をとれば次第に老人となり、たまには病にかかり、そして死ぬことは避け得ようもない現実ですから、しかたがないよね、という形で受けとめているのが普通ではないでしょうか。釈尊は何故老病死にそこまで深刻に悩み、そして六年にわたる激しい辛い修行の道を選ぶにいたったのでしょうか？

釈尊はこういうふうに悩んだのではないか、と私は考えています。老も病も死も、思い通りにしたいという私たちの自我欲望に相反するものです。同時に老病死は避けることのできない現実です。思い通りにしたいという自我欲望と、思い通りにならない現実、このギャップに釈尊の自我は引き裂かれ、悩んだのに違いありません。仏典は老病死が人間に不可避であるのに、それを嫌悪するのは若さ、健康、生命の「驕り」だと釈尊の思いを語っています。

ですから、釈尊が老病死に悩んだことは間違いありませんが、老病死だけの問題ではなく、自我の処置の仕方に悩んだのでした。自分で自分が判らなくなり、いわば「自分さがしの旅」に出たのが釈尊の出家でした。こう考えれば、私たちにも思いあたるところがありましょう。

自我と対決し、それを解決するために、釈尊は二十九歳の年に出家して、厳しい修行生活に入ります。釈尊は沙門として出家しました。沙門とは、当時、特に東インドに存在していた一群の修行者の総称です。さまざまな指導者がそれぞれの教えを説き、修行が行われていました。

沙門としての釈尊の生活は、通常の社会生活の枠から遥かにはずれたものでした。仏典に四依止《しえじ》ということが説かれています。出家・沙門の生活の四つの拠り所、というほどの意味ですが、それは、一、樹下座《じゅげざ》、二、托鉢《たくはつ》、三、糞掃衣《ふんぞうえ》、四、陳棄薬《ちんきやく》という四つです。樹下座とは、樹の下に座る、ということですが、実は屋根のあるところに寝ない、という住居の規定です。暑い国ですから可能なのですが、大きな木の下とか、岩屋、洞窟など、屋根のあるところに寝ないからこそ出家というのであります。文字通りの意味で家を出るのが出家でした。

托鉢とは、托鉢によって食物を得ることですが、これも社会を出た生活であることを象徴的に示しています。沙門は一切の生産活動ないし収入を得る道に従事してはなりません。ひたすらに修行に専念すべきものであるからこそ、食事は社会生活をしている一般の人々からの施しを受けることになります。糞掃衣とは、所有者のない衣類を身につけるということでありまして、着たきり雀の生活であることを意味しています。こうした衣食住のきまりに加うるに薬のことが述べられますが、陳棄薬というのは馬の尿を発酵させた一番安い薬と言われています。

こうした四依止に示される沙門の生活とは、何を目的としたものなのでしょうか？それは無所有ということでした。一切の所有を持たない、ということは、人間的な自我欲望を、極限にまで抑制し、克服した生活を意味します。現実の問題として、この四依止に従う生活をすると、すでに一切の所有を持たない生活が現成します。四依止の生活そのものが無所有の具体的な表現であるとともに、実は自我欲望に悩まされる修行者の心をも無所有に慣らし、訓練するための手段でもあったわけです。こうした生活を釈尊は六年続けます。その間に行法としての苦行を行ったことも知られています。そしてこの六年の間に、釈尊の自我は、ひとたびは潰され、抑制され、調えられたものとなりました。

そうした自我の徹底した訓練の上に、菩提樹下における釈尊の瞑想による悟りがあり得たのです。

3 釈尊の目覚め

釈尊の悟りは「目覚め」と言われています。ブッダという言葉が、目覚めた（人）、という意味です。何に目覚めたのか、というと真実に目覚めたのでした。つまり私たちは否応なしに真実のなかに存在し、それに生かされていることを自覚し、体験を通してうけがったのが目覚めであり、悟りでした。

では、真実とは何でしょう?

釈尊が目覚めたその真実とは、例えば縁起、無常、空などという言葉で示される宇宙のおのずからの大きなハタラキと言っていいと思います。釈尊はそうした宇宙のハタラキに包まれて、生かされている自分に気がつきました。自我欲望をふりまわして、真実の在りようを自分の都合のいいように変えようとするからこそ、思うようにならない苦、不安が生じるのだ、ということに気がつきました。自我を振り回すことを辞めて真実におまかせしたところに、かえって自由な自分を見いだしたのでした。

縁起を例として取り上げてみましょう。縁起とは「縁りて起こる」ことです。どんなものも、どんな現象も、それ単独で生じ滅することはない。必ずや他のものに縁って生じ、滅するというのが縁起の意味です。

これをもう少し別のわかりよい表現をするならば、因縁と言います。因は原因であり、縁は条件というほどの意味ですが、いかなるものも様々な原因と様々な条件が合して成立しているものです。常に新しい因・縁が加わっていますから、どんなものも、そして私たちの人生の在りようも、常に変化していると言わなければなりません。これが無常ということでした。こうした真実に生かされていることを自覚し、それにおまかせして生きていくところに心の安心を得たのです。それが例えば万物無常という教えに結晶しています。

しかし、ここで大切なことがあります。釈尊は、万物無常、すべてのものは無常であると、いわば客観的な形で説いています。そして、それは現代の科学でも認められています。しかし釈尊は客観的事実を説明したのではありません。あくまでも私たちの「生きる道」を説きました。「物事はすべて無常だ」というのではなく、「私が無常」の現実に出会ってあたふたしていることを指摘しているのです。主語を三人称の「すべて」から、一人称の

「私」にかえろ、と釈尊は説いているのです。すなわち、自分が無常に出会っていることを自覚し、明らかに見、そのうえで前向きに生きていく生き方を釈尊は説きました。

4　智慧の形

実例を一つだけ出しましょう。釈尊の弟子で悟りを開いたある修行者が病気になりました。彼は言いました。

ああ、私は病気になった。怠けていていい時ではない。

病気になったら、楽にして休もう、というのが通常の考え方でありましょう。しかし彼は病気になったからこそ、怠けていてはいけないのだ、という。決して病気を無視して仕事を続けろ、ということではありません。無常なる人生ですから、無常なものとして過ぎ行く一瞬一瞬を、つまり「今」という時間を大切にし、充実したものとして生きろ、と釈尊は説いています。この修行者もそうして努力しつつ前向きに生きてきました。しかし病気になりました。体力、気力も衰えます。今を真剣に生きていく力がどうしても足りなくなるからこそ、怠けるなと自分を励ましているのです。では具体的に何をするのかと言ったら、病気になってしまったという無常の現実を明らかに見、医者にかかり、静養することに一生懸命努力しよう、という意味なのです。その意味で怠けるなと自らに言っているのです。病気になったら、少しでも早く治るよう手当をし休養をとる。それが一生懸命生きることであり、「無常を生きる」道に連なっているものでしょう。

釈尊はこうして、常に無常を生きることを説きぬいています。だからこそ釈尊は亡くなる直前にこういう言葉を残しています。遺偈、辞世の言葉と言っていいものでしょう。

修行者たちよ。お前たちに告げよう。すべての事象は過ぎ去っていくものだ。だから、怠ることなく、修行を完成しなさい。

（『大パリニッバーナ経』6・7・南伝『大般涅槃経』）

修行者たちに囲まれて亡くなりましたから、修行者たちよ、と呼びかけているのですが、出家修行者に限りません。現代の社会生活をしている私たちへの呼びかけでもあります。無常の世の中だからこそ、喜怒哀楽に満ちた人生である。しかし、いたずらにそれにふりまわされるのでなく、はっきりした自覚をもちながら喜怒哀楽に対応し、前向きに、信仰者として自分なりに納得した生き方を続けよ。そのように生きることが修行なのだ。と釈尊は最後の息の下から説いたのです。

5　慈悲の形

智慧と慈悲は仏教の二本の柱です。

仏教の伝承として、悟りを開くと、悟りの智慧と慈悲が一つになってはたらきだす、などと言います。その通りだと思います。悟りとは、すべての生きとし生けるものが、縁起、無常などの真実に等しく生かされていることの洞察を得ることです。すべては、言うなれば、宗教的真実共同体とでも言っていい。自分と他者とはそれぞれが別個のものでありながら、一つの世界に連なり、いのちを共有しているという自覚が生じます。だからこそ、釈尊は「自己」と同時に「他己《たこ》」という表現もしています。自と他は「己」を媒介として通底しているのです。

だからこそ釈尊は自と他の関係について、すばらしい教えをのこしています。

すべてのものは暴力におびえている。すべての（生き物）にとって生命は愛しい。自分の身にひき当てて、殺してはならない、殺させてはならない。

（『ウダーナ・ヴァルガ』5・19）

自分の身に引き当てて、というのは、慈悲の原点です。そしてこの教えは釈尊の不殺生・不戦の教えを明瞭に示したものといえましょう。

しかしながら、ここで私どもは考えなければなりません。悟りを開いたとたんに、智慧と慈悲が完全なものとしてはたらき出すのでしょうか？　そうではありません。たしかに悟りによって、自と他とが一つに連なる世界は自覚されますが、慈悲とは具体的な実践です。慈悲行は、具体的な実践を通じて次第に身体の中になじみ、熟してくるものです。釈尊にしても、それまで、慈悲に無関心だったのではありません。いや、社会の様々な悲惨な状況に心を痛め、慈悲の思いを強めていたのです。釈尊はこう述懐しています。

殺そうとして争っている人々を見るがいい。武器にたよろうとするから恐怖が生じる。私がかってショックをうけたその衝撃を述べよう。

水の少ないところにいる魚のように、人々が慄え、争いあっているのを見て、私に恐怖が起こった。（『スッタニパータ』935 - 6）

釈尊が世に出た前六～五世紀は、古代インド史の激動期です。戦乱がうち続き、人々が無惨に殺されることも多く見られました。釈尊はそうした現状を見るにつけ、武器をもった人間が、武器をとることによってかえって自ら恐怖にかられ、正しい行いができなくなることに心を痛めています。釈尊の心は傷ついていたのです。そうした心を持ち続けながら、修行し、悟りを開いた釈尊だからこそ、その後の四十五年間にわたる教化生活の中で、限りない慈悲を一切の生きとし生けるものに及ぼすことを説きぬいています。

釈尊は当時盛んにおこなわれていた供犠という、生け贄を捧げるバラモン教の儀礼を痛烈な言葉で批判し、行わないように教えています。思いやりに満ちた暖かい人間関係を強調しています。社会に対して様々な奉仕を行うことも在家の信者達に説いています。当時のインドの考え方として、それは功徳を積む行為であるという形で説かれていますけれども、そうした社会に尽くす行為の大切さを強く説いています。

6 教団の意味

智慧と慈悲の実践はむずかしいものですが、その実践がないと法は教えとしての意味を失います。法の伝持と実践の母胎としての教団の在りようを釈尊は見通していたように私は思います。

釈尊は沙門として一所定めぬ遊行の生活をしていました。悟りを開かれ、教えを説いて成立した当初の教団の出家者たちも、やはり屋根のあるところに寝ない出家生活を行っていました。しかし、仏教教団は次第に僧院・精舎に定住する生活にきりかわっていきます。

そのきっかけとなったのは、おそらく、雨安居です。インドでは雨期の三ヶ月、修行者たちは町や村の近所にとどまって安居の生活に入ります。その際には粗末な小屋で雨露をしのぐのですが、それをヴィハーラと言います。住所の意味ですが、後に精舎と訳されるようになります。雨期が終わるとその住まいを捨てて、また、一所不住の生活に戻ったのですが、次第に信者の寄附によって、恒久的な精舎が作られるようになり、雨期が終わっても、そのままそこにとどまる修行者たちが出て来ました。遊行生活を続ける修行者もむろんいました。釈尊もそうした精舎に留まり教えを説くこともあると同時に、遊行の生活も相並んで行っています。

屋根のある精舎にとどまって生活することは、出家沙門としての通常の決まりに反することですし、教団の内・外から批判の声があがりました。しかし釈尊は自我を抑制し、真実に身をまかせて生きていく修行に、必ずしも一所不住の遊行生活でなければならない、とは考えませんでした。精舎の成立を認め、そこにとどまって修行することを釈尊は許しています。

これは仏教のその後の歴史にとって大きな意味のある出来事でした。なぜなら当時存在していた沙門集団はいずれも歴史の中で姿を消してしまっています。法を集団で行じ、伝承していく基盤がなかったからです。当時の出家教団の中で現在にまで残っているのは、わずかに仏教とジャイナ教のみですが、ともに早い時期から僧院生活を認め、定住の生活

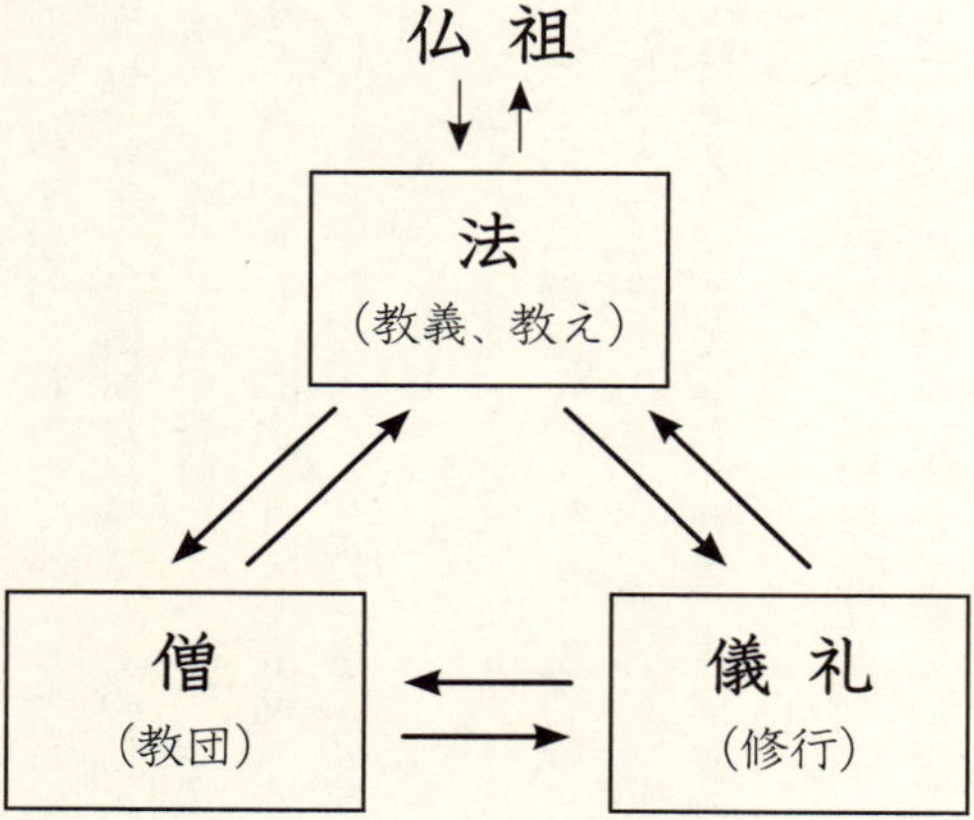

を認めているのです。

教団には三本の柱がある、と考えられています。仏教でいうならば、まず仏、ブッダや祖師がたがいて、その説かれた「法」、教えがなければ教団は成立しません。

第二にその法を実践する修行者、すなわち教団のメンバーがなければなりません。教えは学ばれ、実践されるためにあるのですから。「法」によって修行共同体の「僧」があるし、「僧」によって「法」が意味を持ちます。

第三に「儀礼」があります。儀礼と言っても意味が広く、学習や行なども、また礼拝儀礼や開祖を崇拝する儀礼などが含まれます。「僧」が「法」に導かれて実践する内容がすなわち「儀礼」ですし、「儀礼」は当然「法」の内容を形に表すものです。今日の宗教教団では、信者さんたちに日常儀礼、例えば祖先崇拝や通過儀礼（人生の節目を通過する際に行われる儀礼、命名式、お宮参り、成人式、結婚式、葬式など）もここに含んで考えてよいものです。

ですから、「法」「僧」「儀礼」の三者は、図のように、三角形のそれぞれの頂点にある、と考えればわかりよいでしょう。

こうして構成される教団とは、第一に開祖以来の「法」を共同で励まし合いながら学び、実践していく母胎です。それは当然、「法」を伝持した重要な場にほかなりません。そして、教団として社会に教化活動を展開してゆく基盤であると同時に、その教化活動が教団を活性化し強化していく機能をもっているのです。

やさしい言葉で、やさしい心を伝える

総本山醍醐寺第百三世座主　仲田順和

邂《かい》逅《こう》

古い言葉に「邂逅」と言う言葉があります。めぐり合いとか、出会いという意味です。でもそこに秘められたものは、ただ出会うのではなく、命のふれあいがあり、自分の人生において大切な、めぐり合いのことをいいます。「邂逅」は今はあまり使われませんが、私の心に残る大切な言葉の一つです。

昭和三十五年当時、全日本仏教青年会理事長を勤めておりました私は、東京新宿の厚生年金会館で開催された「新日本宗教青年連盟」の結成大会に招かれました。そこで初めて教主様、摂受心院《しょうじゅしんいん》様にお目にかかりました。その時、摂受心院様から「醍醐《だいご》寺にご縁のあるお方ですね」とお声をお掛けいただき、びっくりいたしました。その時以来、折ごとに双親《そうおや》様とお呼びするお二人にお目にかかり、お話を交わしました。

昭和四十年、上醍醐《かみだいご》准胝観音堂《じゅんていかんのんどう》再建のお話のご縁で、品川寺《ほんせん》の先代住職順海《じゅんかい》和尚のお供をして真如苑《しんにょえん》を初めてお参りし、親しく、教主様、摂受心院様にお目にかかりました。不思議なめぐり合いです。以来、多くの想いを結ばせていただきました。昭和四十一年のお正月のご挨拶の折、教主様から『一如の道』のご本に「楽」という文字に為書を添えていただくというご縁をいただき、今も大切にいたしております。教主様のご修行のご足跡を拝しながら、この『一如の道』を読み続けると、人の苦しみは自然にくるけれど、「楽」ということは自ら学び取るものであるということを思わずにいられませんでした。そしてなによりも強く心を打ったことは、「如是我聞《にょぜがもん》（かくのごとく私は聞きました）」で説かれる経典は先ず信じ疑うことなく先師の足跡を辿るのが宗教家の真の姿なのだと云うことでした。当時の私は大学院の研究室で経典の原典比較研究を常としていました。疑うことしかせず、漢訳本の訂正箇所を見出すと有頂天になっていました。教主様の姿勢に接し、目の覚める思いがしたのが昨日の如く思い出されます。

法流

教主様は昭和十一年、総本山醍醐寺三宝院《さんぼういん》道場に於いて得度受戒《とくどじゅかい》出家され、ご修行を積まれ、恵印灌頂《えいんかんじょう》に入壇し、当山派修験道《しゅげんどう》・恵印法流の法脈に連なられました。加えて、伝法灌頂《でんぼうかんじょう》に入壇、真言醍醐の法流血脈《けちみゃく》を相承《そうじょう》されました。そしてなによりも、恵印法流においては、ご修行を通して「五大」（地、水、火、風、空）をことごとく摂受され、その上に、ご自身の意識を築かれました。野に伏し、山に伏してのご修行、厳寒に氷を割っての水の行、高尾山での瀧行《たきぎょう》。そして火渡りでの火生三昧《かしょうざんまい》、そればかりでなく、二の腕にロウソクをともす手蠟の行、手のひらで燈明をともす手燈の行、身体を尽くしてのご修行でした。さらに、真言醍醐の法流の伝承者とし、また真言行者として五時の教判をなされました。華厳《けごん》経、阿含《あごん》経そして維摩《ゆいま》経をはじめとする大乗経典、さらには般若経の諸経、法華経と着々研鑽され、最後に最高の教えとして大般涅槃経《だいはつねはんぎょう》を位置づけ、大般涅槃経を所依の経典として、一宗「真如苑」を開かれました。これはまさしく「五大の上に六大を築く」の密教行者の醍醐味であり、本懐であります。しかも大般涅槃経の真髄を大衆の中に見出し、大衆とともに歩まれた御姿は、まさに、醍醐寺開山聖宝《しょうぼう》・理源《りげん》大師のお心「実修実証《じっしゅうじっしょう》」の具現に他なりません。仏教者の中で最初に涅槃経を取り上げた中国僧の慧観《えかん》にしても、涅槃経を仏陀最後の教説と位置付けしただけです。天台宗の智顗《ちぎ》大師にしても五時の教判の中で、法華・涅槃として一括りにしておられます。けれども教主様は、法華経と涅槃経は別のもの、法華経は真実の教えであり、涅槃経は真実の教えに実践を伴わせるものと位置付けられました。このように位置付けた新しい教化の意味は、非常に長い伝統の中で培われてきた一つ一つの教法・修行で会得した数多くの教え、これらを縦の線とするならば、時の社会の動き、ニーズを横の線とし、その縦と横の線の交点に教主様は涅槃経と共に立たれ、大きな判断のもと真如教法を説かれ実践なされました。これが教主様のご生涯のご教化で最も学ばせていただかなければならないところです。

　教主様の実践行は、なんと言っても伝燈法脈の上に築かれたものです。

　教主様が、醍醐寺第九十六世佐伯《さえき》恵眼《えげん》座主《ざす》のもと恵印灌頂、さらに金胎両部の伝法灌頂に入壇され伝燈大阿闍梨《だいあじゃり》位を相続されたことは宗教的に非常に重いことで、それはまた真如苑の宝です。社会にあって一人の人間としての姿で実践できる行法が恵印法流で、出家生活を続けながら修行し、教化者の立場を貫くのが伝法灌頂で相続される法流です。恵印法流では修行の内容は非常に身近な問題としてはっきりと説きます。一例をお話しすると、たとえ、身内にも話してはならないという厳しい定めを説く中で、やむを得ず肉食したり、飲酒した時に念ずる真言を授けています。日常生活にあって、かたくなに戒めにこだわって、社会生活の中で人との壁を作らない、ごく平常な人との交わりを大切にすることを諭《さと》しています。それは、行をしているという増上慢が戒められているのです。これは他の宗教では見ることのできない恵印の特徴の一つです。出世間の修行なら、剃髪《ていはつ》し戒を受けたら、大切な法として、終生、未来世まで守り通すものと非常に厳しく諭されています。

真如密

醍醐寺開創以来、醍醐で学び修行された僧が山内の塔頭《たっちゅう》寺院を中心に、それぞれに法流を立てられることがあり、それが多岐になってしまい、醍醐寺第十四世座主勝覚《しょうかく》僧正が三宝院を中心に法流を一つに纏めようとなさいました。ところが、それを受け継ぐ弟子の見解が少しずつ違って、いろいろな口伝・師伝ができました。そこで憲深《けんじん》僧正の口伝をもって三宝院流とすることにして、三宝院では憲深方を基準にしました。その後、洞泉という方の口伝を加え、洞泉相承として明治以降は「三宝院憲深方洞泉相承」を中心にしています。三宝院の法流伝承は一糸乱れず、社会との接点、世の移り変わりとはあまり関係なく、ひたすら伝法灌頂を中心に血脈相続が続いています。教主様はその伝統の法脈の中に社会との接点を興されました。それは三宝院流憲深方の法流と恵印の法流の二つを融合されたからです。醍醐寺としても、宗教界全体としても、伝燈法脈に社会との接点を見る真如の法流は最も理想とする法流の姿です。この法流の重要さを顕彰し続け、伝承する意味において、醍醐寺は「真如三昧耶堂《しんにょさんまやどう》」を建立いたしました。このことは、醍醐寺を訪れる多くの方々が醍醐の法流血脈のなか、憲深方や恵印の法流、そして真如の法流に接することができます。それればかりでなく、醍醐寺歴代座主門跡の炯眼《けいがん》と判断、教主様の実践行が確かであった証であります。それを明らかに伝えることが伝燈を大切に伝承する醍醐寺の責任の一つであり、ここに、真如三昧耶堂の創建と真如三昧耶流の顕彰《けんしょう》の意義があります。

「真如三昧耶流」は「真如密」とお呼びし、正式には「真如密教」として宗教界はもとより、社会全体より一つの評価も得ています。

教主様はご修行を成満されてすぐ、戦争になり、厳しい時代を越えた直後、思いもよらない法難事件、宗教法人認証、法嗣《ほっし》様のご他界から摂受心院様ご遷化《せんげ》と本当に多難なご生涯をつらぬかれました。この大きな地盤・大地があればこそ大輪の花が咲き、実を結び得たのです。逆縁の「苦」しみ、想像も及ばないいばらの道をつらぬかれたお姿を思うと、いただいた「楽」という字の重みをひしひしと感じます。何気ないお言葉の一つ一つ、心に残る大切さを思わずにはいられません。

霊能

真如苑にはその一大特色の一つとして、真如霊能の存在があります。それもただ霊的なものを取り沙汰する巫女的なものに止まらない深い教義として大成された祈りの世界です。霊的な事実や体験論に走るのではなく、また道徳や倫理のみに偏るのでもない、独自の教理の中に据えられています。

醍醐寺開創時の聖宝理源大師は、霊性の尊さ、重要性をお説きになり、また身をもって示されています。醍醐寺開創のお話の中にも、恵印法流相伝に際しては「霊異相承《れいいそうじょう》」という言葉が示すように、霊性を尊び、霊能の情緒を充分に生かしたお話で終始しています。「霊能」「霊性」を私は「目に見えない心のお話」と受け止めております。古典文学の中『今昔物語』この「目に見えない心のお話」によって心を静めて来ました。私達の先人は皆をはじめとして、多くの説話文学の中で語り伝えられています。『内外時報』の「天音」

は、まさしくこれに相当します。「霊」という言葉を耳にすると、すぐオカルト信仰として受け止められ、密教も、この分野でとらえがちです。

開山聖宝理源大師は、教説の中心に「霊」の存在を置き、霊性の開発に山岳修行の重要性を説き、私達に「実修実証」と云う言葉を示されました。今、恵印法流の中で最も大切にしている言葉です。醍醐の伝燈の中では、この「実修実証」という教えを、自分自身の内心にとらえ、理解し、実践して来ました。教主様は、実修して得たことを実証して証すのは、社会に明かすことである、実証とは教えと社会、それを教主様は苑歌《そのうた》に示されています。

〝信心は観念《おもう》のみでは迷いなり
　行い示し会得するもの〟

この苑歌では、「信心」と平易な言葉を使われて呼びかけていますが、事相とか教相、印を結び、み仏を拝み、曼荼羅の教えを云々して言うだけの観念的に教えを受け止めていたら本当に迷いで、そこからは抜けられない。行動して初めてすべてが明らかになるのが信心ですと説かれています。

まさに苑歌の示すごとく、宗教の善し悪しは俄《にわか》に判断を下すことではなく、その教えによって導かれた人々の行動が社会に受け入れやすいか、受け入れにくいかを判断することによって、その宗教の真価が分かります。実修実証とはその真価を社会に示していくことで、それを真に示されたのが教主様です。それも伝統を踏まえられた教主様の尊いご修行があったからこそ開かれた道です。

教主様のご修行の一つを青年教徒の方々にお勧めするお話をしたことがあります。大峯《おおみね》山《さん》での峰中修行や柴燈護摩《さいとうごま》に併せての火生三昧等のお話でした。ただニコニコとしていらっしゃるだけでした。ご自身は、私たちの想像もできないほど水量の多い高尾の蛇瀧に二年以上もの水行をなされ、火生三昧も修められ、手蠟、手燈まで修せられておられたのに何も語ろうとなさらない。

はじめて、教主様と握手をしました。やさしい温もりの、柔らかな御手に感激しましたが、左手の掌の一部だけ固くなっていて、ハッとしました。左手だけでなく右手にもありました。掌の外側のニギリメが固くなっている方は何の修行をしたかというと、手燈です。掌を丸めて油を入れ、燈明を点して一人じっと祈られる。しかも誰も知らないところで……これは大変な行です。「燈火念念《ともしびねんねん》」は教主様がよくお使いになる言葉です。私は大好きな言葉です。でも教主様のお口からこの言葉を聞く時、涙なしでは聞くことが出来ません。「燈火念念」ここに秘められた教主様の祈りとお心を思う時、唯々、尊く涙します。

ご自身の経験された行は、自分だけでよい、修行の一切はご自身の身体に一切を摂受なされていました。そんな思いを抱く時、尊いお姿を拝します。

ご自身のなされた苦しみは自分だけでいい、一心に苦しい「行」は受け止めたから、弟子たちは皆安心して日々の常行に勤めたらよいと願われるお姿です。小乗仏教の土台ともなったジャイナ教の修行は、自分の身体を痛めつけ悟りの情緒を味わうことを主としていますが、教主様はこれをも摂受して、自身の身体を十二分に養い、安心して生活、修行しなさいという大乗仏教の修行の道の真髄を示され、難行苦行の修行をすることにより、自己を語り、うぬぼれていることをいましめておられます。

地、水、火、風、空の五大を修めていく行法にしてもそうです。密教では観念的に理解し、教義的にも説明していますが、恵印では教義を、先ず地、水、火、風、空の行を実修していくところに自分自身を築き上げます。そこに五大の上に六大を築く恵印の姿があります。このことは天台教学で言うところの五時教判にとどまらず、華厳、阿含、維摩、般若、法華涅槃の五つの経典解釈について、五大の上に六大を築くというお心から涅槃経を最高の経典として、法華経とわけて所依の経典とされました。五大の上に六大を築かれて今までにない密教の姿として大成されたのです。

それを醍醐寺第百一世岡田《おかだ》宥秀《ゆうしゅう》大僧正は天台の五時の教判を見据えつつ、第六時として涅槃経を置かれた教主様の真如の教えを、「真言密教の流れと天台密教の流れを合わせた真如密教」と呼ばれました。修行と実践行、その卓越した洞察力と深い教学について、一度系統立てて学ぶべきであると考えています。

その教主様のお姿に対し、絶えず摂受心院様は祈り続けておられました。忘れてはならないことです。教主様の願いと法母摂受心院様の祈りに真如密教の命脈は支えられています。

今日、真如密教・真如密は、汎神的で象徴的であることでは、伝統の密教と軌を一つにしていますが、教相と事相の統一を強調する伝統密教に比べて、教相よりも事相、理論よりも実修を優先する真如密は伝統密教よりも徹底しています。

家に在りながら、誰でもが修行に参加でき、一人の指導者（霊能者）のもと接心《せっしん》修行を中心に自分自身の中に秘められている無限の可能性（霊能も含め）を開発し、その実現を願いつつ修行するところに真如密の大きな魅力があります。

芸術

教主様は宗教者として豊かな芸術性をお持ちです。今般開催された「伊藤真乗の目と手」の展覧会に御修行間もない頃の小さな手帳の展示がありました。その一頁に不動明王のデッサンがあります。そして、それと同じお姿をした不動明王の彫刻がありました。伝法灌頂に入壇する前、百日間の修行があります。如意輪法《にょいりんぼう》・金剛界・胎蔵界・不動法・不動護摩の五段階の修行です。そして、それぞれの修行で修法《しゅほう》（本尊を念じる法）を行います。この修法の中に「道場観」という観念があります。これから祈る道場とお迎えする本尊様のお姿を心に秘める観念です。お不動様、不動法の道場観は、

「壇上にアク字有り。変じて五峯八柱《ごぶはっちゅう》の宝楼閣と成る。其の中に殊妙《しゅみょう》の壇有り。壇の上にウン字有り。変じて瑟瑟《しつしつ》の座と成る。座の上にカン字有り、変じて利剣と成る。利剣変じて大聖不動明王と成る。身青黒色《しんしょうこくしょく》にして、大忿怒《ふんぬ》の形なり。大盤石《ばんじゃく》の上に半跏坐《はんかざ》して、火生三昧に住し玉えり。頂上に七莎髻《しゃけい》有り。左に一つの辮髪《べんぱつ》を垂れ、額に水波《すいは》の皺《しわ》有り。右の手に智恵の利剣を取り、左の手に方便の羂索《けんさく》を持す。遍身《へんしん》に火焔を出して、普く法界に周遍《しゅうへん》して、悉く自他の罪障及び諸々の難降《なんごう》の類を焼き尽くす。四大八大、諸大忿怒、無量の聖衆《しょうじゅ》、前後に囲繞《いにょう》せり」

と示されています。まず道場をイメージし、それから本尊様のお姿をイメージします。教主さまの手帳に画かれた不動明王は、まさしく道場観でイメージした不動明王のお姿を図に表したものです。

鎌倉時代、醍醐寺で修行した多くの修行僧は、道場観でイメージした仏様の姿を画き表しました。現在白描図と呼ばれています。さらにこの白描図を着色したものが密教絵画であり、さらに立体化したものが彫刻された仏像です。

教主様は、一人の修行僧として、道場観を通し、云いかえればイメージトレーニングを充分になし、その後に本尊をデッサンし、着色し、そして彫刻されておられます。私は、彫刻された仏像、胸像、全てにこの思いを持っています。それを如実に示しているのが摂受心院様の胸像彫刻です。時、折々の作と思いますが、彫り表された摂受心院様のお目にその特徴と申しましょうか、道場観の思いを思わずにはいられません。同じことは、どの彫り物についても目の部分によって教主様の思いが表現されています。

そして、この「道場観」の心は、接心として教徒全員が修行し、その情緒を分かちあっておられることは美しいことです。

お花一つ活ける時も、接心を受けてから活け込むというお話を聞いた時、教主様のお心の深さを思わずにはいられませんでした。

回顧

教主様、摂受心院様と同じ時に、ご一緒に生きた喜びを大切にしながらも、常々結ばせていただいた多くの夢は、彷彿としてきます。

准胝観音堂再建の地鎮祭の当日、上醍醐への道のりを教主様、摂受心院様はそれぞれお駕籠《かご》で登山されました。途中、不動の瀧で一休みの時、摂受心院様は駕籠を担ぐ人に声をかけられ、年齢を聞かれました。年齢を聞かれた摂受心院様は再び駕籠に乗ることなく歩かれました。私はハッとしました。おそらく、両童子様ご在世でしたら同年齢の人たちが駕籠を担いでいたのでしょう。常に両童子様とご一緒のお姿を尊く拝しました。

またある時、先代順海和尚のお使いで訪苑しました。台風の日で、車を進めているうちに台風一過、日が照りはじめました。苑へ伺うと、いつもご一緒なのに、今日は摂受心院様はお出かけなのかなと思いながら教主様とお話をしました。帰るご挨拶をして席を立つと、教主様は玄関先まで出てくださいました。そこに摂受心院様が事務局の人と車を洗ってくださっているのです。もうびっくり仰天困りました。「勿体なくて車に乗れません」と申し上げると「今日は教主様のご用で来てくださって車が汚れたのですから、綺麗にして帰っていただくのが当然です」と……。

教主様にも、信徒の方にも、私にも、一切差別なく「こうすべき」とお考えになったことは、お姿で示される摂受心院様です。

関西本部へうかがったある雨の日などは信徒玄関の脇で信徒の方の履き物の泥を落とされていました。こうした摂受心院様のお心お姿が今日も全教徒の心に、姿に生かされています。教界の関係から、私もいろいろ他教団を訪ねることもありますが、真如苑に伺うと、とてもさわやかな清楚な服装の明るい教徒の方々の姿に接するたびに、いつも摂受心院様のご努力、お勤めが生き生きと受け継がれている思いで一杯です。

発祥精舎荘厳の事業計画が発表された時、先代順海和尚は、真澄寺《しんちょうじ》本堂の保存を教主様とお話になりました。ご自身の師僧釋雲照《しゃくうんしょう》和尚様の道場「目白僧園」の移転の時、建物を移築しなかった無念を話され、真澄寺の建物は、発祥の精舎であると同時に昭和初期の修験道の代表的な建造物であることから無限の価値を秘めた建物で、特に内陣と外陣の間が段差によって仕切られ、祈りの場であり、説法の道場であり、またそこが襖を入れるとそのまま生活の場にもなる貴重な建物であることを話されておられました。

教主様ご自身も残すべきであり、そうありたいと願われましたが、今、真如苑にそれを移築する土地もなく残念な心中を話されました。その後、順海和尚は再度、真澄寺を塩船観音に移築して残すことはできないかとご相談なさいました。

教主様はすぐに、結構ですと受諾なさいました。数日後、その件でお話が在るからと私をお呼びになり、「順海和尚からの話はよくわかりました。しかし、真如苑も包括法人の一つです。それが醍醐派の一寺院に建物を差し上げることは失礼です。したがって本山へご寄進します。その上で順海和尚のお心に添うように」とお話しくださいました。

真澄寺の建物は、教主様のお心の通り醍醐寺で受け、塩船観音寺へ移築いたしました。結果的には、本山管理のもと原形の通り保存管理し、活用させていただきました。先般、旧真澄寺復建のお話をお聞かせいただいた時、先ず心を横《よ》ぎったことは、教主様も摂受心院様も新しい精舎建立の時、真澄寺を保存なさりたかった思いで一杯でした。けれども難しい問題が山積みされ、さぞ無念に思われたことだったでしょう。しかしそれが今、発祥の地に復建されること、その喜びと本当にお役に立ってよかったという思いで一杯でした。

生誕百年

今年、教主様ご生誕百年の年に当たり、静かに教主様の御生涯を按ずる時、「燈火念念」という言葉が思われます。一切の修行をこの四文字に託しておられます。それは涅槃経の一文、

〝燈火は念念に滅するといえども
光りありて闇冥《あんみょう》を除き破る〟

を引用され「み仏のみ心のままに生き、今日までの道程に私の心したもの、それは〝燈しび〟の心念でありました」と説かれています。

教主様のお話の中で、「燈火念念」と言うお言葉、これは私には一番辛く悲しい、同時に力強い言葉に響いています。

教主様のお心が解れば解るほど重くなる言葉です。御手に燈火を点されて何を思われた

のでしょうか？　この手燈と言う行自体は師資相承《ししそうじょう》の裡にあって苦しい時の修行の至らなさを埋める大きな行で、普通の修行僧には授けられない深法の一つです。教主様は身体や財物や名誉に執《とら》われていたら修行はできないと常々おっしゃっておられました。この行は「何のために」、これをしたら「いくらになるの」、「命は大丈夫かな」と思ったら行はできないと諭されました。

手燈は、水行や手蠟とは違って、これに勝る行はないと思います。手燈の場合は本当にわが身を滅していくことを体解《たいげ》していくんです。この苦しみに耐えればこそ、身の置き所もないような現実の苦悩を背負っている人を救済してゆく孤独な苦しみに耐えられるのです。教主様がお受けになられた試練は並々ならぬものがあったからです。

また、ご自身、開教へと歩を進められた時、それまでお受けになった全ての教法を涅槃経の中にその実践の姿を見出されていく道程を尊く拝します。

長い日々のご修行を成満し伝法灌頂に入壇された教主様は、その中で会得された教義・行法を涅槃経の中に見出され実践されました。

不動明王のお導きで一宗開教をなされる教主様は「不動法」の道場観記述を涅槃経の中の「像及び仏塔を作ること猶《なお》し大拇指《だいもし》のごとくし、常に歓喜心《かんぎしん》を生ぜば則ち不動国に生ぜん」の教説に結ばれ、真如教法を象徴する久遠常住の本尊すべての謹刻をなされ、奉安されました。全身全霊をもって一刻一刻、涅槃経を読誦しながらの謹刻は、かけがえのない

教主様のお姿です。そして苑歌に、

〝祈りとは己が心にみ仏を　刻むものとぞ知れよ人々〟

と詠まれています。決して形のみのみ仏を追求するのではなく、涅槃経に則り、ご自身の心に、さらに多くの人々の魂に、それぞれの仏性を刻み、人々の安心のもと、希望に満ちた平安な社会を顕現していく願いの実践行です。

〝大いなる慈しみは、すべての人々に平等に注がれそのみ心はすべてを超えて、いつの世にも、どの社会にあっても変わりないことを〟

と云う大願成就のために、摂受心院様とお二人で並び歩み通されたご生涯を尊く拝します。

涅槃の風光

――仏へのみち――

東京大学大学院教授　下田　正弘

一　過去に照らされる

温故知新ということがある。すでに過ぎ去ったできごとや遥かに遠のいて隔たった世界を、たずね、あたらしさに出会う。知らなかった過去の歴史や事実にめぐり会い、かつてなかったあらたな感動をおぼえる。私たちはたしかにこうしたことを経験する。とすれば過ぎさった世界にも未来は存在する、といってよいのではなかろうか。

いつのころからか、ゆく川の流れに時の過ぎ去るイメージをかさね、消し去られる日々のしるされた暦をみつめながら時をかぞえることに慣れてしまった私たちは、過ぎ去った時は無力であり、もはや自分の未来にかかわる力はないと、そうかたくなにおもいこんでいる。

経験的な地平における未来は、だがいまだめくられない暦の日のみ待ちうけているわけではない。むしろ、なにかを契機として、みずからあゆむべき方向が開け、そこにむかって前方より呼びかけられ、背後から推しだされる力を受ける、その瞬間にこそ、私たちは未来を感ずる。たとえそれが、はるか以前に過ぎ去った暦のうえの一つのできごとであっても、さいわいにもそのできごとに出会って力が与えられ、自分のあゆむべき道があらわれてくるなら、それは過去によって未来が開かれたことを意味する。

過ぎ去った世界に時を遅れていまはじめて出会う不思議な感覚は、日常における〈時間〉の意識と〈自＝他〉の意識との双方を変容する。私たちが日ごろ生きる時間にあっては、過去と未来とが入れかわり、過去が未来に先んじることはありえない。けれどももし過去の世界に出会い、その世界のひとを知って自分の人生を開くなら、その過去は自分の先にあり、そのひとは自分の未来を歩いていたことになる。過去の世界が自分の未来であったというできごと、ここに出会いの不思議がある。

過去にありながらみずからの先をゆくひとの存在をまえにするとき、これまでかかえつづけてきた〈自分という意識〉の曖昧さと無根拠さとが浮かびあがってくる。私たちはいつのころからか、自覚もないままに〈自分ということば〉を使いはじめ、やがてそれに慣れ、ついにはあらゆるできごとをこのことばに据えながら、意識そのものをつくりあげてきた。それは、だがいわれのない習いでしかないのではないか。〈ほんらいの自己〉が存在するなら、それは無知のままに歩いてきた〈この自分〉ではなく、むしろいまはじめて出会い、自分があゆむべき未来をゆく〈そのひと〉でなければならなかったのではないか。〈自＝他〉の意識はここで反転し、他者に自己の未来を見る不思議を体験する。

時間の逆転、そして自他の反転が生じるこうした過去との出会いを、いまの瞬間においてこの身に生ずるできごとでとらえるなら、それは〈照らされる〉ということばがふさわしい経験だろう。照らす光は照らされるものとはべつであり、つねに照らされるものを超えでている。光はものの抵抗に会い、ものに反射して色をあらわし、ものは光を受け、光によってその存在をあらわしだす。光がなければものはなく、ものがなければ光もみえない。光とそれをさえぎるものとは同時に存在し、光がものを照らし出したとき、ある意味でそのものは光の一部となっている。

過去の世界のひとに照らされることによって、自己の本体が浮かびあがるとき、自己は照らしだした相手の光の一部になり、そのまま自分のあゆむべき未来へと重なる。「ふるきをたずねあたらしきを知る」いとなみは、過去に出会って未来が開けるわかりやすい契機である。

二　仏塔——涅槃からのあらわれ——

この世界には、いつか、だれかがしるしを付した暦の日や、碑を建てた記念の場が存在する。のちの時代のひとにはもはやみえなくなった謂われを秘めた、ある特別な日をむかえ、その場所をたずねることは、過去に出会ってみずからを知るうえで重要な意味をもつ。それはふるい時代を想像してなつかしむという感傷を引きおこすからではなく、現在の自己を照らしだす光源に出会う機会となるからである。

このことを示唆する教えが、釈尊の入滅という、仏教徒にとってもっともたいせつなできごとをあつかう経典である原始経典の『涅槃経《ねはんぎょう》』にしるされている。「ブッダ最後の旅」という、中村元による魅力的なタイトルで知られたこの経典の最古の層は、けれどもその旅のプロセスにあるのではなく、釈尊の入滅とそののちの仏塔の建立という、二つのできごとからなっていた。

入滅の直前、最期の地クシナガリーにむかう釈尊は、みずからの滅後、遺骨をおさめた仏塔を建立し、ひとびとが礼拝する功徳を説く。「おおくのひとは、これは如来の仏塔であると知って心が清浄になり、死後には天界に赴く」というのだ。入滅まえの一場面としてしるされたこの仏塔建立のくだりには、入滅後の遺骨供養を釈尊自身が指示するという筋展開の不自然さがある。だが注意すべきは、そうした不整合とひきかえにしてまで、釈尊みずからが発したことばとしてこの一説が伝承されてきた重要性のほうである。仏教徒たちにとって仏塔の建立は、むしろ師仏の入滅に代わる、意味深いできごととして認識されている。

じっさい、仏が入滅しすがたを消したとき、のこされたものたちのまえには仏塔があらわれた。仏の存在がみえなくなって仏塔がみえはじめたということの背景には、なにかが見えなくなることによって、過去となることによって見えるものが、現在があらわれるということの消息がうかがえる。仏塔は生きた仏の代替物としてつくりだされた似すがたであるというより、仏の無形のはらたきをうける抵抗であり、その光をさえぎって反射する障碍である。それは、したがってすでに仏の一部なのである。「仏をみるものは法をみる、法をみるものは仏をみる」という経典のことばにしめされるように、そもそもブッダの在世中より、仏に出会うことはそのうつし身に会うことではなく、真理に会うことであった。釈尊の身体そのものが真理なのではなく、その身体を仏たらしめている〈法〉、真理がある。釈尊と弟子との出会いでさえもが、ほんとうにはこの真理のなかでのみ可能となる。

そうだとするなら、在世中の釈尊と弟子たちとの出会いと、仏滅後にあらわれた仏塔と仏教徒たちとの出会いは、ともに仏という真理、あるいは仏という光のなかのできごとであり、この点において両者には違いはない。ブッダの入滅を主題とする『涅槃経』のなかに、なぜゆえに仏塔の建立が説かれているのか、その仏塔にむかうことがなにゆえに天界へと衆生たちを運ぶのか、その謎もあきらかとなる。仏塔は、うつし身の仏の〈もの〉としての代替物ではなく、涅槃からの曙光をうけてあらわれた影、すがたであり、そこにむかうことは、釈尊自身を〈仏として存在せしめていた世界〉にむかうことになるからである。

三　仏性——うちなる仏——

気がついたことのなかった自己の奥底が照らし出されるほどに出会いが深いとき、私たちの意識は出会った相手にむけられながら、同時にそのひとと不分離に存在する一つの雰囲気——気高さ、厳粛さ、柔軟さ、親しさなどが溶け合った情景——に知らずのうちにつつみこまれている。その体験には、相手のすがたとともにそれを超えてひろがるはたらき——闇を照らすやわらかな光——に出会う感覚があり、出会いの印象は相手の風貌にのみ帰せられるものではない。

仏塔が釈尊のおもむいたすがたなき世界である涅槃の風光を帯びているとき、それをまえにしてひとびとが感得するものは、そのかたちとともにある、みえない光のほうにある。涅槃の影として〈そと〉にあらわれた仏塔は、背後に存する光を、出会うものたちの〈うち〉へともたらす。極端なかたちで偶像を拒絶する啓示の諸宗教とはことなって、仏教はすがたかたちの造形化を認めており、そしてそこには表現における曖昧さ、あるいはゆとりが存するものの、めざすところは偶像そのものにはない。

仏塔が偶像を超えでた意味をもつことは、大乗仏教になって鮮明にあらわれてくる。釈尊の入滅を主題として仏塔建立の意義を説く『涅槃経』は、大乗仏教に受けつがれて大乗

『大般《だいはつ》涅槃経』へとすがたを変えた。大乗『大般涅槃経』において説かれたもの、それは〈常楽我浄〉という〈仏存在の永遠性〉であり、その永遠が〈仏性〉としてあらゆるひとびとに備わっているという〈仏性思想〉である。

仏が、光に比せられるような真理の〈はたらき〉であるとするなら、それはまさに常住であり、安楽であり、ほんらいの自己であり、清浄このうえないという、これら四つの徳におさまるものとなるだろう。そしてそうした仏は、相手となる衆生との出会いによってはじめてはたらき出すものであれば、仏は一人ひとりの存在にこそ誕生するものであり、そこではたんに〈仏〉と呼ばれるより、〈仏性〉となづけられるにふさわしい。

ブッダ入滅までの事跡をしるす原始経典の『涅槃経』と、仏性思想を説く大乗『大般涅槃経』とは、ながいあいだ相互に関連のない経典だと考えられてきた。だが、経典の深層を流れつづける〈仏の存在〉という基調に耳を澄ますなら、この二つの経典は、二つの楽章からなる一つの連続する曲を奏でていることが分かる。

釈尊入滅後、仏は『涅槃経』において仏塔としてあらわれていた。一方、大乗『大般涅槃経』においては仏性が説かれていた。この仏塔と仏性と、じつはサンスクリット原語においてはともに〈ブッダ＝ダートゥ〉という同一のことばである。つまり大乗『大般涅槃経』において「あらゆるひとびとが仏性を有している」（一切衆生悉有仏性）という主張は、原文に写し出すとき、「すべてのひとが仏塔をうちに抱えている」という主張とかさなってしまうのだ。

釈尊の入滅によって、涅槃からの曙光をうけてあらわれた仏塔。その仏塔にひとがむかいあうとき、ひとも仏塔もともに同じ一つの光につつまれる。そとに建つ仏塔を礼拝するとき、光はひとびとのうちなる世界を照らしだす。このとき仏塔は、光を帯びたまま、その存在を礼拝する衆生の内部へとうつす。こうみれば、『涅槃経』から大乗『大般涅槃経』へのみちゆきは、まさに連続的なのである。

四　有形と無形のあいだ

ほんらい〈仏性〉が〈仏の本性〉という抽象的な原理にとどまらず〈仏塔〉という具体的なものを意味したことは、仏教の歴史を考えるうえでたいせつな問題を示唆する。すがたかたちになったものと、それを離れたもの。この二つのあいだを往来することは、一つのうつし身として生まれてきた私たちが、すがたかたちを超えでた〈はたらきとしての仏〉に出会い、それを〈仏教〉として伝えてゆくうえで不可欠ないとなみなのである。

師仏が入滅したのち、この世にのこされた弟子たちが仏塔のまえに立つとき、かれらのこころのうちには、仏への思慕と憧憬の念が抑えがたく湧きあがってくる。無明の闇に佇む孤独なるものの灯炬となり、生死の大海にさまようものの浮木となって、未来へと立ちあがらせてくれた師へのおもいは、逝去したひとへの懐かしさという感傷をはるかに超えでた力をもつ。

うつし身の仏の不在と仏塔の顕現に出会い、弟子たちはかつて見知った、同じ人間としての釈尊のイメージが、自分が与えた一つの限定でしかなかったあやまりにおもいいたるだろう。そして同時に、人身を超えて聳えたつ、天上から降りきたったかのごとき仏塔の威容が、なぜ仏のすがたとしてあらわれなければならなかったか、このときにいたって得信するだろう。

仏塔は弟子たちが親しんだ釈尊のすがたとは似ても似つかぬものである。仏と直接に出会ったものたちは、じゅうぶんに仏のすがたを知っていると、信じつづけてきたであろうが、だがそれは同時に仏を一つのすがたに限定しつづけたことでもある。くりかえして述べてきたように、仏が〈はたらき〉であるとするなら、いったんは一つのかたちにおさめられても、そこから解放されなければほんとうの意味での仏には出会えない。仏塔の建立は、うつし身の釈尊という偶像から仏を解放し、無形の世界にもどって、再度、有形の世界へとあらわしだすいとなみである。

仏のはたらきの表現である仏塔には、かならず礼拝するひとの存在がともにある。たとえいま一人として訪れるひとのない仏塔が存在しても、それが仏塔であるかぎりは、礼拝するひとが、かつてか、あるいはこれからか、どこかに隠れている。はたらきかける相手の存在があってはじめて仏があらわれるということ、照らしだされるものがあってはじめて光が見えるということ、無形のはたらきは影となる存在に出会い有形となってあらわれるということは、仏教の歴史に触れるうえでたえず想起しておくべきことがらである。

在世中の釈尊に出会うことのできなかったかぎりない数のひとびとが、仏塔をとおして仏教に出会いうる理由もここにある。仏塔には祈りを捧げるひとがあり、仏塔と祈るひととが一つになるとき、有形の世界においてそれを超える無形のはたらきがみえてくる。ひざまずき、こうべを垂れ、合掌するひとのすがたの中に、仏塔は仏性となって息づいている。

五　仏へのみち

それにしても仏教の真理にしめすとおり、あらゆるものは無常であり、生老病死をのがれえたものはこの地上にひとりとして存在しない。滅びゆくこの身をかかえた、無常の実相のただなかにあって、ひとびとはそれでも仏の存在へとむきあい、祈りを捧げようとする。私たちは、生まれてこの方、人生の終着点まで生きてくるあいだ、さまざまなおもいをいだき、かぞえきれないことばを発し、休むひまなく行為をなしつづけてきた。ついにこの身と別れ、この世界と別れるいま、人生の最期になすべきいとなみが、祈ることであり、念ずることであるとするなら、私たちはいったいなにを祈り、なにを念じるというのだろうか。

人生のほとんどをそのために費やした、この身をまもるための行為のすべては、もはやはっきりと無効であると分かった。これまでいだいてきた希望、期待、願いは、ほとんどすべてがこの〈保身という目的〉を源泉としていたことが歴然とし、根本的な錯誤に、この期にいたって覚醒する。驚くことに、自分以外のいとしきものたちとの惜別の念や耐えがたい心残りも、つまり愛情さえもが〈自身をたもつ目的〉に淵源し、あれだけ身近な他者を、純粋に他者として受けとっていなかった誤りにおもいいたる。不覚にも自我愛はあらゆる認識の根底に巣食い、あらゆる行為を蝕みつづけていた。

ほんとうに驚くべきことは、だがこの先にある。自分自身の人生の大誤算があきらかになって、やむにやまれず眼をそとに転じたとき、そこに仏塔の、仏のすがたが飛びこんでくる。取り返しのつかない自分があらわになっても、それでも祈る世界、念ずる世界は存在し、はたらきつづけている。仏は存在し、まったく変わることなく、私たちを待ち受けている。滅び去る現実とその苦悩。許されぬ保身と転倒した認識。〈無常、苦、無我、不浄〉の自己存在とその人生があきらかになったとき、いよいよ〈常、楽、我、浄〉の仏、涅槃の存在が知られ、そのはたらきがこの身に脈打ちはじめる。

仏を念ずる自分に、仏となる火が灯され、仏になりゆく菩薩としてのいのちが与えられる。あたかも源泉からあふれ出てくる湧水が、乾く大地をたえず潤すように、仏が文字どおり身を費やしてしめされた涅槃は、滅びゆくこの身に、別世界のいのちをそそぎこんでくる。滅びゆく身をかかえながら、未来にむかってあゆむ力が、ここに躍動しはじめる。それはこれまでの自己を根拠としてあゆむ力とは、その源泉をまったくことにしている。なぜならばもはや〈保身〉の目的が消えうせ、自他の境界から脱したいのちへの力だからである。

考えてみれば、だが、仏を、涅槃を慕い、もとめるこころが生まれるのは、そもそも私たちの存在の奥底に、自我の影が取りはらわれた根底に、涅槃をもとめ、仏を慕うこころが、つねに存しつづけたからだろう。こういってよければ、それは仏の世界、涅槃の世界が、そもそも私たちの故郷であるから、こよなく故郷への還帰を願うように、もとめ慕うこころがはたらきはじめたのではなかろうか。

この世の故郷は私たちが生まれでた過去にあるけれども、涅槃という故郷はこれから生まれる未来にある。しかし、この未来は、だれも行ったことのない未来ではない。釈尊をはじめとする過去の仏たち、その仏を慕った無数の過去の菩薩たちが、すでに行き渡った未来である。目に見えるすがたとして、いまこの私たちにまで伝承されてきた仏教のあらゆる有形の世界。それは、この未来の故郷へのみちゆきに建てられた、確かな、たいせつな道標にほかならないのだ。

遇《あ》い難《がた》き人

元天台宗東北大本山中尊寺貫主・作家　今　東光

今日は、お寒い中、はるばると東北のこのようなところまで、おいで下さいまして、まことにありがたく感謝に耐えません。

皆さんご承知のごとく、私は、真如苑《しんにょえん》の伊藤真乗《いとうしんじょう》先生と、不思議なご縁を結びまして以来、大変お互いに理解し合い、非常に心のふれあいが深うございまして、よろこびに耐えないのでございます。

私は三十三歳で坊主になりまして、何しろ何も分からないものですから、やたらと仏書を読んだものでございます。

大般涅槃《だいはつねはん》経《ぎょう》に至っては、なかなか容易に理解することが出来なかった。ましてやそれを日常の我が信仰の上に、どう活かしていくかというところには、なかなか遠かったものでございます。

ところが図らずも、伊藤先生のお噂を、私のある友人で、もう亡くなりましたが、ある批評家が、

「大変、偉いのがいるぞ」という話をしてくれまして、それが、耳に入っておりながら、なかなかお目にかかるご縁がございませんでした。

戦後も、お噂を聞いておったのでございます。

ところが、こういう因縁の結ばれ方っていうのは、大変珍しいんですが、真如苑のご信者のある若い女性にお目にかかり、その方のお導きによりまして、ご紹介を頂き、一昨年の夏に伊藤先生にようやく会うことが出来たのです。

私、もう、お目にかかった時から十年の知己のような思いが致しました。

ことに伊藤教主さまは、各宗管長の中でも珍しい、彫刻、彫塑ですね。そういった分野に造詣が深く、まぁ、文学者であり、絵も描く私なんかに対するご理解も深く、立川にお伺いするたび、教主さまと、絵の話、彫刻の話、いろいろと、そういう世界の話を、大変分かって頂きまして、同時に私が、身に法衣を付けながら、文学をやっている、そういう事も大変に認めていただきまして、嬉しく思っておるのでございます。

「貴方は、好きなものを書いたらいいじゃないか」というようなお話まで頂いて、「私もこうして、いずれ彫塑で、今君の肖像を作ってあげる」と、私の前から横から、一生懸命撮影なさいましてね。

「まぁ、こんな顔は、先生、いつお造りくださるか、わからないけれども、ハゲ頭なんてのは、案外簡単に出来るんじゃないか」と（笑）。

「丸くさえすれば出来る。大体、格好がつくようなもんだ」と言って大笑いしたようなも

んですけれども、
教主様は「そう簡単ではございませんよ」と言われまして。そのように、非常に、仏教界にあっては、大変に楽しい、百年の知己を得た思いが致しまして、私、立川に伺うのが大変楽しみなのでございます。
私は各宗の管長さんを、たくさん存じあげているんですけれども、何ですね。つまらんやつが多いんですよ（笑）。ほんとのところを言うと。えェ。

言っちゃ悪いけれども、この間も、ある門跡が死んだんですけれども、
「この野郎を、わたしゃ、引っぱたいてやる」と言っていたら、
うちの執務長（山口晃岳師）から
「もう、死んだ人やから、先生、そこまで追求せんでええでしょう」って叱られましたけどね。
いやいや、ああいう、闡提《せんだい》に属するような奴は、やはりやっつけておかんと将来良くねえから、やると。まだ言ってるんですがね。
わたしゃ、もう至るところで、既成仏教のダメなことを説く。
何故、ダメかというと「信仰がない」のですね。

あの、まあ、「闡提」というのを、その、平たく言えば、悪人のようになるんですけれども……。

しかしながら、大般涅槃経では、闡提と言えども、掬《すく》いとらせるものである。と、著《あらわ》されてございますね。

この経文に到って、私はちょっと参りましてね。

ああ、死んでまで叩いたりするのは、これはまぁどうも……。

大般涅槃経の主旨とはちょっと違うなと思いましてね（笑）。

「叩かずに捻《つね》るのはええじゃろ」と言ったんですけれども。

こんなこと、皆さんだから言えるわけなんですけれども。

あの、闡提なんぞといわれる、正法をけがす、謗《そし》る、輩《やから》というものは非常に罪深いことでございまして、許されないんですけれども。

大般涅槃経に謂《い》わるる、闡提といえども救われるんだ。と。

こう言いますと、もう私なんかもね、

まぁ、闡提の最たるものでございましょうが、これがやっぱり救われるんだということで、ま、本当なら今頃、腹切って（手術して）、もう、「惜しい、今東光を喪った」なんて、まぁ言う人があるか、ないか、それは判りませんけれども（爆笑）。

そう言われるところを、幸いに、こうして生かさせて頂いて、闡提の成仏する所まで、伊藤先生、見届けてくださるのかと思いまして。

ま、私はこうして、ひょろひょろしながら、皆さんにこうしてお目にかかれて、大変に今日はね、嬉しい。

私ばかりでなく、実際、その、我が一山の人たちもみんな、それぞれ感じているんですが、中尊寺で、これだけの方がそろうというのはないんでございます。

そりゃあ、物見遊山の方々、観光にくる奴らは多うございますよ（笑）。

これは、虫が湧くように来よる。何万匹でも来よる。

そんなものはね、信仰心のかけらもない野郎でございます（笑）。

私なんかもう、怒り通しに怒ってやる。

行儀が悪い奴だとかね、いろんなこと文句を言うんです。

けれども、信仰で結ばれた満堂の諸君、と言いたい位の、みなさんが、これだけ揃ってくださるのは、中尊寺の歴史始まって以来だと。

わたくしは、もう非常に今日、朝から感激しておりまして、もうおろおろして、何を言ってんだか、もう……。

願文を読みながらも、もう、伊藤先生の事を考えますと、涙が出て来たのでございます。

もう、声が詰まってしまった。

お恥ずかしいことでございましたが……。


しかし、伊藤先生が、この間、病気でお休みになっていた時に、二度、

「今さん、どうしているだろう」

「今君、どうしているだろう」って言われたと、お嬢様からお話があった。

「あぁ、たくさんの数のなかのうちの……私をそんなに、考えて下すっているんですか、これじゃあ死なれないよ」と、本当に私は嬉しく感じましたね。

これはもう、伊藤先生が
「今東光よ、まだ死ぬな」
「君にはまだ、なんかすることがあるんだよ」ということを仰ってくださったというふうに、私は受け取りまして。

私、二回腹を切りまして、体験したんですけれども、あぁいうふうになったら、人のことなんて、感じて、考えていられませんよ。
手前の腹のことばっかし考えていますから（笑）、
もう腹が立って、腹が立って、
あのォ、腹切られながら腹が立って、しまいに言うことが何も無くなったら、これは、わしの切ったガンの固まり、俺は佃煮にして喰っちゃう（笑）。
病院で怒り出したんです。
そのくらいにね、自分のことしか、生きることに夢中のときには、人さまのことなど考えられませんね。

それなのに、伊藤教主が
「今君どうしているか」

「今君無事か」

と、二度、私の名前を挙げて仰って下さった。

もう一度でも結構なくらいなのに、二度まで心にかけて頂き、本当に私は嬉しゅうございましてね。我が「東光闡提」と言えども、この人がついている限り、私は救われてゆくんだと。

こういうふうに、私はね。これはもうほんとうに、心から、私は、もうそれを感じました。

「いごいちゃ（動いちゃ）ならん。抗わなくっちゃあ、いかん」というふうに感じました。

皆さん方もおそらく、真如苑で、大般涅槃経を活かすために結ばれた信仰団体ですので、私の言うことが、率直に、すなおに、「今東光は、涅槃像をもらったから、あれは、お世辞で言っているんだ」と思わずに、聞いて頂けると思うんです。

ところが、この涅槃像の前に、私は、立川の境内にお飾りしていた十一面観音像を拝見致しまして、非常に驚いたんです。

奈良に行きますと、有名な十一面観音が数点ございますね。国宝で。

そういう中で、十一面観音のご信仰を鼓吹《こすい》したのが、越の大徳・泰澄《たいちょう》尊師さまでございますが……それを、この方は、ひじょうに地味なお方で、友だちが行基《ぎょうき》菩薩さまです。

行基さんという人は、陽性な人ですから、どんどん外の方に向かって働く方なものですから、行基さんの名前が非常に知られて、泰澄さんのことは、あまり知られておらなかった。

それはそんなことは、泰澄さんは、ちっともお考えにならずに、多くの人々が十一面観音の信仰をしたら良いというので、おやりあそばした方なんですけれども。

ですから、いろんな山をお祀《まつ》りした痕跡が、ずーっと日本中に残っているんですけれども、何でございますね。多く、泰澄さんがお開きになった、というところを、行基が開いた、行基が開いたというふうに伝わっているところが沢山ございます。

特に面白いのは、京、奈良、それから琵琶湖の東側、長浜の沿岸を通りまして、越前、越後の方に行くところには、十一面観音をお祀りしたところが、ずーっと、あるんですね。一時間に切れずにあるんです。

これらを見てみても、この泰澄さんがどのくらいいろんな所で、十一面観音の信仰を鼓吹して歩かれたか、ということを、こう、点で結んでいきますと、ずーっとこう続いていくんですね。

それが今、東北の、青森県の国境に近い所に、天台寺という、ほとんど崩壊した寺にまで、十一面観音さんがお祀りされてある。

新幹線も何もないし、国道もないところを、あの東北まで、泰澄さんがお歩きになる。これはもう大変な事でございまして、まァ、私は今それを再建しなくちゃならない命令を本山から受けましてね、そうしたところが、伊藤先生が、「おやりなさい。私も応援するからおやりなさい」って、まあ、大変力強いお言葉を頂きまして、これからさらに遠くの、二戸郡の天台寺再建に関わるわけでございます。

こういう、一生涯に、こういう人に巡り逢う。これぞまことに勝れた因縁でございまして、勝縁という言葉がございますが、私はほんとうに、仏法に入りまして、本当の知己を得た。感謝で一杯な次第でございます。

私のところへ色々、若い連中なんかが、人生相談に来ますけれども、どうも、自分は、孤独で内向性が強くて、友達らしい友達が持てない、というようなことを言うのが沢山、このごろ出来ているんですね。

家庭でも孤独、外へ出ても孤独、どうしたらいい友達が持てるかなんていうような、戯《たわ》けたことをぬかして来やがって。

そうしたら私は、怒鳴りつけてやるんです。

「お前はね、いい友達、いい友達を欲しいと求めてるというけれども、お前自体が良い友達になれるのか。

お前はとてもろくでなしで、相手だけいいのを、なんとかしろと……、そんな馬鹿な事があるか。

お前が誰に対しても良い友達になりうるように努力することで、自ずから良い友達が得られるんだ」と。

私、仲間に、なかなかいい友達が得られませんでしたが、文学の道では、川端康成《かわばたやすなり》とか、絵の道では、東郷青児《とうごうせいじ》だとか、幸にいい友達を得られた。

仏法に入って、どんな人に巡り逢ったかと惟ったところが、数十年経って、初めて、この、伊藤真乗という、偉大な教主であり、まことに優れた人格を持った、その人に逢った。

これは非常な、私はね、幸運なんです。

皆さん、お経を読んで、お釈迦様がもし、同じ時代に私たちも生まれていたら幸せだろうなぁと思しめすでしょ。

そりゃ無理ですよね。お釈迦様は、もう何千年も昔の人ですから。

しかし、それと同じように、伊藤先生というような、仏法が生んだ、仏教界が生み出したところの、こんな偉大な人物に、同時代に、同じ世代に生を稟け、しかも、巡り遇えたということは、もう「百千万劫《ごう》にも遇い難き仏法」というのですけれども、言葉を替えて言えば、百千万劫にも遇い難き一人物に逢えた。一人格に触れたという、この幸せをね、よく嚙みしめて頂きたいと思うのであります。

なかなかそう同じ世代に、そういう人に巡り逢うという勝縁を得られるものではないのです。

同じ時代に生まれ合わせた。

これはね、お釈迦様と同じような人が同じ世代にいて、しかも親しくその人の教えを受け、大般涅槃経の真髄を語ってもらえたということです。

こういうことは、日本一億の人民の中で、一体どれくらいあるか。

そう思うと、同じ世代の中から、真如苑の信仰に生きているということは、本当に本当に、これは歴史的な、大きな意味がある。非常な幸せだと思わなくちゃいかん。

私はね、七十八歳ですよ、これでね。わりに若く見えますけどね。(笑)

わりにひねているんです、これで。このひねた私がね、七十八年かかってね、やっと一人の人物に会えた。

ああ、いいことしました。

それで今年、六月くらいに腹を切って、お陀仏になってたら、もう、逢って、あっという間に、さよならしなくちゃならない。

それが、こうしてね、また治って、もう少し元気になったら、立川にお礼に伺いますけれども、そうしてまた皆さんのところで、いつものように、みなさんに何かお話し出来るだろうと思いますが。

本当に私はね、伊藤先生と同じ世代に生まれ合わせて、同じ時代を共に生き抜く。そうしてお互いに信仰を、それぞれのお付き合い、芸術上のお付き合い、そういう因縁を深めていくということになって、私七十八年、よくぞ、今日まで生きてきたと思います。

何回殺されかかったか分からない。それがどうやらこうして生きて、みなさんにこんなお話が出来る。

ほんとうに私はね、立川の伊藤先生に感謝しておるのです。


今日は、本当にどうも、遠い所を寒いところを、かつお忙しい中を、真如苑あればこそ、中尊寺においで下すったんだと思うと、まあ、ここを知っている方は別としまして、また、やはり真如苑を通じて今東光の寺に行き、今東光というものの、生の生臭い所をご覧下さって、大変、私は嬉しく思います。

本当に、今日はありがとうございました。

ゆっくりご覧下すって、中尊寺というものの冬を、ひとつ、お味わいになって、東京へお帰りになることを、心からお祈り致します。
どうもありがとうございました。

中尊寺涅槃尊像開眼式　御法話
一九七六年十一月十八日

真乗の涅槃経
——真如の実践——

真如苑苑主　伊藤真聰

真如苑の開祖、伊藤真乗生誕百年記念に刊行された『真乗 心に仏を刻む』は、さらに生誕百十年の機に、より幅広い層の読者の手に届くよう、伝統ある中公文庫の一冊に加わることになりました。

この度の増補にあたり、真乗の遷化《せんげ》後、真如苑の苑主、燈檠山真澄寺《とうけいざんしんちょうじ》の首座《しゅざ》を継いだ私に、刊行委員会より一筆をと依頼されました。託されたテーマは、初版からの詩人城戸朱理《きどしゅり》さんによるすばらしい評伝、寄稿の先生方の仏教学、真言天台密教それぞれの立場にもとづく明晰《めいせき》な論考を受けて、ここで〝真乗からの〟視座で涅槃経《ねはんぎょう》をとらえ、その探求の内実を〝真如〟という鍵概念を軸に叙述していくこと――でした。

ただし、本書は「真如苑」教団の出版物ではなく、私が寄稿陣に加わることでその公平性・客観性が崩れてしまうのではないかという心配も致しました。しかし、開祖の峻厳《しゅんげん》な生涯を、一番長く、近くで拝してきた私でなければ書けない宗教家・真乗の肖像もあるのかもしれないと思い、勧めに応じ、筆をとった次第です。

1　真乗の涅槃像

伊藤真乗は、大般涅槃経《だいはつねはんぎょう》を真如苑の所依《しょえ》の経典と定め、教団機関誌「歓喜世界《かんぎせかい》」に『最後のみおしえ』という題で序品《じょぼん》からの解説連載を始めました。その一九五六（昭和三十一）年、自ら発願《ほつがん》して、まず七十九センチの原型をつくり、翌年正月早々から一丈《じょう》六尺《しゃく》、約五メートルもの大きな涅槃仏、塑像《そぞう》を謹刻しました（現在は東京都立川の復建接心《せっしん》道場に祀《まつ》られています）。

これは真乗にとって、涅槃経とは何であったかを示す端的な例であり、結論を先にいえば、それは単なるテクスト（文献資料）でなく、真理のエネルギーである「真如」として捉《とら》えられていた、ということになります。ゆえに芸術による表現も真乗の涅槃経理解であり、「真如」の造形に他ならないのでした。

真乗にとっては、創作も宗教者としての「祈り」を表現するものでした。彫刻や刻字などに天稟《てんぴん》の才をあらわし、伝燈密教の儀軌《ぎき》や大般涅槃経の聖旨《せいし》をふまえた上で、東洋西洋の芸術を融合した独創性をもって多くの涅槃像、諸尊像を制作しました。「一人ひとりの心にほとけを刻む」願い、まことが、聖なる具象《ぐしょう》を生み出したのです。

真乗が初めて大涅槃像《だいねはん》をつくると宣言したときは、伴侶《はんりょ》の伊藤友司《ともじ》（真如苑霊祖、摂受心院《しょうじゅしんいん》）も、私も、周囲もたいへん驚きました。それまでに真乗は不動尊像の木彫レリーフ作品を残していたものの、これほど大きな仏像彫刻は初めての挑戦でした。しかも、仏画は別として、日本で涅槃像というのは、それほどなじみのあるものではありません。

大涅槃像以前の、真乗の塑像制作経験は、早逝《そうせい》した二人の子息「教導院・真導院　両童子像」でした。私の兄たちです。

一九五三（昭和二十八）年、次兄真導院友一の一周忌法要を前に、彫刻家であるという男性が「真如苑に行きなさいという不思議な夢を見た」といって訪ねてきました。真乗は「造りたいものがある」と真導院の写真を渡すと、後日、原型となる胸像を持参されました。しかし、母や私も見せていただきましたが、どうも兄に似ていないのです。潔癖な精神性が表れていません。

真乗は「この粘土像を二週間ほど借り、手を加えてもよいですか」と了承をとり、自身の納得がいくまで塑像にとりくみました。すると我が子の顔が現れ、彫刻家は「これは先生（真乗）の作品です。こんな有り難いことはない」とのことでした。

真乗と両童子が、界を超えて対話し、「愛別離苦《あいべつりく》を超越した」美しい造形を生みました。

澄んだ眼差しが普遍的な「真如」の光を宿した、真乗にとっての「菩薩像《ぼさつ》」だったのです。

大涅槃像は、友司、大工らの職人衆の信徒や内弟子を助手に作業を進めましたが、皆、いわゆる彫刻や鋳造《ちゅうぞう》には縁遠い素人でした。それでも全員が献身的に真乗を信じ、協力し、私も資材の運搬や石膏の不純物をとるなど、いろいろ手伝ったものです。

真乗は航空エンジニア出身で、とにかく創意工夫の人でしたから、樽《たる》を利用して骨組をつくり、巨大像を分割しての作業を指揮しました。粘土を削り均《なら》す道具も考案、真乗が図面を引いて、それを元に固いピアノ線を加工した手作りのものでしたが、後日専門家が見てその機能性に驚いたそうです。

正月の一月二日から本格的な作業を始めて、厳寒のなか、乾燥した指の筋から血がにじみでるのもいとわず、文字通り寝食を忘れて昼も夜もなく造像に没頭、三月十八日には早くも丈六石膏像が完成したのです。

真乗は十代から写真にも通暁《つうぎょう》していましたから、次のような比喩で創作を語っています。

「撮影においては、まずカメラのファインダーを覗《のぞ》くでしょう。そこからピントグラスで、対象の焦点を合わせていきますね。仏像制作も同じように、粘土を削り、加える中に焦点が合っていく。インスピレーションによって仏の形象が定まり、躍如《やくじょ》とします。だから、七十余日という短い期日で完成したのです」

「やはり一つの霊感というか、顔を造るときでも、そこに形象が顕《あらわ》れてくるのですね。その顕れたところまで粘土をつけていく。原型は勿論《もちろん》ありますが、制作にあたっては、ほとんど原型を参照せずにできあがったのです」

　真乗は造像に際して、定朝《じょうちょう》や運慶《うんけい》といった日本伝統の仏像の成果に学び、さらにガンダーラ仏、そしてギリシア・ローマの彫刻にも範を求めました。東西の叡智《えいち》と慈愛、高潔さと温かさの同居をめざし、民族も性別も超越した親愛にみちた表情から、見る人がそれぞれ、父を、母を、子を、兄弟を、そして、師を、友を、思うことができます。

　インド仏教彫刻の初期を辿《たど》れば、仏の座はあっても仏はあえて表現されていません。日《に》輪《ち》や蓮華《れんげ》などの象徴だけで暗示する例も多いです。

　だからといって、仏は決して虚無なのではありません。信仰者は自分の信ずる仏や神を、敬虔《けいけん》な心で、その空席にこそ発見していたのだといえます。

　涅槃経はそれまでの教えと違い、「空《くう》」を「不空」と、「無我」を「我」と、積極的に宣言します。それは、空としてある「仏・仏性《ぶっしょう》」を主体的、実践的に直観していくべきだということです。

　涅槃像を通して、見えざる仏、さらには見えざる仏性を自他のこころに見出し、実生活で歓喜世界を築く、そのための具象化であるのです。

真乗にとって、造像は求道《ぐどう》であり、説法であり、救いの業《わざ》でした。刻む真乗と、刻まれる仏と、まさに一つに融即《ゆうそく》しての謹刻だったと回想します。入我我入《にゅうががにゅう》して刻む。どちらが仏でどちらが人かわからない。仏が仏を刻む境地と申しますか、「唯仏与仏《ゆいぶつよぶつ》」という言葉がありますが、本当に「仏のみ」の世界であると、少女時代の私は、畏敬《いけい》をこめて、徹夜する父、支える母をみつめていました。

真乗には、法を畢《お》えた「大阿闍梨《だいあじゃり》」としてのさらなる「転法輪《てんぽうりん》」という自覚があったと思います。

一念一念を込めて聖なる仏像をつくり、自ら開眼《かいげん》する。

真乗が法要で導師をすることも、仏と一体化し、参座者の仏性を開き、「真如」なる救いの世界を現出せしめる「行」でした。

塑像の最後は素材を削り、磨くわけですが、不思議なことに真乗が削ることで、かえってボリュームは増して、仏が目に見えて迫り、息づきます。

「これは聖なるものに対する私の信念であり、魂であり、また、人々の安穏、平和を念ずる祈りを形に現したものである」

真乗の作品群は、その空間を共有する人に仏性を感じとらせます。つまり、見る側も仏を創造しているのです。

2　永遠の命

本来、涅槃像はブッダが八十歳の、しかも臨終の場面ですが、真乗の制作した像は、非常に若々しい印象を与えます。これは、涅槃経の「如来常住《にょらいじょうじゅう》（ほとけはつねにおわす）」を形にしたからです。

「涅槃像は、釈尊ご入滅時のお相《すがた》で、写実的には、老齢のご尊容を刻すべきなのだが、私は、その作製に当たって、ことに世尊が成道（さとり）された時点での面影を心に写しつつ、謹刻したいと念願した。——お悟りを開かれたみ仏は、（中略）不生不滅《ふしょうふめつ》の境地を得られて、今日もなお生き給うておられるからである。故に、私は、そのお顔は、若々しい青年仏陀の面であってよい、と思っている」。このように真乗は語っています。

如来は涅槃経という「法」に永遠に生きているのです。

真如苑霊祖、摂受心院友司は、み仏の教えである「経《すじ》」の本質を、次のような興味深い喩えをもって説明しています。

「み仏の教えは、電気が発電所から変電所、トランスを経て家庭に伝わるように、ひとすじに人々の魂に伝承されていくものです。経とは、淋しい、悲しい、悩みの世界から、幸せになる〝すじみち〟であります」

ブッダの折々の教示は、サンガの誕生、発展によって「経」として伝承され、大乗《だいじょう》の興起《こうき》に伴い、書写されることで、より多くの人がアクセスできるようになりました。さらに変電所ともいえる訳経僧《やっきょうそう》たちの情熱によって、様々な地域の言葉に翻訳されていきました。

発電所からそれぞれの住む家まで、電線は複雑に走っているかもしれません。それでも電気が届くのは、源と自分に隔てるものがない、つまり、ひとすじにつながっているからです。

文明の恩恵によって、私たちは夕べに部屋が暗くなっても、電気を点ければ明るさのもとで生活できます。そのごとく、み仏の教えは灯明となって、人々の心の闇をなくし、見えにくかった未来への視界を明るく照らしてくれるものです。

電気がトランスや様々な電線を経て私たちの部屋に届くように、「経」も、二千五百年もの歴史の様々な経緯、法流を経て、今日の私たちの心に光となってともっているのです。

しばしば大般涅槃経は「世尊の死を描いた」経典という理解がなされます。しかし、真乗は大般涅槃経をブッダの死をモチーフとした記録文学だと思うと、その本質をつかみそこねてしまうと考えていました。


大般涅槃経の主題はブッダの死ではない。「不死」にこそある。

世尊の遺言は、怠ることなく精進を続けなさい、でした。

それは仏道修行する人と一緒に、仏はいつもおわすということです。

法、ブッダの教えとともに、ブッダは永遠に生き続ける。

「自らを燈火《ともしび》とせよ、法を燈火とせよ」

この遺言の自灯明《じとうみょう》が、大乗の涅槃経において「悉有仏性《しつう》」となり、法灯明は「如来常住」となります。


いついかなる時代にあっても、大乗涅槃経を信をもってひもとき、その教えを行ずる人は、時空を超え、「この自分」も沙羅林《さらりん》にあって、ご説法を耳にすることができる。

大乗経典というものは、そのように主体的に受持しなくてはならないのです。

大般涅槃によって、死は不死となり、苦は喜び・楽となる。

真乗は、これこそ世尊本来の教えであると考えました。

変わりゆくもののなかで、変わらざる価値、宝を、自らの心に見出せる。この境涯を、大乗涅槃経では「常楽我浄《じょうらくがじょう》」とよんでいます。

3　現代の純陀《じゅんだ》

時空を超えて般涅槃《はつねはん》の聖なる座に帰り、法身《ほっしん》如来から最後のみおしえを託される。その理を、真乗は最後の供養者、純陀に焦点をあてることによって説き明かしました。

世尊の入滅が近いことを知り、最後の供養《くよう》を捧げようとクシナガリーに集った衆生には、富豪の王侯貴族や徳の高い大菩薩もいました。その無数の人々、存在の中で世尊が指名したのは、十五人の仲間とはせ参じた、在家《ざいけ》青年、鍛冶工《かじこう》の純陀でした。

純陀は、世尊の入滅という無常を悲しみながらも、世尊が常住であることを固く信じていました。自分の捧げる供養は、肉身の世尊を超えて、永遠の法身に捧げることなのだと。

純陀が世尊に最後の供養を捧げる場面（一切大衆所問品《しょもんぼん》）では、

「そのとき、世尊を供養し終わった大衆は皆、無上の完全な悟りに向けて心を発した」

と説かれています。

これは純陀の供養によって、善行が個から多へと広がり、会衆《えしゅ》の皆もそれぞれのまことを供養できたのだと解釈できます。

密教の修法では、行者《ぎょうじゃ》は金剛薩埵《こんごうさった》となって法身如来に法の供養を捧げます。涅槃経においては、皆が純陀となり、それぞれの誓願を成就できたのです。

涅槃経の中で、世尊は質問者によく「善《よ》い哉《かな》！」とおっしゃいます。

青年純陀の供養も、涅槃のみ仏は「善い哉」と受けとられました。

大般涅槃経は、在家青年の純陀を通して出家《しゅっけ》・在家、男女等の別なく、誰もが仏教の至極《しごく》の法を受持《じゅじ》相承できるのだということを教えています。

大乗涅槃経・光明遍照高貴徳王菩薩品《こうみょうへんじょうこうきとくおう》には、「障礙《しょうげ》がないことを涅槃と名づく」と教えています。覆《おお》いや妨げがなくなる、超越する。それは真の自由、平等であり、あらゆる差別というものは存在しなくなります。

いつの時代も六波羅蜜《ろくはらみつ》の行を真心で成就する人は、涅槃経における純陀となりえます。時間と空間、また、ジェンダー、年齢、あらゆる隔たりを超えて、仏という永遠にふれ、心の自由を得るのです。それが、大般涅槃経の悟りです。

4　一闡提《いっせんだい》の救い

ブッダとは「めざめた人」ですから、仏性とは「よい心へのめざめ」の本質で、「人間の可能性」です。

涅槃経の後半部分では、「仏性が中道《ちゅうどう》である」という考え方がしばしば取り上げられます。

世尊は、仏性を「第一義空」と名づけます。第一義とは究極の真理であり、智慧《ちえ》です。それは「空と不空、および常と無常、苦と楽、我と無我とを両方見る」ことをいいます。さらには「一切空を見て不空を見ざれば中道と名づけず、乃至《ないし》一切無我を見て我を見ざれば中道と名づけず。中道とは名づけて仏性となす」と説かれています。

第一義空の智慧とは、空に対する不空、という対立的なものの観方《みかた》ではなく、空と不空の両者を合わせ見る観方のことです。

それまでの空思想は有と無を離れるという否定表現をとりますが、涅槃経の空・中道思想はその上での肯定表現で、包摂性《ほうせつせい》に特徴があります。究極的にはすべてが摂受《しょうじゅ》、肯定されていく。こうした涅槃経の中道の智慧・真理を体得していくことこそ、「仏性」の顕《けん》現《げん》に他ならないのです。

包摂・肯定性は、「仏性」とは何か、という問いのみならず、どのように仏性を開発していくのかという「成仏論《じょうぶつ》」にもあらわれています。

それは「闡提成仏」の教えです。

一闡提とは、仏性があることを信じない、まして仏性を説く受持者を攻撃さえする存在ですが、涅槃経後半では、それでも成仏が可能であることがはっきりと宣言されています。迦葉《かしょう》菩薩品で、世尊の菩薩のころの子である善星比丘《ぜんしょうびく》が断善根《だんぜんこん》の一闡提とされていることに対して、世尊は「過去の善と現在の善を断っているのは確かだ。しかし、未来の善は誰も断つことはできないであろう。だから、一闡提もいつか必ず成仏する」と、未来の善の可能性にかけているのです。

一切衆生悉有仏性だからといって、皆が自然に成仏できるわけではありません。あくまでも悟りへの勇猛心《ゆうもうしん》を発し（発菩提心《ほつぼだいしん》）、善《よ》き大乗行を修めるから、仏性があらわれる。信じ、誓願《せいがん》し、修道することで、成仏の可能性は誰にでも開かれていくのです。

涅槃尊像を刻む以前に、真乗は愛弟子に裏切られ、きびしい受難《じゅなん》に直面したことがあります。しかし、だからこそ「すべての人が救われる、一闡提（断善根のもの）をも」という「大般涅槃経」と運命的に邂逅《かいこう》し、所依《しょえ》としました。

真乗と友司は、どこまでも人間を信じていました。何度騙《だま》され、裏切られても、その人が真実、気づくまで、いつまでも信じ、声をかけ、励まし、見放さず、待ちつづけました。二人のもとを去った弟子にも、「困ったらいつでも来なさい。生涯、師と弟子なのだから」と、めぐりあった縁を大切にし、あまねく他者とやさしく温かく関わりました。

涅槃経における一闡提は、仏教サークル内の人物です。現状の大乗涅槃経の最後の章である、憍陳如品《きょうちんにょぼん》ではさらに発展して、仏教とは異なる宗教、哲学学派の人々が説法の対象となっていきます。彼らはインド社会の主流宗教であるバラモン教のサーンキャ学派やヴェーダーンタ学派、禁欲主義で知られるジャイナ教などの信奉者です。

世尊の方法論は「対話」です。

徹底して相手の言い分に耳を傾け、それを整理して、逆に質問します。最終的には、するとと相手は「自分で」気づいていきます。最終的には、ブッダの普遍的な悟り、真如が共有されていくのです。

このように、対立や否定ではなく、共に和合し、究極的に肯定していく第一義空を説くことは、真如苑が根本の立場として掲げる「融和としての摂受」を示しているといえましよう。

5　真如苑の法儀、あまねく人々と共に

世尊は、月に何度かのサンガの集まりを習慣にし、瞋《いか》りや貪《むさぼ》りなどのネガティブ・カルマを起こした人に心の切り換え、「二度としません」と誓う機会を与えました。

これが仏教の儀礼、「法儀」執行の原風景です。

ここでの善の誓いによって、ネガティブ・カルマが払拭《ふっしょく》されるのです。

仏教聖典に「先に作った悪業を、のちに善によって掩《おお》った人は、あたかも雲を離れた月のごとく、この世を照らす」とあります。仏教が説く善なる行為は闇を破り、真理の光を照らします。

真乗と友司、その衣鉢《いはつ》を継いだ私は、これまで数多くの人々と修行してまいりました。親御さんを亡くして未来が見えなくなった若い方、信頼する人に裏切られ、社会の理不尽に絶望する青年、災害で大切な家族と別れ、財産を失った方、厳しい差別に苦しむ方、難病で明日への希望を見いだせない方、そういった方々に私たちは声をかけて、接心し、

自分の中の善を信じて立ち上がろうと伝えました。そしてその方々が、功徳《くどく》を受けるばかりでなく、功徳を廻《めぐ》らす側へと変わっていく姿を間近に見てまいりました。

だから私たちは、確信をもって、仏性は皆の中にあるとお伝えできるのです。


インドの仏教遺跡は、仏塔や仏像の寄進者の碑文《ひぶん》が数多く残っています。定型句で、「ここにありし功徳のすべてが父母と一切のためになれ」と刻まれています。自分の積んだ善根功徳が、永遠に亡き父母、一切衆生に及ぼされていくことを願い、先人達は仏塔を建立したのです。


ここでいう「一切衆生」とは、過去、現在、未来のあらゆる命です。

三世無窮《むきゅう》につながる時空を、どこかで線引きするのではなく、すべて。

特に大乗仏教は、その隔てなきスケールで命を捉《とら》えてきました。

こうした仏教哲学の視点は、生きていく上で様々な叡智《えいち》を与えてくれるものです。


功徳、つまり善行善念の果を振り向けていくために、真如苑は廻向《えこう》として日本の富士山の麓《ふもと》の湖や、ハワイの海等で灯籠《とうろう》流しを執行しています。

こうした法儀で得たやさしい心、有り難い感謝の心を他に振り向ける、ポジティブ・カルマを作り続ければ、その功徳は巡りめぐって、自分に返ってきます。

朝起きて仏壇などにお水をあげて合掌する。心を込めて人に声をかけ、挨拶する。お茶を出し、やさしくもてなす。これらも慈悲《じひ》や感謝を表すポジティブ・カルマのあらわれです。

この時、人々はやさしい気持ち、感謝で心が温かくなる経験をしていると思うのです。これが即ち、仏性を体験することです。

足許《あしもと》から利他実践の功徳を振り向けていく慈悲の心と行い、善き個性の輪を無限に拡げるポジティブ・カルマは、希望の明日への光となります。

人それぞれに違いがあるように、仏性という、多彩な善き個性をもった人々が連携したなら、人類が直面する試練をいつか乗り越えていくことができるでしょう。むろん、時間はかかるかもしれません。しかし平和は、そうした身近な方々と心通わせ、今ある自分に至る生命の連鎖に感謝を運ぶことから築かれるのです。

ですから真如苑は、真乗と友司の願いを継いで、医療、教育、福祉、人権、環境保全、災害救援等の社会貢献に日々つとめ、財団やボランティア団体を有機的に展開しています。

皆が自分の、そして他の内なる善を大切にすることで、仏性は互いに反射してより輝きます。融和は、与えられるものではなく、生み、作り出すものです。

真乗にとって大般涅槃経は、「真如」という如来の永遠性、仏性を、魂に共有し、互いのポジティブ・カルマをめぐらせ、一人ひとりが善にめざめる〝希望のエネルギー〟なのです。

――おわりに――

『真乗』が中央公論新社から出版されたことは、私にとって感慨深いものがありました。なぜなら、『中央公論』のルーツは、明治の廃仏毀釈《はいぶつきしゃく》の衝撃から、近代主義、比較思想、スピリチュアリズムといった新しい衣を求めて仏教復興をめざした『反省会雑誌』にあり、その創刊の中心メンバーの一人が仏教学者・梵文《ぼんぶん》学者の高楠《たかくす》順次郎（一八六六～一九四五）だったからです（大正新脩大蔵経《しんしゅうだいぞう》編纂《へんさん》などの偉業を、今、デジタルアーカイブなどで継がれているのが、本書寄稿者の下田正弘先生であり、真如苑もその重要なお仕事にできうる協力をさせていただいております）。

高楠は、真乗の密教相承の直接の師であった真言宗醍醐寺門跡《だいごじもんせき》・佐伯恵眼《さえきえげん》（一八七三～一九五二）大僧正に、東京大学印度哲学科在籍時に大きな影響を与えた人物です。佐伯門跡は、反省会などの「新仏教」の潮流に刺激され、西洋哲学や神秘主義の概念も援用しつつ、時代精神にもとづく新しい言葉づかいで密教を語ったそうです。事相《じそう》教相《きょうそう》も醍醐の三宝院《さんぼういん》流にとどまらず、南方熊楠《みなかたくまぐす》との往復書簡で知られる御室《おむろ》派の土《と》宜法龍《きほうりゅう》阿闍梨らとも親交あつく伝授を受けるなど、門閥や宗我の観念のない、オープンな感覚をもった密教指導者でした。

ゆえに佐伯門跡と真乗の出会いは、二人にとって運命的なものでした。真言密教に出会うまでの真乗の遍歴――易《えき》の宇宙観に若くして熟達し、禅や修験での神秘体験、教派神道《しんとう》やユニテリアン的なキリスト教にふれていたこと、友司に伝わるところの歴史的に女性が相伝《そうでん》してきた神秘霊能の不思議、また古代から近代を通観した西洋思想への興味、さらに航空エンジニアとしての理系的知識と方法論――に門跡は深いシンパシーを覚え、伝統宗門からいえば〝外様《とざま》〟である真乗を抜擢《ばってき》して自らの直《じき》弟子とし、金胎両部《こんたいりょうぶ》の曼荼羅《まんだら》を親授《しんじゅ》し、法流相承に特別な情熱をもって指南《しなん》されました――これらは恵果から空海への密流伝授のエピソードに重なるようにも思います――。「この法を修めたものは、一宗一派を開く資格をもつのだ」という発言も、時代の制約もあり、自身がはたしきれなかった密教の新たな地平を開拓してほしいという、真乗への期待が込められていたのでしょう。

その師恩を大切にしつつも、真乗には高楠や佐伯門跡方の思潮は宗教「一元《いちげん》論」への傾斜に映り、その点でややもすると独善的なものにつながりかねないとも感じていました。

あらゆる人々、宗教、思想が、根源的なところでは一致できる……そうした一元性とともに、それぞれの個性、風土、歴史が尊重され、肯定され、個性が生かされていく多元性も必須《ひっす》である。一元即多元、それが真乗にとっての「真如」でした。

多様な美しさで蕾《つぼみ》を開く「真如」の花――、その探究と人々の心における結実に導くことこそ、永きにわたる真乗と友司の道でした。

涅槃経の「常住」と「仏性」の教えには、多様性の調和という密なる「真如」が説かれています。その真如は、真乗と友司によって、造像というアート、あるいはサンガによる社会的利他実践、そして、過去・現在・未来の命への祈りの共有となって、あらゆる境界を超え、人々の心に不滅の善なる燈火が点じられていったのです。

その真実を、新たな真言・密語として証したのが、真乗と友司が定めた「讃題《さんだい》」です。即ち、『南無真如一如大般涅槃経』。

真乗の遷化は、一九八九(平成元)年七月十九日。涅槃経で描かれているような、それは美しい満月の夜でした。

涅槃経を所依とする私たち真如苑教徒は、たとえときに厚い雲が大空を覆うとも、真乗の「常住」、日月のごとき恒明《こうみょう》を心魂に感じ、日々「南無真如」と至心《ししん》に讃題を唱え、身に体しているのです――真乗の願う融和・利他行につとめつつ。

混迷の時代のひとつの燈火——文庫版あとがきにかえて

城戸朱理

本書『真乗』が刊行されたのは、九年前になる。

その経緯は、今にして思うと、実に不思議なものだった。

本書の刊行が企画されたとき、私は、刊行委員会のメンバーとして参加を打診された。しかも、この刊行委員会は、真如苑の開祖である伊藤真乗師の生誕百年を記念するものであるにもかかわらず、真如苑の信徒ではないメンバーによって構成されるものだった。

その意図するところは、あくまでも外部からの視点で、仏教者としての伊藤真乗師をとらえるためだったのだが、そんなことを企画する教団があるということ自体、私には大変な驚きだった。

私が果たすべきおもな役割は、出版社との交渉と装幀《そうてい》家への依頼だったが、これは幸いにも、数千を数える日本の出版社のなかで岩波書店と並ぶ歴史を誇る中央公論新社が、自社の企画出版物として引き受けてくれたし、ブックデザインも、日本を代表する装幀家、菊地信義《のぶよし》さんが引き受けて下さった。この段階で、『真乗』は教団刊行物ではなく、一般書として、書店に並ぶことになったのだった。

　残る私の仕事は、伊藤真乗師の評伝の監修になるはずだったのだが、評伝執筆の適任者がなかなか見当たらず、紆余曲折《うよきょくせつ》のすえに、私が評伝を執筆することになってしまった。

　なんということだろうか。伊藤真乗師や真如苑のことを深く理解しているわけでもなく、さらには仏教に関しても、系統立った知識を持っているわけではない私に、はたして、新たに一宗を興《おこ》した仏教者の評伝が書けるのだろうか。それから、猛勉強の日々が始まった。『涅槃経』を始めとする代表的な経典を読み進め、弘法大師・空海の全集をひもとき、中村元《はじめ》博士の著作を始めとするさまざまな研究書を読みふけっては、ノートに整理しながら、仏教についての理解を深めるとともに、伊藤真乗師の資料を熟読するのに二年近くかかったが、このときも、いささか驚いたのは、真如苑が、いまだ整理中で、教団内でも刊行されていない伊藤真乗師の手記まで提供してくれたことである。

　それは立教当時と法難の前後の記録を含む貴重なもので、生身の伊藤真乗師に出会うかのような想いを抱いた。そして、そのとき、私は、書くべき評伝の方向性を思い定めることができたように思う。

　中央アジアから東アジアに至る仏教の広がりと、その歴史は、実に多様で、興味が尽きないが、タイやミャンマー、スリランカの仏教とは、釈尊の肉声を留めるとされている初期仏教の『経集（スッタニパータ）』や『法句経《ほっくきょう》（ダンマパダ）』などを所依の経典とする上座部仏教である。かの地では、仏像といえば釈尊だけで、涅槃像もあるが、多くは釈尊がブッダガヤの菩提樹下で悟りを開いた成道《じょうどう》のときの姿を写したもので、降魔触地《ごうましょくち》の印《いん》を結んでいる。

それに対して、チベットから中国、そして日本に至る大乗仏教圏の宗門と仏像の多彩さは、どうだろう。

大乗仏教とは上座部仏教とは違う方法で、釈尊の語ったことを、より深く理解しようとして編《あ》まれた大乗経典に基づくわけだが、日本仏教は、十三宗五十六派に分かれているという。

仏像も、如来・菩薩・明王・天部の諸神、四つの諸尊によって構成されている。

だが、釈尊から始まるものである以上、上座部仏教も大乗仏教も、その違い以上に、根源的な主題を同じくしているのではないだろうか。

仏陀とは、サンスクリットの「ブッダ」の音写で、「目覚めた者」が、そのもともとの意味である。何に目覚めたのか。それは、仏教における真理、「ダルマ」にほかならない。サンスクリットの「ダルマ」は、「保持するもの、支持するもの」といった意味を持っている。つまりは、この世界を世界たらしめ、この宇宙を宇宙たらしめている真理ということになるだろうか。

さらに、ダルマへの目覚めは、人生の苦の原因を明らかにし、それを除くための行動を導き出す。

釈尊は、なぜ人間には「生・老・病・死」という「四苦《しく》」があるのかという問いを抱えて、出家したと仏伝は伝える。それが問いの所与であるのだから、釈尊の悟りとは、その答えにほかならない。

そして、釈尊の歩んだ道を、自らたどろうとするのが仏教徒であるわけだから、その究極の目的は「目覚めた者」となることであり、「目覚めた者」だけに可能な生き方をすることになる。

それならば、なぜ、日本には十三宗もの宗門があり、さらに、それが五十六派にも分かれるのか。さらには、なぜ、伊藤真乗師は、新たな一宗を開かなければならなかったのか。その問いが、私が書く評伝の始まりを促した。

釈尊入滅から、時を経て、次第に釈尊その人の姿が遠のくにつれて、釈尊の教えと、釈尊が人々にもたらしたさまざまな形を取った救済のあり方は、より考察が深められ、釈尊の人類の医師たる役割は薬師《やくし》如来に、死後の救済は阿弥陀《あみだ》如来にというように諸尊が生まれていく。そして、そうした時代にあっては、仏道を歩もうとする人々にとって、釈尊は神格化された、あまりに偉大な存在であり、それだけに遠く、仰《おお》ぎ見る歴史的存在となる。

それは、自分自身の規範とするには畏《おそ》れ多い存在であり、ひるがえって、釈尊を自らの範として歩む同時代の尊者が規範として求められるようになる。

仏教の世界観は広大であり、仏陀へと至る道もひとつではない。そして、自分なりの道を発見して、「目覚めた者」へと至った人が、祖師であり、その祖師の数だけ宗門が生まれていく。

こうした観点から、私は伊藤真乗伝を祖師伝として描こうと考えた。

運慶作と伝えられる不動明王像を迎えての立教、真言宗醍醐派総本山、醍醐寺での得度《とくど》と修行、太平洋戦争後の真言宗から離れての独立、法難を経て『涅槃経』を所依の経典とし、本尊たる涅槃尊像を自ら刻むなど、伊藤真乗師の歩みは、教団内部ならば知らぬ人もないだろうが、それをなぞるだけでは、外部の視点からの評伝にはならない。

しかも、私にとって、伊藤真乗師の生涯は、いくつもの問いを投げかけるものだった。なぜ、修行するに当たって、弘法大師・空海を祖師とする真言宗を選んだのか。なぜ、真言宗のなかでも、法流本寺である京都の醍醐寺でなければならなかったのか。

言うまでもなく、大乗仏教の最後に現れた『大日経《だいにち》』や『金剛頂経《こんごうちょう》』といった経典に基づくのが密教であるわけだが、なぜ、伊藤真乗師は密教経典ではなく、大乗経典の『涅槃経』を真如苑の所依の経典としたのだろうか。

こうした問いの答えを探しながら執筆したのが、本書に収録された評伝であり、執筆を終えてから、刊行委員会の先生方に原稿を見ていただき、仏教用語とその概念や、パーリ語やサンスクリットをチェックしていただいて、さらに推敲《すいこう》を重ねた。そして、教団の歴史的事項や用語の確認をしていただくために、この段階で、真如苑の長塚充男《ながつかみつお》先生に刊行委員会に参加していただくことになった。

一宗を興す前に伝燈仏教の修行を重ね、修験《しゅげん》の在家法流である恵印灌頂《えいんかんじょう》と、弘法《こうぼう》大師・空海以来、脈々と伝えられてきた密教の奥義《おうぎ》、金剛界・胎蔵界両部の伝法《でんぽう》灌頂を終えたという点では、伊藤真乗師は鎌倉仏教の祖師に通じるものがあるし、自ら本尊を刻んだという点では、空海や泰澄《たいちょう》らの血脈のうえにあると言ってもよい。もちろん、空海作と伝えられる諸仏は、今日では弘法大師・空海の作ではないことが分かっているが、それが空海作と伝えられてきたということには、後代の人々の想いが託されていると考えるべきだろう。人々は目の前の御像を空海が自刻したものと信じることによって、仏だけではなく、弘法大師からの加護も受けられると信じたのではないだろうか。

しかも、系統立てて、自らの思想を書き残すことがなかった伊藤真乗師の仏教観が、一刀三礼の自刻の本尊、涅槃尊像に表わされていることにも注目した。

伊藤真乗伝は四百字詰め原稿用紙で、約三百八十枚。いざ、執筆にとりかかってからは、三週間強で書き上げたが、執筆に集中するあまり、激しい腰痛や背痛に襲われ、整体に駆け込むといったこともあった。整体師に腰骨の捻挫と告げられ、腰骨にも関節があることを改めて確認したりしたのも、今となっては懐かしい。

また、真如苑の成立に関しては、伊藤真乗師の妻、摂受心院・友司の存在が極めて大きいし、さらに、教導院・智文、真導院・友一、ふたりの子供の夭折《ようせつ》が、教義の深化を促《うなが》したことも間違いないが、そこまでは筆が及ばなかったように思う。

伊藤真乗師の法流は、祖山、醍醐寺から真如三昧耶《さんまや》流として顕揚《けんよう》されたが、真乗師自身は、自らの教えを「釈尊直伝」と語っており、それは、経典に残された釈尊の言葉を通じて、釈尊その人と真乗師が対話を深めたことを意味しているのだろう。

評伝の執筆がご縁となって、その後、真如苑の法要に、何度か招待していただく機会があった。真乗師遷化後、真澄寺首座《しゅざ》として苑主《えんしゅ》となられた伊藤真聰《しんそう》師のお話に触れると、伊藤真乗師、摂受心院・友司師の教えが、時代に合わせて姿を変えながら、生き続けているのを感じる。伝燈《でんとう》とは、そういうものなのだろう。

大乗仏教における諸尊のうち、明王は密教に固有の尊格であり、伊藤真乗師が立教に当たって迎えた不動明王は、仏教における真理である「法（ダルマ）」自体を人格化した宇宙神たる大日如来が、度しがたい衆生を救うために恐ろしい姿を取って現れたものとされている。

真如苑が、運慶作大日如来を迎えたことは、世間でもずいぶんと騒がれたが、不動明王から始まった一宗が、大日如来を迎えたことは、むしろ、あるべき姿のように思われた。

その運慶作大日如来の開眼法要のとき、伊藤真聰師は、父であり師である真乗師の遷化について、人間だから死は避けられないといった趣旨のことをさりげなく語られたことがある。

仏教には、世界を創造した神が存在せず、釈尊が人間として死んでいったことを驚くべきこととして賞賛する西洋の宗教学者は多いが、真聰師のお話は、それを思い出させて、印象深いものだった。それは、仏教の理知的な側面を語るものなのだろう。

また、伊藤真乗師が釈尊と向かい合ったように、真聰師は、真乗、摂受心院を師として教法を歩み、兄である真導院・友一の姿に宗教者としての在り方を学ばれたのではないだろうか。つまり、真乗師にとっての釈尊は、真聰師にとって、真乗師と摂受心院にほかならず、真聰師は新しい信仰の形を考えられているのかも知れない。

今回、法燈を掲げる伊藤真聰師の御寄稿を得て、装幀家・芦澤泰偉《あしざわたいい》さんの手で装いも新たに文庫化の運びとなったが、昭和という時代に、自ら仏を刻み、人々の心に仏を刻んだ祖師がいたことを、より多くの人に知ってもらって、本書が、混迷の時代のひとつの燈火となることを願っている。

1984 （昭和59） 78歳	４月、醍醐寺金堂にて、弘法大師御入定1150年御遠忌法要を執り行う。	３月、江崎グリコ社長誘拐される。グリコ・森永事件の発端。 ８月、「投資ジャーナル」グループ摘発。 10月、インドのインディラ・ガンジー首相暗殺。
1985 （昭和60） 79歳	12月、福井の曹洞宗大本山永平寺に、自作の涅槃像を寄贈。	３月、茨城県で「つくば科学万博」開催。 同月、厚生省が初の日本人エイズ患者を認定。 ４月、公社民営化し、NTTとJTが発足。 ８月、日航ジャンボ機が墜落し520人死亡。
1986 （昭和61） 80歳	３月、真乗の傘寿を祝う式典が行われる。	４月、男女雇用機会均等法施行。 同月、ソ連チェルノブイリ原子力発電所で大事故。 11月、大島三原山が209年ぶりに大噴火。
1987 （昭和62） 81歳	２月、スウェーデン・ウプサラ大学より「栄誉賞」が贈られる。	７月、ロッキード事件（二審）で田中角栄元首相に実刑判決。 10月、利根川進がノーベル賞を受賞。
1989 （昭和64・平成元） 83歳	２月、体調を崩し療養に入る。 ７月、心不全により死去、享年83。	１月、昭和天皇崩御、平成と改元。 ６月、天安門事件。 11月、ベルリンの壁が崩壊、東西冷戦終結へ。

1971 （昭和46） 65歳	４月、東京本部の本尊として制作した涅槃像の開眼法要を行う。 12月、マレーシアにて真如法親王慰霊法要を行う。	６月、沖縄返還協定調印。 ８月、ニクソン・ショック。日本変動相場制に移行。
1976 （昭和51） 70歳	５月、醍醐寺金堂にて、醍醐寺開創1100年慶讃法要を執り行う。 11月、中尊寺にて今東光（春聴）貫主により、真乗謹刻涅槃像の開眼法要が執行される。	２月、ロッキード事件発覚。 ４月、中国で天安門事件起こる。 ７月、田中角栄前首相逮捕。
1978 （昭和53） 72歳	10月、タイ国を訪問。上座部仏教と交流。	４月、キャンディーズが解散。 ５月、成田に新東京国際空港が開港。
1979 （昭和54） 73歳	３月、立川総本部に十一面観世音菩薩を本尊とする第二精舎が落慶する。 ６月、ヨーロッパ５か国（デンマーク、ノルウェー、イギリス、スペイン、フランス）を訪問。東西交流を深める。	６月、東京サミット開催。 10月、朴正熙韓国大統領暗殺。
1980 （昭和55） 74歳	５月、ハワイ・アメリカ本土へ巡教。	６月、大平正芳首相が急死。 ９月、イラン・イラク戦争勃発。 12月、ジョン・レノン射殺。
1982 （昭和57） 76歳	６月、ハワイにて、海外初となる教師養成機関「智流学院」開講。	２月、ホテル・ニュージャパン火災。 同月、機長の逆噴射で日航機が羽田沖に墜落。

1966 (昭和41) 60歳	3月、醍醐寺より真乗に大僧正位、友司に権大僧正位が贈補される。 7月、タイの名刹ワット・パクナムより、「真如苑」に仏舎利が贈られる。 11月、タイで開かれた第8回世界仏教徒会議に、高階瓏仙・全日本仏教会会長らとともに日本代表として出席。会議終了後、妻友司とともにインドを訪問。	5月、中国で文化大革命が始まる。 6月、ザ・ビートルズが来日。 12月、衆議院が汚職疑惑で「黒い霧」解散。 この年、いざなぎ景気始まる。
1967 (昭和42) 61歳	6月、「欧州宗教交流国際親善使節団」を組織し、欧州8か国を歴訪。コペンハーゲン大学での講演や、ヴァチカンで教皇パウロ6世と会見し、7月に帰国。 8月、妻友司が急逝、享年55。 同月、大涅槃像の改修に着手。	3月、高見山が外国人初の関取に。 4月、東京都知事に美濃部亮吉。 10月、ツィギー来日でミニスカート大流行。
1968 (昭和43) 62歳	5月、芦屋市の依頼で制作していた、アメリカ・モンテベロ市に贈る聖徳太子像が完成、寄贈する。 11月、石膏から鋳造し、金箔を押したブロンズの涅槃像(立川・発祥精舎本尊)の開眼供養を行う。	1月、東大で無期限スト。 10月、川端康成がノーベル賞を受賞。 12月、3億円事件が発生。 この年、全国115大学で紛争が発生。
1970 (昭和45) 64歳	10月、モンテベロ市より名誉市民の鍵を贈られる。	3月、大阪で日本万国博覧会開幕。 11月、三島由紀夫が自衛隊市ヶ谷駐屯地で割腹自殺。

1958 （昭和33） 52歳	７月、２作品目の涅槃像（９尺）の制作を始める。 ８月、完成した涅槃像を茨城県の長禅寺に安置し、開眼供養を行う。	12月、１万円札発行。 同月、東京タワー完成。 この年後半から岩戸景気。
1960 （昭和35） 54歳	３月、肺炎のため重態となる。一時は周囲が覚悟するほどの病状だったが、約１か月で快復。 ８月、目黒の東京支部に安置するための３作目の涅槃像（６尺）の制作に着手。 11月、東京支部の涅槃像が完成し、開眼供養を行う。	２月、前年４月に皇太子と結婚した美智子皇太子妃が男子（浩宮徳仁親王）を出産。 ５月、自民党が日米新安保条約を強行採決。 ９月、カラーテレビ本放送開始。 10月、浅沼社会党委員長刺殺。
1963 （昭和38） 57歳	５月、秋田支部の本尊として制作した４作目の涅槃像（5．５尺）の開眼供養を行う。	３月、吉展ちゃん誘拐事件発生。 11月、ケネディ米大統領暗殺。
1964 （昭和39） 58歳	４月、『苑歌撰集』第１集を刊行。 ５月、芦屋の関西本部に安置する５作目の涅槃像（5．５尺）が完成、開眼供養を行う。	４月、海外旅行が自由化。 10月、東海道新幹線東京〜新大阪間開業。 同月、東京オリンピック開催。
1965 （昭和40） 59歳	４月、母・よしえが死去、享年87。	６月、家永三郎が教科書検定は違憲と裁判起こす。 同月、日韓条約調印。 10月、朝永振一郎がノーベル賞を受賞。

1952 （昭和27） 46歳	７月、「真如苑」認証に関する書類が文部省（現·文部科学省）に受理される。 同月、次男・友一が１年間の闘病生活ののち死去、享年15。	４月、日航機もく星号が三原山に激突し墜落。 同月、NHKラジオ「君の名は」放送開始。 同月、GHQ廃止。 この年、美空ひばり「リンゴ追分」が大ヒット。
1953 （昭和28） 47歳	５月、「真如苑」が宗教法人の認証を受ける。	２月、NHKテレビが東京で本放送開始。 ３月、吉田茂首相「バカヤロー」発言で衆議院解散へ。 ７月、朝鮮戦争休戦調停調印。 12月、水俣で原因不明の脳障害患者が発生。
1955 （昭和30） 49歳	４月、日本宗教連盟参議となる。	８月、第１回原水爆禁止大会、広島にて開幕。
1956 （昭和31） 50歳	11月、『大般涅槃経』の一節に触れたことをきっかけに、新しい道場の本尊となる涅槃像（１丈６尺）を、自ら制作しようと決心する。 12月、大涅槃像の原型（５分の１）が完成。	５月、仏滅2500年記念・第６回仏典結集（ミャンマー）が終了。 10月、日ソ国交回復。 12月、日本の国連加盟承認。
1957 （昭和32） 51歳	１月、大涅槃像の制作に着手。 ３月、大涅槃像が完成。 ５月、「真如苑」の根本聖典『一如の道』を発刊。 11月、大涅槃像の入仏開眼供養を行う。	８月、茨城県東海村で原子炉点火。 10月、5000円札発行。 同月、ソ連が世界初の人工衛星打ち上げに成功。 この年、後半からなべ底不況。

1945 (昭和20) 39歳	４月、妻子は山梨の郷里に疎開。真乗は立川で終戦を迎える。	３月、東京大空襲。 ８月、広島と長崎に原子爆弾が投下される。 同月、ポツダム宣言受諾、第二次世界大戦終結。
1946 (昭和21) 40歳	２月、「立川不動尊教会」が真言宗から独立。	１月、天皇が神格を否定。 ５月、極東国際軍事裁判(東京裁判)始まる。 11月、日本国憲法公布。
1948 (昭和23) 42歳	１月、「まこと教団」を設立し、管長に就任。「立川不動尊教会」を「真澄寺」と名称変更し、新たに出発する。 10月、真澄寺開基十年祭。	１月、帝国銀行で毒殺・強奪事件(帝銀事件)起きる。 同月、マハトマ·ガンジー暗殺。 ６月、太宰治が入水自殺。 11月、東条英機ら戦犯25人に有罪判決。
1949 (昭和24) 43歳	10月、得度授戒式執行。	11月、湯川秀樹がノーベル賞を受賞。
1950 (昭和25) 44歳	８月、元弟子から、１年前に開かれた懺悔のための場で暴力があったとする訴えがあり、責任者として真乗が勾留される。	６月、朝鮮戦争勃発、特需景気へ。 ７月、共産主義排除(レッドパージ)始まる。 12月、池田勇人蔵相「貧乏人は麦を食え」発言。
1951 (昭和26) 45歳	５月、「まこと教団」を「真如苑」と改め、友司を苑主として再出発を図ることを決める。これを機に、教主と呼ばれるようになる。	９月、サンフランシスコ講和条約・日米安全保障条約調印。

1938 （昭和13） 32歳	10月、東京府北多摩郡立川町中之原に、真言宗醍醐派の末寺として、「立川不動尊教会」を設立。 12月、醍醐寺の佐伯恵眼大僧正より、房号「真乗」と院号「金剛院」を賜る。	４月、国家総動員法公布。 10月、日本軍が武漢３鎮を占領。 この頃、商工省の製造販売制限で生活用品が不足。
1939 （昭和14） 33歳	10月、醍醐寺にて恵印灌頂を修める。	４月、宗教団体法公布。 ５月、満洲国軍とモンゴル軍がノモンハンで衝突。 ８月、独ソ不可侵条約。 ９月、第二次世界大戦勃発。
1940 （昭和15） 34歳	７月、次女・孜子が誕生。	９月、日・独・伊３国同盟調印。 10月、大政翼賛会発足。 11月、カーキ色の国民服制定。
1941 （昭和16） 35歳	３月、醍醐寺より、東京府北多摩郡村山の常宝院の特命住職を命じられる。荒れ果てていた寺の復興に努める。	４月、日ソ中立条約。 10月、東条英機（陸軍大将）内閣成立。 12月、日本軍がハワイ真珠湾を攻撃。米英に宣戦布告。
1942 （昭和17） 36歳	４月、名前を真乗と改める。 同月、三女・真砂子が生まれる。 この年、東京鍼灸学校に入学。	２月、日本軍がイギリス領シンガポールを占領。 ６月、ミッドウェー海戦で日本軍が大敗北。
1943 （昭和18） 37歳	３月、醍醐寺にて、金胎両部の伝法灌頂を修め阿闍梨となる。 10月、四女・志づ子が生まれる。	２月、日本軍がガダルカナル撤退。 ５月、アッツ島の日本軍が全滅。 10月、戦局悪化で学徒出陣始まる。

1935 (昭和10) 29歳	1月、多摩雅光会主催「第1回写真展覧会」に出品した写真作品 ≪朝の光≫が2等1席を獲得する。 4月、月刊『現代』4月号(講談社)に、室生犀星の詩「光」とともに写真作品が掲載される。 12月、運慶作と伝承されてきた不動明王像を勧請する。不動明王像を迎えたのを機に、法名・天晴を名乗る。	9月、第1回芥川賞に石川達三、直木賞に川口松太郎。 12月、大本教の出口王仁三郎が不敬罪などで逮捕。 この年、結核が死因の第1位に。
1936 (昭和11) 30歳	2月、石川島飛行機製作所を退社し、宗教専従の道に入る。 3月、不動明王坐像を本尊とする宗教結社「立照講」を結成。 5月、京都の真言宗醍醐派総本山で得度。修行に入る。 6月、長男・智文が、1歳10か月で病いのため死去。	2月、プロ野球がスタート。 同月、2・26事件が起き、東京市に戒厳令。 8月、ベルリン・オリンピックで日本が金メダル6個獲得。 11月、帝国議会新議事堂(現・国会議事堂)竣工。
1937 (昭和12) 31歳	1月、不動明王半跏像の木彫レリーフを制作。 4月、次男・友一が生まれる。 6月、醍醐寺より、分教会の設立許可を得る。 7月、真言宗の経典をもとに、経典『立照勤行要集』を定める。	7月、盧溝橋で日中両軍が衝突、日中戦争へ。 12月、南京事件。

1928 （昭和３） 22歳	12月、飛行第５聯隊を除隊。	３月、共産党員が全国で一斉検挙（３・15事件）。 ５月、日本軍が中国済南で国民政府軍と武力衝突。 ６月、治安維持法改正公布。 同月、張作霖爆殺事件。
1929 （昭和４） 23歳	１月、東京月島の石川島飛行機製作所（なお、同社は真乗退職後に「立川飛行機」となる）に入社。 ４月、東京小石川の大日本易占同志会に入会、のちに教師免状を取得。	７月、エノケンら劇団「カジノ・フォーリー」を旗揚げ。 ９月、小林多喜二『蟹工船』発禁に。 10月、ニューヨーク株式市場大暴落し世界恐慌に。
1930 （昭和５） 24歳	３月、石川島飛行機製作所が立川に移転する。それに伴い、吉祥寺に下宿し、立川に通う。	１月、金輸出解禁。 ４月、紙芝居に「黄金バット」登場。 この年、世界恐慌が日本に波及し失業者が増加。
1932 （昭和７） 26歳	４月、内田友司（1912年生まれ）と結婚。	１月、上海事変始まる。 ３月、満洲国建国宣言。 ５月、犬養毅首相暗殺（５・15事件）。
1933 （昭和８） 27歳	５月、長女・映子が誕生。 ６月、立川市曙町に転居。	３月、日本が国際連盟を脱退。 12月、皇太子明仁親王誕生。
1934 （昭和９） 28歳	５月、読売新聞立川専売局・同通信部が主催する写真コンクールで、１等を受賞。 ７月、長男・智文が生まれる。	３月、満洲国に帝政がしかれ溥儀が皇帝に。 ６月、東郷平八郎元帥死去で初の国葬。 ９月、室戸台風で四国・近畿地方に大被害。

1922 （大正11） 16歳	６月、北海道より山梨の実家に帰郷。	11月、アインシュタイン来日。 12月、ソヴィエト社会主義共和国連邦成立。
1923 （大正12） 17歳	７月、英語を学びたいとの思いで上京。中央電信局（現・NTT）で働く。 ９月、関東大震災に都心で遭遇する。	１月、『文藝春秋』創刊。 ２月、東京駅前に丸ビルが完成。 ９月、関東大震災が起こり死者・行方不明者14万人の大惨事に。 同月、甘粕正彦大尉が大杉栄らを殺害。
1924 （大正13） 18歳	４月、勤めのかたわら正則英語学校（現・正則学園）普通科に入学。	６月、築地小劇場が開場。
1925 （大正14） 19歳	３月、正則英語学校を卒業。 ４月、写真材料店「大盛堂」（神田錦町）に就職。 この年、ドイツで肖像写真を学んだ写真家・有賀乕五郎より、写真技術を学ぶ。	１月、大衆娯楽誌『キング』創刊。 ４月、治安維持法公布。 ５月、普通選挙法公布、男子普通選挙が実現。 ９月、東京６大学野球リーグ戦開始。 11月、東京の山手線が全通。
1926 （大正15・昭和元） 20歳	４月、徴兵検査に合格。	12月、大正天皇崩御、昭和と改元。
1927 （昭和２） 21歳	１月、立川の飛行第５聯隊に入隊。写真科に編入され、航空写真などの撮影に携わる。	３月、金融恐慌始まる。 ４月、兵役法公布。 ７月、「岩波文庫」刊行開始。 同月、芥川龍之介が自殺。

伊藤真乗 略年譜

年	苑 史	社会事象
1906 （明治39）	３月28日、伊藤文二郎・よしえ夫妻の第３子として、山梨県北巨摩郡秋田町大八田（現・北杜市長坂町）に誕生。文明と名づけられる。	２月、韓国統監府が開かれる。 同月、日本社会党結成。
1912 （明治45・大正元） ６歳	４月、地元の秋田小学校に入学。	７月、明治天皇崩御、大正と改元。 ９月、乃木希典大将殉死。
1918 （大正７） 12歳	３月、秋田小学校を卒業。 ４月、秋田高等小学校に入学。 この年より、伊藤家に代々伝わる易学『甲陽流病筮鈔』の口伝を父から受ける。	８月、政府がシベリア出兵を宣言。 同月、富山で米騒動が起き全国に波及。 11月、第一次世界大戦終結。
1920 （大正９） 14歳	３月、秋田高等小学校を卒業し、同補習科に進学。	１月、国際連盟発足。 ３月、日本の株式市場が大暴落し戦後恐慌始まる。 ５月、東京上野で日本初のメーデー。
1921 （大正10） 15歳	３月、秋田高等小学校補習科を卒業。 ５月、北海道旭川市の伊藤金物店に入る。 ７月、派遣されていた山一金物店の妹背牛支店で、父・文二郎（享年54）の訃報に接する。葬儀に間に合わないことで引き止められ、そのまま北海道に留まる。	７月、中国共産党結成。 11月、原敬首相が刺殺される。 12月、ワシントン会議で日・英・米・仏４カ国条約調印。

『真乗　心に仏を刻む』刊行会

奈良康明（インド仏教哲学、駒澤大学名誉教授）
仲田順和（総本山醍醐寺第百三世座主）
下田正弘（インド哲学・仏教学、東京大学大学院教授）
城戸朱理（詩人）
長塚充男（真如苑教務長）

『真乗　心に仏を刻む』二〇〇七年六月、中央公論新社
伊藤真聰「真乗の涅槃経——真如の実践——」は書き下ろしです

中公文庫

真《しん》 乗《じょう》
——心《こころ》に仏《ほとけ》を刻《きざ》む

2016年7月25日　初版発行
2024年3月15日　13刷発行

編　者　「真乗《しんじょう》」刊行会《かんこうかい》

著　者　奈良《なら》 康明《やすあき》／仲田《なかだ》 順和《じゅんな》
下田《しもだ》 正弘《まさひろ》／城戸《きど》 朱理《しゅり》
今《こん》　東光《とうこう》／伊藤《いとう》 真聰《しんそう》

発行者　安部 順一

発行所　中央公論新社
〒100-8152　東京都千代田区大手町1-7-1
電話　販売 03-5299-1730　編集 03-5299-1890
URL https://www.chuko.co.jp/

印　刷　三晃印刷
製　本　小泉製本

Printed in Japan　ISBN978-4-12-206274-0 C1115

中公文庫既刊より

各書目の下段の数字はISBNコードです。978－4－12が省略してあります。

し-51-1
摂受心院 その人の心に生きる
「摂受心院」刊行会 編
妻として母としてひとりの女性として、利他に捧げたその生涯は、人々の心に、やさしく温かな慈しみの灯を点じつづけるものであった。特別寄稿・伊藤真聰。
206612-0

S-18-1
大乗仏典1 般若部経典 金剛般若経／善勇猛般若経
長尾雅人
戸崎宏正 訳
「空」の論理によって無執着の境地の実現を目指す『金剛般若経』。固定概念を徹底的に打破し、「真実あるがままの存在」を追求する『善勇猛般若経』。
203863-9

S-18-2
大乗仏典2 八千頌般若経Ⅰ
梶山雄一 訳
多くの般若経典の中でも、インド・チベット・中国・日本など大乗仏教圏において最も尊重されてきた『八千頌般若経』。その前半部分11章まで収録。
203883-7

S-18-3
大乗仏典3 八千頌般若経Ⅱ
梶山雄一
丹治昭義 訳
すべてのものは「空」であることを唱道し、あらゆる有情を救おうと決意する菩薩大士の有り方を一貫して語る『八千頌般若経』。その後半部を収める。
203896-7

S-18-4
大乗仏典4 法華経Ⅰ
松濤誠廉
長尾雅人
丹治昭義 訳
『法華経』は、的確な比喩と美しい詩頌を駆使して、現実の人間の実践活動を格調高く伝える讃仏・信仰の文学である。本巻には、その前半部を収める。
203949-0

S-18-5
大乗仏典5 法華経Ⅱ
松濤誠廉
丹治昭義
桂紹隆 訳
中国や日本の哲学的・教理体系の樹立に大きな影響を与えた本経は、今なお苦悩する現代人の魂を慰藉してやまない。清新な訳業でその後半部を収録。
203967-4

S-18-6
大乗仏典6 浄土三部経
山口益
桜部建
森三樹三郎 訳
阿弥陀仏の功徳・利益を説き、疑いを離れることで西方極楽浄土に生まれ変わるという思想により、迷いと苦悩の中にある大衆の心を支えてきた三部経。
203993-3

S-18-7
大乗仏典7 維摩《ゆいま》経・首楞厳三昧《しゅりょうごんざんまい》経
長尾雅人
丹治昭義 訳
俗人維摩居士の機知とアイロニーに満ちた教えで、空の思想を展開する維摩経。「英雄的な行進の三昧」こそ求道のための源泉力であると説く首楞厳経。
204078-6

S-18-8
大乗仏典8 十地経
荒牧典俊 訳
「菩薩道の現象学」と呼び得る本経は、菩薩のあり方やその修行の階位を十種に分けて解き明かし、大乗仏教の哲学思想の展開過程における中核である。
204222-3

S-18-9
大乗仏典9 宝積部経典
迦葉品／護国尊者所問経／郁伽長者所問経
長尾雅人
桜部建 訳
「世界の真実を見よ」という釈尊の説いた中道思想を易しく解説し、美しい言葉と巧みな比喩によって「心とは何か」を考察する「迦葉品」。
204268-1

S-18-10
大乗仏典10 三昧王経Ⅰ
田村智淳 訳
本経は、最高の境地である「空」以上に現実世界での行為に多くの関心をよせる。格調高い詩句と比喩を駆使して、哲学よりも実践を力説する物語前半部。
204308-4

S-18-11
大乗仏典11 三昧王経Ⅱ
田村智淳
一郷正道 訳
真理は、修行によってのみ体験しうる沈黙の世界である。まさに「三昧の王」の名にふさわしく、釈尊のことばよりも実践を強調してやまない物語後半部。
204320-6

S-18-12
大乗仏典12 如来蔵系経典
高﨑直道 訳
衆生はすべて如来の胎児なりと宣言した如来蔵経、大乗仏教の在家主義を示す勝鬘経など実践の主体である心を考察する深遠な如来思想を解き明かす五経典。
204358-9

S-18-13
大乗仏典13 ブッダ・チャリタ（仏陀の生涯）
原実 訳
世の無常を悟った王子シッダルタを出家させまいと誘惑する女性の大胆かつ繊細な描写を交え、人間仏陀の生涯を佳麗に描きあげた仏伝中白眉の詩文学。
204410-4

S-18-14
大乗仏典14 龍樹論集
梶山雄一
瓜生津隆真 訳
人類の生んだ最高の哲学者の一人龍樹は、言葉と思惟を離れ、有と無の区別を超えた真実、「空」の世界へ帰ることを論じた。主著『中論』以外の八篇を収録。
204437-1

各書目の下段の数字はＩＳＢＮコードです。978－4－12が省略してあります。

S-18-15
大乗仏典15 世親論集
長尾雅人
梶山雄一 訳
荒牧典俊
現象世界は心の表層に過ぎない。それゆえ、あらゆるものは空であるが、なおそこに「余れるもの」が基体としてあると説く世親の唯識論四篇を収める。
204480-7

ま-9-5
理趣経
松長有慶
セックスの本質である生命力を人類への奉仕に振り向け、無我の境地に立てば、欲望は浄化され清浄となる。明快な真言密教入門の書。〈解説〉平川彰
204074-8

ま-9-6
密教とはなにか 宇宙と人間
松長有慶
密教学界の最高権威が、インド密教から曼荼羅への展開、真言密教の原理、弘法大師の知恵、密教神話から密教の発展、思想と実践についてやさしく説き明かす。
206859-9

な-14-4
仏教の源流――インド
長尾雅人
ブッダの事蹟や教説などを辿るとともに、ブッダの根本教理である縁起の思想から空の哲学を経て、菩薩道の思想の確立へと至る大成過程をあとづける。
203867-7

せ-1-6
寂聴 般若心経 生きるとは
瀬戸内寂聴
仏の教えを二六六文字に凝縮した「般若心経」の神髄を自らの半生と重ね合せて説き明かし、生きてゆく心の拠り所をやさしく語りかける、最良の仏教入門。
201843-3

せ-1-8
寂聴 観音経 愛とは
瀬戸内寂聴
日本人の心に深く親しまれている観音さま。人生の悩みと苦難を全て救って下さると説く観音経を、自らの人生体験に重ねた易しい語りかけで解説する。
202084-9

ひ-19-1
空海入門
ひろさちや
混迷の今を力強く生きるための指針、それが空海の肯定の哲学である。人類普遍の天才の思想的核心をあくまで具体的、平明に説く入門の書。
203041-1

ひ-19-4
はじめての仏教 その成立と発展
ひろさちや
釈尊の教えから始まり、中央アジア、中国、日本へと伝播しながら、大きく変化を遂げた仏教の歴史と思想を豊富な図版によりわかりやすく分析解説する。
203866-0

ひ-19-6
般若心経 生まれ変わる ひろさちや

自分の弱さを知り、あるがままを受け入れ無理して頑張らないで生きよう。般若心経の世界をQ＆Aでわかりやすく答える。ひろさちやさんの最期のメッセージ。

207221-3

う-16-3
日本人の「あの世」観 梅原　猛

アイヌと沖縄の文化の中に日本の精神文化の原形を探り、人類の文明の在り方を根本的に問い直す、知的刺激に満ちた日本文化論集。〈解説〉久野　昭

201973-7

う-16-4
地獄の思想 日本精神の一系譜 梅原　猛

生の暗さを凝視する地獄の思想が、人間への深い洞察と生命への真摯な態度を教え、日本人の魂の深みを形成した。日本文学分析の名著。〈解説〉小潟昭夫

204861-4

い-25-4
東洋哲学覚書 意識の形而上学 『大乗起信論』の哲学 井筒俊彦

六世紀以後の仏教思想史の流れをかえた『起信論』を東洋的哲学全体の共時論的構造化の為のテクストとして現代的視座から捉え直す。〈解説〉池田晶子

203902-5

い-25-5
イスラーム思想史 井筒俊彦

何がコーランの思想を生んだのか――思弁神学、神秘主義、スコラ神学と、三大思想潮流とわかれて発展していく初期イスラム思想を解明する。〈解説〉牧野信也

204479-1

い-25-6
イスラーム生誕 井筒俊彦

現代においてもなお宗教的・軍事的一大勢力であり続けるイスラームとは何か。コーランの意味論的分析から、イスラーム教の端緒と本質に挑んだ独創的研究。

204223-0

や-54-1
キリスト教入門 矢内原忠雄

内村鑑三の唱えた「無教会主義」の信仰に生き、東大総長を務めた著者が、理性の信頼回復を懇願し教養を解き明かした名著を復刻。〈解説〉竹下節子

205623-7

や-56-4
悪と往生 親鸞を裏切る『歎異抄』 山折哲雄

親鸞の教えと『歎異抄』の間には絶対的な距離がある。この距離の意味を考えない限り、「悪人」の救済という課題は解けない。著者の親鸞理解の到達点。

206383-9

各書目の下段の数字はISBNコードです。978－4－12が省略してあります。

よ-15-10
親鸞の言葉
吉本隆明
名著『最後の親鸞』の著者による現代語訳で知る親鸞思想の核心。鮎川信夫、佐藤正英、中沢新一との対談を収録。文庫オリジナル。〈巻末エッセイ〉梅原猛
206683-0

わ-26-1
イエス伝
若松英輔
イエスの生涯は、キリスト教の視点や学問的なアプローチから論じるだけでは見えてこない。気鋭の批評家とともに、『新約聖書』の四福音書を丹念に読み直す。
207313-5

ア-8-1
告白 I
アウグスティヌス
山田晶訳
幼年期の影響、青年期の放埒、習慣の強固さ……、不安におののく魂が光を見出すまで。初期キリスト教最大の教父による心揺さぶる自伝。〈解説〉松崎一平
205928-3

ア-8-2
告白 II
アウグスティヌス
山田晶訳
衝動、肉欲、厳然たる原罪。今にのみ生きる人間の悲惨と悲哀。「とれ、よめ」の声をきっかけとして、劇的な回心を遂げる。西洋世界はこの書の上に築かれた。
205929-0

ア-8-3
告白 III
アウグスティヌス
山田晶訳
アウグスティヌスは聖書をいかに読んだのか──西洋世界最大の愛読書を、最高の訳者が心血を注いだ名訳で送る。訳者解説および、人名・地名・事項索引収録。
205930-6

ウ-7-1
寛容論
ヴォルテール
中川信訳
新教徒の冤罪事件を契機に、自然法が不寛容に対して法的根拠を与えないことを正義をもって立証し、宗教を超えて寛容の重要性を説いた不朽の名著。初文庫化。
205424-0

カ-2-2
ガンジー自伝
マハトマ・ガンジー
蠟山芳郎訳
真実と非暴力を信奉しつづけ、祖国インドの独立に生涯を賭したガンジー。民衆から聖人と慕われた偉大なる魂が、その激動の生涯を自ら語る。〈解説〉松岡正剛
204330-5

フ-10-1
ヨーロッパ諸学の危機と超越論的現象学
E・フッサール
細谷恒夫
木田元 訳
著者がその最晩年、ナチス非合理主義の嵐が吹きすさぶなか、近代ヨーロッパ文化形成の歴史全体への批判として秘かに書き継いだ現象学的哲学の総決算。
202339-0

分類	タイトル	著者・訳者	内容紹介	番号
フ-14-1	歴史入門	F・ブローデル 金塚貞文 訳	二十世紀を代表する歴史学の大家が、その歴史観を簡潔・明瞭に語り、歴史としての資本主義を独創的に意味付ける、アナール派歴史学の比類なき入門書。	205231-4
マ-10-1	疫病と世界史 (上)	W・H・マクニール 佐々木昭夫 訳	疫病は世界の文明の興亡にどのような影響を与えてきたのか。紀元前五〇〇年から紀元一二〇〇年まで、人類の歴史を大きく動かした感染症の流行を見る。	204954-3
マ-10-2	疫病と世界史 (下)	W・H・マクニール 佐々木昭夫 訳	これまで歴史家が着目してこなかった「疫病」に焦点をあて、独自の史観で古代から現代までの歴史を見直す好著。紀元一二〇〇年以降の疫病と世界史。	204955-0
マ-10-3	世界史 (上)	W・H・マクニール 増田義郎／佐々木昭夫 訳	世界の各地域を平等な目で眺め、相関関係を分析しながら歴史の歩みを独自の史観で描き出した、定評ある世界史。ユーラシアの文明誕生から紀元一五〇〇年までを彩る四大文明と周縁部。	204966-6
マ-10-4	世界史 (下)	W・H・マクニール 増田義郎／佐々木昭夫 訳	俯瞰的な視座から世界の文明の流れをコンパクトにまとめ、歴史のダイナミズムを描き出した名著。西欧文明の興隆と変貌から、地球規模でのコスモポリタニズムまで。	204967-3
マ-10-5	戦争の世界史 (上) 技術と軍隊と社会	W・H・マクニール 高橋 均 訳	軍事技術は人間社会にどのような影響を及ぼしてきたのか。大家が長年あたためてきた野心作。上巻は古代文明から仏革命と英産業革命が及ぼした影響まで。	205897-2
マ-10-6	戦争の世界史 (下) 技術と軍隊と社会	W・H・マクニール 高橋 均 訳	軍事技術の発展はやがて制御しきれない破壊力を生み、人類は怯えながら軍備を競う。下巻は戦争の産業化から冷戦時代、現代の難局と未来を予測する結論まで。	205898-9
ミ-1-3	フランス革命史 (上)	J・ミシュレ 桑原武夫／多田道太郎／樋口謹一 訳	近代なるものの源泉となった歴史的一大変革と流血を生き抜いた「人民」を主人公とするフランス革命史の決定版。上巻は一七九二年、ヴァルミの勝利まで。	204788-4

各書目の下段の数字はISBNコードです。978－4－12が省略してあります。

ミ-1-4
フランス革命史（下）
J・ミシュレ
桑原武夫／多田道太郎／樋口謹一 訳
下巻は一七九二年、国民公会の招集、王政廃止、共和国宣言から一七九四年のロベスピエール派の全員死刑までの激動の経緯を描く。〈解説〉小倉孝誠
204789-1

ホ-1-5
中世の秋（上）
ホイジンガ
堀越孝一 訳
二十世紀最高の歴史家が、フランスとネーデルラントにおける実証的調査から、中世人の意識と中世文化の生活と思考の全像を精細に描いた不朽の名著。
206666-3

ホ-1-6
中世の秋（下）
ホイジンガ
堀越孝一 訳
歴史家ホイジンガが十四、五世紀をルネサンスの告知とはみず、すでに過ぎ去ったものが死滅する時季と捉え取り組んだ、ヨーロッパ中世に関する画期的研究書。
206667-0

ホ-1-7
ホモ・ルーデンス
ホイジンガ
高橋英夫 訳
人間は遊ぶ存在である——人間のもろもろのはたらき、生活行為の本質は、人間存在の根源的な様態は何か、との問いに対するホイジンガの結論が本書にある。
206685-4

キ-5-6
死ぬ瞬間　死とその過程について
キューブラー・ロス
鈴木晶 訳
死とは、長い過程であって特定の瞬間ではない。二百人におよぶ末期患者への直接面接取材で、〝死に至る〟人間の心の動きを研究した画期的ロングセラー。
206828-5

キ-5-7
「死ぬ瞬間」と死後の生
キューブラー・ロス
鈴木晶 訳
大ベストセラーとなった『死ぬ瞬間』の著者が語る、少女時代、医学生時代。どうして著者が死を迎える患者たちの話を聞くに至ったか等、白熱の講演を再現。
206864-3

キ-5-3
死、それは成長の最終段階　続 死ぬ瞬間
キューブラー・ロス
鈴木晶 訳
無為な人生を送ってしまう原因の一つは死の否認である。明日があると思ってやるべきことを先延ばしにする人間は成長しない。好評「死ぬ瞬間」続編。
203933-9

キ-5-4
「死ぬ瞬間」をめぐる質疑応答
キューブラー・ロス
鈴木晶 訳
死を告知された患者と、介護する家族の心構えを、簡潔な質疑応答のかたちでまとめた必読の書。「どうして私が」という当惑と悲しみをいかに克服するのか。
204594-1